Herstellung und Verlag: BoD - Books on Demand, Norderstedt
ISBN 978-3-7322-1978-0

## Vorwort

Sicher ist der Horizont der „Fragen der Kinder" schier endlos. Dieses Werk von Clint Leon Powers gibt nicht nur einen Einblick in die neugierige Welt der Kinder, bei deren Fragestellung der interessierte Leser schon schnell bemerkt, dass nur ein Kind so „kindlich" fragen kann – sondern auch, dass die Fragen der Kleinen auch von Experten kindgerecht beantwortet werden. Wir Erwachsene können den Kindern viele Fragen beantworten – aber auch immer kindgerecht? Und ertappen wir uns nicht immer wieder mal dabei, dass es uns nicht gelingt, eine kindgerechte Antwort zu liefern? Auch, dass wir selbst zu mancher Frage auch gar keine Antwort finden und erst dann merken, dass nur ein Kind auf „so eine Frage" kommen kann? Die Welt der Fragen ist sehr groß und man darf gespannt sein darauf – auch als Erwachsener – welche Antwort die Experten den Kindern geben können. Clint Leon Powers hat über Jahre hinweg die Fragen der Kinder, ebenso wie die Antworten der Experten, zusammengetragen und die nächsten 500 Fragen mit ihren Antworten in diesem Werk zusammengefasst. Auf das Buch in Ihren Händen wird noch der Folgeband *„Kinder fragen – Experten antworten, Band 3 von 3"* erscheinen, der nicht nur Kinderherzen, sondern auch die Herzen der Erwachsenen höher schlagen lassen wird.

*Die Auflage dieses Werkes widme ich meinen beiden Töchtern*
*Maimiti & Tarita-Tumi-Teriipaia*

*Clint Leon Powers*

## Was muss ein Blindenhund alles können?

Antwort: (501)

Blindenhunde helfen blinden oder sehbehinderten Menschen, sich im Alltag und im Straßenverkehr besser zurechtzufinden. Allerdings ist nicht jeder Hund für die Ausbildung geeignet. Die Hundetrainer bevorzugen bestimmte Rassen wie Schäferhund, Golden Retriever oder Labrador. Die Tiere müssen absolut gesund, intelligent, nervenstark und lernfreudig sein. Die Ausbildung dauert sechs bis acht Monate und beginnt, wenn der Hund etwa ein Jahr alt ist. Zuerst muss der zukünftige Blindenhund lernen, am Geschirr zu gehen, und dann bringt ihm der Trainer etwa 30 bis 40 Befehle bei. Ist die Ausbildung erfolgreich beendet, muss der zukünftige Besitzer diese Befehle und den Umgang mit seinem neuen Begleiter ebenfalls lernen. Übrigens: Wenn ihr einmal so einen Blindenhund mit seinem Herrchen oder Frauchen begegnet, sprecht ihn nicht an und streichelt ihn bitte nicht. Er muss sich auf seine Arbeit konzentrieren und darf nicht abgelenkt werden. Manchmal befindet sich am Hundegeschirr auch ein Schild auf dem steht: Bitte nicht streicheln, ich arbeite!

## Warum kann das Chamäleon seine Farbe ändern?

Antwort: (502)

Das Chamäleon gehört zur Familie der Reptilien und es gibt über 80 verschiedene Arten. Weil sie ihre Hautfarbe verändern können, sind diese interessanten Tiere Meister der Tarnung. Damit schützen sie sich einerseits vor den Feinden, aber sie können sich so auch an ihre Beutetiere (Heuschrecken, Käfer etc.) heranpirschen, ohne bemerkt zu werden. Chamäleons können sich jedoch nicht „einfärben", wie es ihnen gerade passt – das geschieht ganz automatisch. Auf ihrer Haut sitzen ganz viele Zellen, in denen verschiedene Farbpigmente gespeichert sind – wie kleine Farbtöpfchen im Malkasten. Karotine sind für die Gelb- und Orangetöne verantwortlich, Melanine für die braun-schwarzen Farben. Durch Zusammenziehen oder Ausdehnen werden die verschiedenen Farbpigmente aktiviert. An der Färbung kann man auch erkennen, wie es dem Chamäleon geht. Bei Stress ziehen sich die Farbzellen zusammen und die Haut wird dunkel. Sind die Tiere entspannt und zufrieden, dehnen sich die Zellen aus und die hellen, kräftigen Farben kommen zur Geltung.

## Wie entsteht eigentlich Kohle?

Antwort: (503)

Kohle ist eine Energiequelle, die sich nicht mehr erneuert, wenn sie aufgebraucht ist, denn sie entstand vor etwa 345 Millionen Jahren aus abgestorbenen Pflanzen und Bäumen. Diese Zeit, die vor etwa 270 Millionen Jahren endete, nennt man *Karbon* – das ist Lateinisch und heißt Kohle. Damals gab es auf der Erde noch unvorstellbar große Wälder und Sumpfgebiete. Entwurzelte und abgestorbene Bäume fielen immer wieder in Sümpfe, wo sie langsam verrotteten. Bei diesem chemischen und physikalischen Vorgang entstand braunschwarzer Torf. Im Laufe von vielen, vielen Jahren versanken diese Torflager immer tiefer und tiefer. Sie wurden mit Schlamm und Steinen zugedeckt oder von Meeren überschwemmt. Der Druck von oben wurde immer größer, die Temperaturen unter der Erddecke immer höher und es gab keinen Sauerstoff. Auf diese Weise entstand von Jahrmillionen aus Torf Braunkohle. Nach weiteren Jahrmillionen wurde die Braunkohle noch fester zusammengepresst und so entstand schließlich Steinkohle.

**Wer hat eigentlich den Duden erfunden?**
Antwort: (504)
Der Erfinder des „Richtig-Schreib-Buchs" hieß Konrad Duden. Der Lehrer und Schulrektor wurde 1829 geboren und er starb 1911. Für die damalige Zeit war Duden schon ein ganz fortschrittlicher und moderner Pädagoge. Er führte an seiner ersten Schule zum Beispiel erstmals den Englisch-Unterricht ein. Das war seinerzeit schon etwas sehr Ungewöhnliches. Der kluge und sehr belesene Mann ärgerte sich immer, dass den Schülern an deutschen Schulen keine einheitliche Rechtschreibung beigebracht wurde. Viele Wörter wurden nämlich an jeder Schule anders geschrieben. Außerdem gerieten alte Wörter oft in Vergessenheit und neue kamen immer wieder dazu. Das wollte er ändern und so verfasste er im Jahre 1880 das erste deutsche Wörterbuch, das er *Vollständiges Orthographisches Wörterbuch der deutschen Sprache* nannte. Die Erstausgabe enthielt 27 000 Wörter und heute sind es fast 130 000. Konrad Duden erreichte durch sein Engagement für die deutsche Sprache, dass ab dem Jahre 1903 in ganz Deutschland einheitliche Schreibregeln galten. Man bezeichnet Konrad Duden heute als „Vater der deutschen Rechtschreibung". Schade, dass er nicht mehr miterleben konnte, dass sein Werk erst nach seinem Tod *Duden* genannt wurde. Darüber hätte er sich bestimmt gefreut.

**Warum heulen Wölfe den Mond an?**
Antwort: (505)
Die Wölfe heulen eigentlich gar nicht den Mond an. Das ist so eine typische, romantische Vermenschlichung von Dingen aus der Natur. Wölfe (und Hunde) sind ja Rudeltiere. Und das Heulen dient bei ihnen der Verständigung. Zum Beispiel beim Jagen. Dafür bieten Vollmondnächte wegen der guten Sicht eine recht günstige Gelegenheit. Das Wolfs-heulen gibt dann für die verstreuten Rudelmitglieder eine Art Startsignal zur Hatz: „Da kommt's her, jetzt jagen wir!" – so wie bei den Menschen „zur Jagd geblasen" wird. Zu der Vorstellung, dass die Tiere den Mond regelrecht anheulen, hat bestimmt auch die Art und Weise beigetragen, wie die Tiere ihre Köpfe beim Heulen nach oben recken. Das tun sie aber nicht, um den Mond anzubeten, sondern weil sie so möglichst laut und weit zu hören sind. So heulen sie immer, ob nun der Mond scheint oder nicht. Auch andere Tiere machen das so: Polarfüchse können auf diese Weise richtige Strophen „singen". Und: Wölfe heulen übrigens auch aus anderen Anlässen, zum Beispiel als Warnung gegen Reviereindringlinge. Noch eine Möglichkeit, wie die Vorstellung entstanden sein kann: Die Menschen haben in klaren (Vollmond-) Nächten das Heulen aus den Bergen einfach besser gehört als sonst, weil die Luft dann die Geräusche besser leitet. Und so kam es nach dem Blick aus dem Fenster zur Verknüpfung: „Ach ja, es ist Vollmond, die Wölfe heulen ..."

**Was ist eigentlich die Bavaria-Buche?**
Antwort: (506)
Die Bavaria-Buche ist eine der bekanntesten und schönsten Bäume Deutschlands. Die Rotbuche, die im Naturpark Altmühltal steht, ist schon sehr, sehr alt. Man schätzt ihr Alter auf 500 bis 800 Jahre! Der Name Bavaria-Buche wurde von Generation zu Generation überliefert, aber woher der Name kommt, ist nicht bekannt. Der Baumriese ist 23 Meter hoch, der Stamm hat einen Umfang von neun Metern und das gesamte Blätterdach überdeckt eine Fläche von 850 Quadratmetern. Der Landkreis Eichstätt hat eine Verordnung erlassen, welche die Bavaria-Buche als Naturdenkmal schützt, das heißt, man darf sie nicht fällen und ihr keinen Schaden zufügen. Zusätzlich hat man einen Zaun als Schutz vor Vandalismus um die „alte Dame" gebaut. Doch trotz aller Fürsorge liegt der altersschwache Baum im Sterben. Immer wieder brechen morsche Äste aus dem Stamm und durch mehrere Hohlräume im Stamm ist der Baum nicht mehr so stabil. Zu allem Übel hat sich auch noch ein Brandkrustenpilz eingenistet, der die Bavaria-Buche zusätzlich schwächt. Trotzdem wird der Baum nicht gefällt. Man lässt ihn natürlich sterben und als Teil des ökologischen Kreislaufs langsam vergehen.

**Welches Tier hat den besten Geruchssinn?**
Antwort: (507)
Elefanten haben mit ihrem langen Rüssel zwar die größte Nase im Tierreich und sie können damit sogar unterirdische Wasserquellen in den trockenen Steppen aufspüren, aber die feinste Nase haben sie nicht. Hunde, Wölfe und Eisbären sind bekannt für ihre ausgezeichneten Spürnasen. Sie riechen ihre Beute in einer Entfernung von vielen Kilometern. Den besten Geruchssinn im Tierreich haben aber auch sie nicht. Ameisenbären haben auch einen ausgezeichneten Riecher – selbst einzelne Termiten können sie damit aufspüren. Oder ist das Trüffelschwein, das mit seinen empfindlichen Riechknospen Trüffelpilze, die tief unter der Erde wachsen, aufspüren kann, der Riech-Champion? Nein! Die beste Nase im ganzen Tierreich hat – man höre und staune – ein Fisch: der Aal. Den ausgezeichneten Geruchssinn braucht er auch unbedingt, wenn er zur Eiablage viele tausend Kilometer zur Saragossa-See im Atlantik wandert und dann die gleiche Stelle im riesigen Ozean finden muss, an der er einst selber geboren wurde. Beim Aal nennt man das aber nicht Nase, sondern *Jakobsonsches Organ* und es befindet sich in seinem Mund.

**Woher bekommen giftige Tiere eigentlich ihr Gift her?**
Antwort: (508)
Im Tierreich gibt es allerlei Tiere, die sich mit Hilfe von Gift gegen ihre Feinde wehren oder damit ihre Beute erlegen. Die Speikobra verteidigt sich bei Gefahr durch ein starkes Gift, das sie bis zu zwei Meter weit direkt in die Augen des Angreifers spucken kann. Dieses Gift wird in Giftdrüsen am Kopf der Schlange produziert und gespeichert. Bei Gefahr presst sie das Gift durch Zusammenziehen bestimmter Muskeln aus der Drüse durch die Zähne. Der südamerikanische Pfeilgiftfrosch frisst giftige Pflanzen, deren Gift er dann in seiner Haut einlagert. Das Sekret ist so giftig, dass es ausreicht, um zehn Menschen zu töten! Amazonas-Indianer benutzen dieses Gift seit jeher für ihre Jagdpfeile

– daher hat der kleine, nur etwa zwei Zentimeter große Frosch auch seinen Namen. Der Kugelfisch zählt zu den giftigsten Tieren der Welt. Forscher vermuten, dass sein extrem starkes Nervengift von Bakterien produziert wird, die er mit der Nahrung aufnimmt. All diese Tiere haben aber eines gemeinsam: Sie sind gegen ihr eigenes Gift immun.

**Zu welcher Tierart gehören Buschbabies?**
Antwort: (509)
Diese niedlichen Tiere gehören zu den Ohrenmakis und heißen eigentlich Galagos. Man nennt sie aber normalerweise Buschbabies, weil sie mit ihren großen Augen und Ohren wie kleine schutzbedürftige Babies aussehen und außerdem ganz typische Warnschreie ausstoßen, wenn sie ihr Revier gegen Eindringlinge verteidigen oder ihre Artgenossen vor Feinden warnen. Die riesigen, kreisrunden Augen und die großen Ohren sind ganz charakteristisch für den nachtaktiven Galago. In der Dunkelheit ist es für die Tiere wichtig, auch kleinste Geräusche wahrzunehmen und gut sehen zu können. Sie müssen nämlich ständig auf der Hut vor ihrem Hauptfeind, der Ginsterkatze, sein. Buschbabies leben in Afrika und sie ernähren sich von Baumharz, Pflanzen und kleinen Insekten. Die meiste Zeit ihres Lebens verbringen die Buschbabies auf Bäumen. Mit ihren Hinterbeinen springen sie wie Kängurus von Ast zu Ast und auch ihre Nester bauen sie gut versteckt zwischen den Zweigen im dichten Blattwerk oder in Baumhöhlen.

**Gibt es außer Vögel und Insekten noch andere Tiere, die fliegen können?**
Antwort: (510)
Ja, die gibt es tatsächlich und keines davon hat Federn. Die bekanntesten „Flieger" unter den Säugetieren sind natürlich die Fledermäuse, zu deren Familie auch die Flughunde gehören. Ihre Flügel bestehen aus einer elastischen, zarten Flughaut, die sich zwischen den Fingern, den Arm- und Beinknochen spannt. Fledertiere können richtig fliegen. Ganz anders die fliegenden Fische. Sie verfügen über lange und breite Brustflossen, die sie wie Flügel spreizen und dadurch bis zu 50 Meter über dem Wasser zurücklegen können. Fliegende Fische schwimmen sehr dicht unter der Wasseroberfläche, schießen dann aus dem Wasser in die Luft. Manchmal landen sie nur ganz kurz im Wasser und schnellen sich dann wieder hoch. Für 200 Meter brauchen fliegende Fische nur 13 Sekunden. Beilbauchfische können sogar bis zu 6 Meter hoch flattern. Der Baumfrosch kann durch die Flughäute zwischen seinen Zehen von Baum zu Baum segeln. Die giftige Schmuckbaumnatter ist in der Lage, ihre Rippen so nach außen zu spreizen, sodass sich eine Tragfläche bildet. Auf diese Weise kann die Schlange elegant durch das Geäst gleiten.

**Warum fliegen die Haare manchmal so, wenn man sie bürstet?**
Antwort: (511)
Elektrizität ist überall vorhanden, denn alles besteht aus Atomen. Die Atome wiederum beruhen auf Teilchen mit elektrischer Ladung. Die Atomhülle besteht aus negativ geladenen Elektronen und der Atomkern aus positiv geladenen Teilchen. Positive und negative Teilchen ziehen sich gegenseitig an, und wenn sie sich zu einem Atom verbinden, heben sie ihre Wirkung gegenseitig auf und werden neutral. Wenn nun zwei

unterschiedliche Materialien aufeinandertreffen, kann dieser neutrale Zustand gestört werden. Kämmst Du Deine Haare mit einem Plastikkamm, dann gehen Elektronen vom Haar auf den Kamm über, der dann negativ geladen ist. Das Haar dagegen ist positiv geladen, denn es hat genauso viel Elektronen zu wenig, wie der Kamm zu viel hat. Die Haare sträuben sich, weil sie sich nun gegenseitig abstoßen, aber auch dem negativ geladenen Kamm folgen, denn positive und negative Ladungen ziehen sich, wie gesagt, gegenseitig an.

**Zu welcher Pflanzenart gehören eigentlich Flechten?**
Antwort: (512)
Flechten sind eigentlich sehr unscheinbare Gebilde, aber jeder hat sie schon irgendwo einmal gesehen, z. B. an Baumstämmen oder auf Pflastersteinen. Es gibt 25 000 verschiedene Arten auf der ganzen Welt und etwa 2000 bei uns in Europa. Sie kommen in den verschiedensten Formen und Farben, von weiß, rosa, rot über grün und blau bis hin zu tief schwarz, vor. Viele denken, dass die Flechten zu den Pflanzen gehören, was aber nicht stimmt. Vielmehr sind Flechten eine Symbiose, also eine gegenseitige Abhängigkeit, von Pilzen und Algen. Sie helfen sich gegenseitig, und nur wenn beide eng miteinander verflochten und voneinander abhängig sind, spricht man von Flechten. Das ist wie eine ganz enge Freundschaft, in der einer dem anderen hilft. So produziert die Alge über die Photosynthese die Nährstoffe, die der Pilz braucht und der Pilz wiederum „bedankt" sich für diese Unterstützung dadurch, indem er die Alge vor dem Austrocknen schützt. Übrigens: Flechten mögen keine Umweltverschmutzung. Wo Flechten wachsen, ist die Luft sauber und rein. Woanders würden sie gar nicht erst gedeihen.

**Wie kommt eigentlich die Kohlensäure ins Mineralwasser?**
Antwort: (513)
Blubbernde Kohlensäure ist eigentlich nichts anderes als Kohlendioxid und das kannst du sogar selber erzeugen. Wir atmen Sauerstoff aus der Luft ein und atmen die verbrauchte Luft wieder aus – und das ist Kohlendioxid! Füll doch einmal ein Glas mit ganz normalem Leitungswasser, steck einen Strohhalm hinein und puste dann kräftig in das Röhrchen. Dabei entstehen Blubberblasen, also Kohlensäure. In der Fabrik wird das Blubberwasser natürlich nicht ganz so hergestellt. In die Flaschen mit Wasser oder Fruchtsaft werden zwar auch Röhrchen gesteckt, aber am Ende steht niemand, der hineinpustet, sondern das Kohlendioxid wird aus großen Gasflaschen unter hohem Druck in die Flüssigkeit gepresst und sofort mit einem Deckel verschlossen. Kohlensäure ist ein Gas und leichter als Wasser, deshalb schwimmen die Luftblasen in der Flüssigkeit herum. Sie ist aber wiederum schwerer als Luft und das ist auch gut so, denn sonst würde die ganze Kohlensäure beim Öffnen ja aus der Flasche entweichen. Die Luft funktioniert wie eine Art Bremse. Beim Aufmachen entweicht zwar ein Teil des Gases, aber der größte Teil bleibt in der Flasche.

**Seit wann gibt es eigentlich Margarine und wer hat sie erfunden?**
Antwort: (514)
Butter gibt es wahrscheinlich schon so lange, wie es die Viehzucht gibt, denn sie wird ja aus Milch hergestellt, aber erst im Mittelalter war Butter eine sehr beliebte und gewinnbringende Handelsware. Butter schmeckt sehr gut, aber leider ist sie nicht besonders lange haltbar. Soldaten, die sich auf Kriegszügen befanden, nahmen in ihrem Proviant immer Butter mit, doch leider verdarb der fettreiche Brotaufstrich sehr schnell. Das wollte Napoleon III., der Kaiser der Franzosen, ändern und so beauftragte er im Jahre 1869 den Chemiker Mége-Mouriés damit, einen haltbaren Butterersatz zu entwickeln. Nach vielen Versuchen hatte der Wissenschaftler schließlich Erfolg. Aus eingeschmolzenem Rinderfett und entrahmter Milch entstand im Butterfass nun eine weiße, sehr lange haltbare Ölpaste, die er Oleomargarin nannte. Im Laufe der Zeit änderten sich natürlich auch die Zutaten und die Margarine wurde ständig weiterentwickelt. Heute besteht Margarine ausschließlich aus dem Öl verschiedener Pflanzen wie Sonnenblumen, Raps, Sesam, Weizen oder Soja.

**Sind Maulwürfe eigentlich wirklich blind?**
Antwort: (515)
Der Maulwurf verbringt den größten Teil seines Lebens in unterirdischen Gangsystemen, die er mit seinen schaufelartigen Vorderbeinen ausgräbt. Die anfallende Erde schaufelt er dann Richtung Ausgang und es entstehen die berühmten Maulwurfshügel. Seine Nahrung besteht aus Insekten und deren Larven, die ebenfalls unter der Erde leben oder gelegentlich in einen seiner Gänge fallen. Der Insektenjäger besitzt sehr empfindliche Sinne, nämlich einen hervorragenden Tast- und einen ausgezeichneten Geruchssinn. Er kann natürlich auch supergut hören. Man könnte jetzt eigentlich denken, dass der Maulwurf eigentlich gar nichts zu sehen braucht, wo er doch beinahe ständig in absoluter Dunkelheit lebt. Das stimmt nicht ganz. Seine Augen sind gerade einmal so groß wie Stecknadelköpfe und sehen kann er damit nicht wirklich gut, aber Hell und Dunkel kann er schon unterscheiden. Das ist wichtig, damit er die Ausgänge seiner unterirdischen Gänge findet und sich auch mal oben am Tageslicht zurechtfindet. Er ist also nicht blind, er sieht nur ziemlich schlecht. Übrigens: Maulwürfe stehen unter strengem Naturschutz. Man darf sie auf keinen Fall stören oder gar töten, auch wenn man sich oft über ihre zahlreichen Hügel im Rasen ärgert.

**Was sind eigentlich Aktien?**
Antwort: (516)
Eine Aktie ist ein Dokument, auf dem steht, dass man einen Anteil an einer Aktiengesellschaft besitzt. Früher waren Aktien richtige Urkunden, so groß wie Schulhefte. Heute schreibt die Bank, über die Aktien gekauft werden, die Aktienwerte auf ein Konto. Aktien werden auch Anteilscheine oder Wertpapiere genannt. Der Käufer einer Aktie ist ein Miteigentümer der Firma, deren Aktien er gekauft hat, das heißt, ein Teil dieser Firma gehört jetzt ihm. Eine Firma, von der es Aktien gibt, ist eine Aktiengesellschaft. Das sind Firmen, die sich mit dem Verkauf von Anteilsscheinen, also Aktien, Geld beschafft haben. Die Deutsche Bank und Volkswagen sind z. B.

Aktiengesellschaften, deshalb heißen sie auch richtig Deutsche Bank AG und Volkswagen AG. Mehr Wissenswertes über die Börse, Dax, Dow Jones & Co. kannst du in dem Kinderbuch *Börsenkrach bei Hundertpfunds,* erschienen im Verlag *Der kleine August* in München, erfahren.

**Stimmt es, dass Tintenfische blaues Blut haben?**
Antwort: (517)
Ja, das stimmt tatsächlich, aber deswegen sind die wirbellosen Meeresbewohner aus der Familie der Kopffüßer noch lange nicht adelig. Die bläuliche Färbung des Lebenssaftes kommt daher, weil Tintenfische Kupfer im Blut haben. Die Kupferproteine sind für den Sauerstofftransport durch die Blutbahnen verantwortlich. Man nennt sie Hämocyanine, das kommt aus dem Griechischen und bedeutet: häm = Blut, cynos = himmelblau, also blaues Blut. In Verbindung mit Sauerstoff verfärbt sich Kupfer blaugrün. Bei uns Menschen und den meisten Wirbeltieren wird der Sauerstoff durch Eisenmoleküle transportiert. Eisen, das mit Sauerstoff in Berührung kommt, rostet sozusagen. Folglich färbt sich das Blut rot. Doch nicht nur in den Adern von Tintenfischen fließt blaues Blut. Auch das Blut von Hummern, Langusten und vielen Krebsarten ist bläulich. Es gibt sogar Tiere, die grünes oder gar violettes Blut haben. Das Chlorocruorin lässt das Blut einiger Wurmarten grünlich erscheinen und der Inhaltsstoff Hämerythrin sorgt dafür, dass manche Würmer sogar violettes Blut in ihren Adern haben.

**Warum fliegen Vögel oft in der Form eines Vs?**
Antwort: (518)
Dieses Phänomen sieht man hauptsächlich bei Zugvögeln, wenn sie im Herbst in wärmere Regionen fliegen oder auch, wenn sie im Frühling wieder zu uns zurückkommen. Ein Vogel fliegt an der Spitze und alle anderen fliegen in der Form eines Vs hinterher. Das machen die aber nicht, weil es ästhetisch aussieht, sondern weil sie dadurch viel Energie sparen. Das ist wichtig, denn auf ihren Reisen legen die Tiere viele tausend Kilometer zurück. Dadurch, dass die Vögel versetzt hintereinander fliegen, haben sie mit viel weniger Luftwiderstand zu kämpfen. Forscher haben ausgerechnet, dass sie mit dieser Flugweise bis zu 20% Kraft sparen, die Fluggeschwindigkeit aber nicht weniger wird. Die Vögel benötigen weniger Flügelschläge und sie gleiten öfter, das spart sehr viel Kraft. Der Einzige, der von der Kraftersparnis nicht profitiert, ist der Vogel, der an der Spitze fliegt, denn er kämpft ganz allein gegen den Luftwiderstand an. Aber keine Angst, die Vögel lösen sich regelmäßig ab, so dass jeder Vogel im Schwarm einmal dran kommt.

**Warum kocht Milch eigentlich über und Wasser nicht?**
Antwort: (519)
Milch ist eine Emulsion, denn sie besteht aus Eiweiß, Fett und Wasser. Die Eiweiße in der Milch werden durch Schwefelverbindungen zusammengehalten. Beim Kochen werden diese Verbindungen jedoch unterbrochen und es bildet sich Schwefelwasserstoff. Die gespaltenen Eiweißmoleküle wollen aber nicht allein sein und deshalb versuchen sie, sich mit den anderen Eiweißmolekülen zu verbinden. Dabei entsteht ein dünnes, aber sehr

stabiles Netz. Das Wasser in der Milch verdampft beim Kochen und es bilden sich Bläschen, die den Drang haben, nach oben zu steigen. Das Eiweißnetz hält aber die Dampfbläschen zurück. So entsteht der Milchschaum. Die Wasserbläschen wollen aber mit aller Gewalt ins Freie und so drücken sie die dünne Milchhaut nach oben und die Milch läuft über. Wenn man Wasser kocht, entsteht keine Haut, und der aufsteigende Wasserdampf kann dann ungehindert in die Luft entweichen. Also, gut aufgepasst: Beim Kochen von Milch sollte man den Topf keine Sekunde unbeaufsichtigt lassen.

**Warum ist Schnee eigentlich weiß?**
Antwort: (520)
Wenn Wassertropfen in den Wolken winzig kleine Staubteilchen in der Luft umschließen, werden die Tröpfchen schwer und sie fallen als Regen zu Boden. Kühlt die Temperatur in den Wolken und oberen Luftschichten auf unter 0 Grad Celsius ab, gefrieren die Wassertröpfchen zu Eiskristallen. Auf ihrem Weg zum Boden nehmen die Kristalle immer wieder Wasserdampf aus der Luft auf, der ebenfalls wieder gefriert. Erst wenn sie schwer genug sind, fallen sie zu Boden. In den Schneekristallen befindet sich auch viel Luft. An der Grenzfläche zwischen dem Eis und den Luftbläschen wird das Sonnenlicht zu 100 Prozent reflektiert, und deshalb erscheint der Schnee weiß. Übrigens: Ein Eiszapfen ist vollkommen durchsichtig. Warum? Weil darin keine Luftbläschen eingeschlossen sind, in denen sich das Licht reflektieren könnte. Die Entstehung eines Eiszapfens erfolgt nämlich viel langsamer als die einer Schneeflocke. Ein Eiszapfen wächst langsam, Tröpfchen für Tröpfchen. Dabei wird keine Luft im Eis eingeschlossen.

**Stimmt es, dass Marienkäfer so nützlich sind?**
Antwort: (521)
Marienkäfer sehen nicht nur schön aus, sie sind auch ganz schön nützlich: Sie ernähren sich nämlich von Blattläusen, die wiederum gar nicht nützlich sind. Blattläuse saugen den Saft aus den Pflanzenblättern, was zur Folge hat, dass die Pflanzen irgendwann absterben. So ein Marienkäferlein frisst am Tag etwa 50 Blattläuse. Im Larvenstadium vertilgen sie noch ein paar mehr dieser Schädlinge. Es gibt bei uns viele verschiedene Marienkäferarten, die man nach der Anzahl ihrer Punkte Zweipunkt, Siebenpunkt usw. nennt. Seit einiger Zeit hat sich bei uns aber ein asiatischer Marienkäfer, auch Harlekin genannt, breitgemacht. Er frisst zwar fünfmal mehr Blattläuse und vermehrt sich doppelt so schnell wie die europäischen Marienkäfer, aber er verdrängt nun langsam unsere einheimischen Marienkäferarten. Der gefräßige asiatische Harlekin frisst nämlich auch die Larven unserer Marienkäfer, wenn nicht genug Blattläuse da sind. Aber wie kommen diese asiatischen Marienkäfer eigentlich zu uns? In den 1980er Jahren hat man die gefräßigen Insekten im großen Stil zur biologischen Schädlingsbekämpfung eingesetzt. Über den Versandhandel kam Harmonia axyridis, so lautet der lateinische Fachbegriff, auch zu uns nach Europa.

**Was versteht man eigentlich unter dem „Faden der Ariadne"?**
Antwort: (522)
Unter dem Ariadnefaden versteht man im übertragenen Sinn eine Art Leitfaden, der es uns sozusagen ermöglicht, uns um Labyrinth der Welt zurechtzufinden. Du kennst sicher auch die Redewendung, wenn du mal nicht mehr weiter weißt: „Jetzt habe ich den Faden verloren!" Ursprünglich kommt dieser Begriff aus der griechischen Mythologie: Ariadne war die Tochter von König Minos und die Stiefschwester des Minotaurus, die auf der griechischen Insel Kreta lebten. Eines Tages segelte Theseus, ein junger und mutiger Königssohn aus Athen, nach Kreta. Er wollte den gefürchteten Minotaurus, ein Wesen, das halb Mensch und halb Stier war, töten. Minotaurus war eine Bestie, die mit Vorliebe Menschen fraß. Deshalb verbannte König Minos seinen Stiefsohn in ein riesiges Labyrinth namens Knossos, aus dem das Ungeheuer niemals herausfinden würde. Theseus war ein furchtloser Kämpfer und er wusste, dass er sich möglicherweise im Labyrinth verlaufen oder Opfer des gefräßigen Monsters werden könnte. Zum Glück hatte Ariadne, die sich Theseus verliebt hatte, eine super Idee. Sie gab ihm einen langen Wollfaden, den Theseus am Eingang des Labyrinths festband. Theseus tötete Minotaurus und fand den Weg aus dem Irrgarten unversehrt zurück.

**Was heißt eigentlich Mimikry?**
Antwort: (523)
Im Tierreich gibt es unzählige Methoden, wie Tiere sich vor Feinden schützen. Da gibt es Fluchttiere wie Pferde oder Antilopen, Tiere, die sich mit Gift oder Stacheln wehren können, aber auch Tiere, die sich gar nicht zu schützen brauchen, weil sie keine natürlichen Feinde haben wie beispielsweise Löwen oder Elefanten. Es gibt aber auch Lebewesen, die sich weder wehren noch davonlaufen können. Für sie hat sich die Natur etwas ganz Besonderes ausgedacht, das man Mimikry nennt. Dabei warnen die Tiere ihre Feinde durch ihr Aussehen, indem sie ihr Aussehen wirklich gefährlicher Tiere nachahmen oder Farben tragen, die im Tierreich signalisieren: Ich bin giftig, oder: Ich schmecke bitter. Die völlig ungefährliche Schwebfliege besitzt zwar schwarz-gelbe Farben, die ihren Feinden vorgaukeln, dass sie sich wie eine Wespe mit ihrem Stachel wehren kann. Der eigentlich wehrlose Schlangenaal imitiert mit seinen schwarz-weißen Streifen die giftige Gelblippenseeschlange. Die Raubfische lassen den Aal in Ruhe, weil sie denken, er sei eine giftige Schlange. Die Weinschwärmerraupe hat einen anderen Trick, um sich zu schützen. Auf ihrer Haut sind zwei Schlangenaugen abgebildet, weswegen alle Tiere einen großen Bogen um die angebliche Schlange machen.

**Stimmt es, dass Goldhamster schon einmal beinahe ausgestorben waren?**
Antwort: (524)
Ja, das stimmt tatsächlich. Man möchte es kaum glauben, wo doch heutzutage fast in jedem Kinderzimmer einer der possierlichen Nager zu Hause ist. Aber am Anfang des 19.Jahrhunderts waren alle in Gefangenschaft gezüchteten Tiere gestorben. 1930 wurde eine Goldhamsterfamilie in Syrien gefangen, aus der neue Zuchten hervorgingen. Nahezu alle heute als Haustiere lebenden Exemplare stammen von dieser Linie ab. Der natürliche Lebensraum des Goldhamsters liegt in der Hochebene von Aleppo in Nord-Syrien. Da

das Verbreitungsgebiet wilder Goldhamster extrem klein ist, führt die Weltnaturschutzunion IUCN (International Union for Conservation of Nature and Natural Resources) die Tiere als bedroht. Goldhamster wurden 1797 von den Brüdern Russel in deren *History of Aleppo* erstmals beschrieben. Sie galten lange Zeit als ausgestorben, bevor sie am 12. April 1930 von Professor Israel Aharoni wieder entdeckt wurden. Der Wissenschaftler fand eine Goldhamstermutter mit ihrem Wurf von elf Jungen. Drei Jungtiere überlebten und wurden an der Hebrew University of Jerusalem vermehrt.

**Wer hat eigentlich den Reißverschluss erfunden?**
Antwort: (525)
Diese geniale Erfindung haben wir dem US-Amerikaner Withcomb Judson aus Chicago zu verdanken. Im Jahre 1891 hatte er die Idee für den sogenannten „clasp locker", eine Art Klemmöffner für Schuhe, den er zwei Jahre später zum Patent anmeldete. Dieser Vorläufer des Reißverschlusses, so wie wir ihn heute kennen, war eine der Hauptattraktionen auf der Weltausstellung in Chicago. Im Jahre 1905 stellte Judson zwar auch eine entsprechende Produktionsmaschine für die Klemmöffner vor, aber das Produkt hatte noch ziemlich viele Macken und war deshalb kein Verkaufserfolg. Der Schwede Gideon Sundbäck erkannte die Mängel und hatte jede Menge Verbesserungs-ideen für den Schließmechanismus, die er dann auch im Jahre 1913 in den USA patentieren ließ. Der Schweizer Othmar Winterhalter aus Sankt Gallen sicherte sich das Patent für Europa und nannte es RiRi (= Rippen und Rillen). Er gründete eine Firma in Wuppertal, nannte sie ebenfalls RiRi und produzierte dort den ersten serienmäßig gefertigten Reißverschluss der Welt. Übrigens: Schaut euch Reißverschlüsse doch einmal genauer an. Bei vielen werdet ihr die Buchstabenkombination YKK eingraviert vorfinden und das hat folgenden Grund: YKK ist die Abkürzung einer japanischen Firma mit dem unaussprechlichen Namen **Y**oshida **K**ogyo **K**abushililaisha, die seit 1934 weltweit größter Hersteller von Reißverschlüssen ist.

**Stimmt es wirklich, dass die Milch bei Gewitter sauer wird?**
Antwort: (526)
Das ist ein wirklich interessantes Phänomen, das anscheinend tatsächlich vorkommen kann, aber eigentlich noch nicht richtig erforscht ist. Die Untersuchungsämter lehnen zwar nicht grundsätzlich ab, dass zwischen Gewitter und saurer Milch ein Zusammenhang bestehen könnte, aber eindeutige Antworten können auch sie nicht geben. Früher, als es noch keine Kühlschränke gab und man die Milch nicht allzu lange frisch halten konnte, kam es natürlich oft vor, dass Milch bei Gewitter sauer wurde. An heißen und schwülen Tagen vermehren sich die Milchsäurebakterien, die für das Sauerwerden der Milch verantwortlich sind, schneller. Aber warum wird Milch heutzutage manchmal auch im geschlossenen Kühlschrank sauer? Viele Wissenschaftler streiten ab, dass ein Gewitter mit dem Schlechtwerden der Milch überhaupt etwas zu tun haben könnte. Sie halten das für reinen Zufall. Trotzdem rufen immer wieder Hausfrauen in den Untersuchungsämtern an, weil ihre Milch während eines Gewitters schlecht geworden ist. Sogar Konditoren haben sich schon gemeldet, weil die Sahne in ihren Torten bei Gewitter plötzlich „umkippte", das heißt, sauer wurde.

**Warum nennt man Schwertwale auch Killerwale?**
Antwort: (527)
Der Schwertwal oder auch Orca ist ein Zahnwal aus der Familie der Delfine. Charakteristisch für den Orca ist die schwarz-weiße Körperzeichnung und seine hohe Rückenfinne, die man Schwert nennt. Daher hat der Schwertwal auch seinen Namen. Die Bezeichnung Mörder- oder Killerwal kommt wohl daher, dass die großen Meeressäuger neben Fischen auch Robben, Pinguine und kleinere Wale fressen. Sogar an große Bartenwale wagen sie sich manchmal heran. Mit dieser vermenschlichenden Bezeichnung tut man diesen Tieren aber Unrecht. Orcas sind nun einmal Raubtiere, wie Löwen und Tiger auch, die Beutetiere töten müssen, um selbst zu überleben. Deshalb sind sie noch lange keine Mörder, auch wenn ihre Jagdmethoden brutal zu sein scheinen. Die Kiefer des großen Schwertwals tragen etwa 50 starke, spitze Zähne. Mit diesem beeindruckenden Gebiss zerkleinert er seine Beutetiere, die er manchmal sogar bis auf den Strand verfolgt. Man hat auch schon beobachtet, wie Schwertwale Robben einfach von ihren Eisschollen spülen, indem sie im Wasser Wellen erzeugen, die wie Bugwellen über die Schollen schwappen.

**Zu welcher Pflanzenart gehören eigentlich die Pilze?**
Antwort: (528)
Pilze sind schon komische Gebilde. Sie gehören nicht zu den Pflanzen, aber auch nicht zu den Tieren. Sie bilden eine eigene Art, nämlich die der Pilze. Lange Zeit dachte man, dass die Pilze zu den Pflanzen gehören, weil sie wie Pflanzen aus dem Boden wachsen. Es gibt aber einen ganz entscheidenden Unterschied: Pflanzen brauchen Licht zum Wachsen und stellen durch die Photosynthese aus Wasser, Luft und Nährstoffen Zucker her. Pilze tun das nicht: Sie ernähren sich von Stoffen, die andere Lebewesen produziert haben. Das macht sie Tieren ähnlich, auch wenn sie kein Maul zum Fressen haben. Die Nährstoffe nehmen die Pilze durch die Zellwände auf. Das, was wir von den Pilzen an der Oberfläche sehen, ist nur der Fruchtkörper. Unter der Erde befindet sich ein riesiges Geflecht von langen Pilzfäden, die man Hyphen nennt. Alle Hyphen eines Pilzes zusammen bilden das Myzel. Das ist der eigentliche Pilz. Bei manchen Arten kann dieses Myzel enorm groß werden. Das wahrscheinlich Größte gibt es in Amerika. Es hat einen Durchmesser von mehr als fünf Kilometer, reicht 90 Zentimeter tief in den Boden, wiegt 600 Tonnen und soll schon 2400 Jahre alt sein. Dieser Riesenpilz ist damit eines der größten und ältesten Lebewesen der Erde.

**Was sind eigentlich Sherpas?**
Antwort: (529)
Die Sherpa sind ein Gebirgsvolk, das in Nepal, in der Nähe des Mount Everest im Himalaya-Gebirge lebt. Die Bezeichnung Sherpa stammt aus dem Tibetischen und setzt sich zusammen aus: shar = Osten und pa = Volk. Sie sind meist Bauern oder Händler. Die höchsten ihrer Siedlungen liegen rund 5000 Meter über dem Meeresspiegel. Dadurch sind die Bergmenschen ideal an die Lebensbedingungen in extremen Höhen angepasst. Bei Expeditionen im Himalaya werden die Sherpa häufig als Gepäckträger und Führer

angeworben, deshalb denken viele, dass Sherpa eine Bezeichnung für einen Lastenträger ist. Ohne die Hilfe dieser Männer wären Himalaya-Expeditionen gar nicht erst möglich. Trotzdem werden meist nur die Namen der Bergsteiger genannt, nicht aber die der Sherpa. Eine große Ausnahme ist der berühmte Sherpa Tenzing Norgay, der zusammen mit dem Neuseeländer Edmund Hillary als erster Mensch den höchsten Berg der Erde, den Mount Everest bezwungen hat.

**Wieso sind eigentlich immer so viele Würmer in den Äpfeln aus dem Garten?**
Antwort: (530)
Genau genommen sind das gar keine richtigen Würmer, sondern Schmetterlingsmaden. Der sogenannte Apfelwickler, ein Nachtfalter, legt bereits im Spätfrühjahr seine Eier an einem Apfelbaum ab. Nach etwa zwei Wochen schlüpfen daraus kleine Maden, die sich nun auf den Weg zu den jungen Äpfelfrüchten machen. Sie fressen sich durch die Schale und das Fruchtfleisch, bis sie zum Kern der Frucht gelangen. Am Äußeren des Apfels kann man genau sehen, an welcher Stelle die Made ins Innere gekrochen ist. Die kleinen braunen Kügelchen, die man um das Löchlein herum sieht und die wie Erde aussehen, sind die Kotausscheidungen der gefräßigen kleinen Maden. Innerhalb des Apfels frisst sich die Made vier bis fünf Wochen lang dick und fett und entwickelt sich dabei zu einer Raupe. Dann wird es Zeit, die „Kinderstube" zu verlassen. Die Raupe frisst sich jetzt noch einmal durch den Apfel und seilt sich dann an einem seidenen Faden aus der Frucht ab. Anschließend verpuppt sich die Raupe an der Borke und ein neuer Apfelwickler erblickt das Licht der Welt. Im nächsten Jahr beginnt der Kreislauf dann wieder von vorne.

**Sind Bakterien nun eigentlich nützlich oder schädlich?**
Antwort: (531)
Diese Frage kann man nicht so einfach mit Ja oder Nein beantworten, denn es gibt sowohl nützliche als auch schädliche Bakterien. Die nützlichen Bakterien kommen überall vor: in der Luft, im Wasser, in der Erde und in unserem Körper. Wenn wir diese Bakterien nicht hätten, könnten wir gar nicht überleben. Hilfreiche Bakterien in unserem Darm sorgen zum Beispiel dafür, dass unsere Nahrung zersetzt wird und wichtige Nährstoffe in unseren Blutkreislauf gelangen. Auch auf unserer Haut leben unzählige Bakterien, die uns nicht krankmachen, sondern unser größtes Organ vor eindringenden schädlichen Bakterien schützen. Diese Hautbakterien passen auf unseren Körper auf und merken sofort, wenn sich ihre krankmachenden Kollegen in den Körper einschleichen wollen – dann fressen sie diese sofort auf. Natürlich ist es wichtig, sich regelmäßig zu waschen und sich zu pflegen. Ein übertriebener Reinigungsfimmel und die Verwendung von aggressiven Seifen und Duschgels kann aber auch dazu führen, dass unsere Haut krank wird, weil dadurch nicht nur die schädlichen, sondern auch die nützlichen Bakterien vernichtet werden.

**Wieso heißt das Tote Meer eigentlich so?**
Antwort: (532)
Das Tote Meer ist eigentlich gar kein Meer, sondern ein riesiger See von etwa 600 Quadratkilometern. Der Salzsee grenzt an Israel, Jordanien und an das Westjordanland. Der Fluss Jordan mündet ins Tote Meer und speist es mit Wasser. Das Salz wird aus verschiedenen Gesteinen gelöst. Weil der See keinen Abfluss hat und es dort immer sehr heiß ist, verdunstet sehr viel Wasser – zurück bleibt das Salz. Die Salzkonzentration liegt bei etwa 33%. Darunter kann man sich nicht viel vorstellen, aber wenn man weiß, dass der Salzgehalt im Mittelmeer gerade einmal 3% beträgt, kann man sich schon vorstellen, dass ganz schön viel Salz darin ist. Durch das viele Salz braucht man im Toten Meer gar keine Schwimmbewegungen zu machen, um nicht unterzugehen. Das Wasser trägt den Körper wie auf einer Luftmatratze. Früher hieß das Tote Meer Salzmeer oder Asphaltsee. Erst im 4. Jahrhundert bekam der See seinen gruseligen Namen. Doch so tot ist es nun auch wieder nicht. Fische leben zwar nicht darin, aber einige Bakterien und Algen, denen der extrem hohe Salzgehalt nichts ausmacht.

**Woher haben Stinktiere eigentlich ihren komischen Namen?**
Antwort: (533)
Wie der Name schon sagt, muss das Tier etwas mit Gestank zu tun haben, obwohl es selber gar nicht stinkt. Stinktiere heißen eigentlich Skunks und sind mit den Mardern verwandte kleine Raubtiere, die hauptsächlich in Amerika und Südostasien vorkommen. Die Natur hat Tieren die unterschiedlichsten Hilfsmittel mitgegeben, um sich vor Angreifern zu schützen. Die einen können schnell weglaufen oder sich gut tarnen, andere wiederum verspritzen Gift. Der Skunk hat das alles nicht nötig, denn er hat eine ganz besondere Waffe zur Verteidigung zur Verfügung – seine Analdrüse. Das ist eine Drüse an seinem Hinterteil, die bei Gefahr ein extrem übelriechendes Sekret in Richtung des Angreifers versprüht. Tiere wie Kojoten oder Pumas, die einmal Bekanntschaft mit so einer Stinkbombe gemacht haben, machen ihr ganzes Leben lang einen riesigen Bogen um den Stinker. Das Fell des Stinktiers ist auffällig schwarz-weiß gestreift. Damit sollen Feinde vorgewarnt werden. Wen das noch nicht abschreckt, den erwarten Drohgebärden und ein aufgestellter Schwanz, was so viel heißt wie: „Hau lieber ab, sonst bekommst du es mit meiner Stinkdrüse zu tun."

**Stimmt es, dass man von Spinat Muskeln bekommt?**
Antwort: (534)
Wer kennt ihn nicht, Popeye, den starken Seemann? Immer wenn er sich gegen seinen Erzrivalen Brutus wehren oder seiner geliebten Freundin Olivia imponieren wollte, schnappte er sich eine Dose Spinat, leerte sie auf einen Satz und schon wuchsen seine Muckis. Das ist natürlich Quatsch, denn Popeye ist eine Zeichentrickfigur, und im Film ist ja alles möglich. Tatsächlich aber dachte man lange, dass Spinat ein gesundes Gemüse mit sehr hohem Eisenanteil sei. Eisen ist nämlich für die Blutbildung und die Muskelbildung in unserem Körper sehr wichtig. Viele Erwachsene erinnern sich sicher noch an ihre Kinderzeit, als man sie zwang, Spinat zu essen. Keine Frage, Spinat ist schon gesund, wie jedes Gemüse, aber das mit dem hohen Eisengehalt stimmt nicht, wie

man heute weiß. Vermutlich ist es durch ein Missverständnis zu diesem Irrtum gekommen. Wissenschaftler fanden heraus, dass in 100 Gramm Spinat 3,0% Eisen enthalten sind. Beim Aufschreiben der Forschungsergebnisse hat man wohl das Komma zwischen der Drei und der Null vergessen. So entstand das Märchen von sagenhaften 30% Eisengehalt pro 100 Gramm Spinat, denn das ist tatsächlich sehr viel.

**Warum platzen Eier manchmal beim Kochen?**
Antwort: (535)
Eier platzen nicht einfach so. Legt man sie in kaltes Wasser, passiert gar nichts. Erst wenn sie mit heißem Wasser in Berührung kommen, platzen sie und das Eiweiß quillt aus der Schale. Eiweiß und Eigelb sind von einem hauchdünnen Häutchen umgeben, das wiederum mit dem Innern der Eierschale verbunden ist. Am stumpfen Ende des Eis befindet sich allerdings eine Art Luftblase zwischen dem Häutchen und der Schale. Wenn das Ei ins heiße Wasser kommt, erwärmt sich die in der Blase vorhandene Luft schlagartig. Warme Luft dehnt sich aus, weil sie mehr Platz braucht als Kalte. Es entsteht also sehr schnell ein ziemlicher Druck unter der Schale. Die warme Luft will aus dem Ei heraus und so kommt es zum Platzen der Schale. Das sieht dann gar nicht mehr appetitlich aus, wenn das auslaufende Eiweiß gerinnt. Es gibt aber zwei Möglichkeiten, damit das nicht passiert. Entweder man legt das rohe Ei bereits ins kalte Wasser, damit es sich langsam erwärmt, oder man sticht ein kleines Loch in das stumpfe Ende. So kann die Luft entweichen und die Schale bleibt heil.

**Was versteht man eigentlich unter einem Piktogramm?**
Antwort: (536)
Piktogramme kommen im Alltag überall vor. Das können Verkehrsschilder, Wegweiser oder Hinweistafeln sein. Der Name setzt sich aus einem lateinischen und einem griechischen Wort zusammen: Pictum ist lateinisch und bedeutet „Bild", gráphein ist griechisch und heißt so viel wie „schreiben" – also geschriebenes Bild. Piktogramme sollen uns über bestimmte Dinge kurz und bündig informieren, aber auch von Menschen, die andere Sprachen sprechen, verstanden werden. Ein Beispiel: Du kennst sicher das Schild, auf dem ein Handy abgebildet ist, das rot durchgestrichen ist. Sofort ist klar, was damit gemeint ist, nämlich: Hier darf man nicht mit dem Handy telefonieren. Stell dir mal vor, auf dem Schild würde stehen: „Es ist verboten, mit dem Handy zu telefonieren" und das in allen möglichen Sprachen. Erstens müsste das Schild ganz schön groß sein und zweitens würde sich keiner die Mühe machen, das alles zu lesen, oder? Straßenschilder sind ebenfalls Piktogramme. Auch wenn es in anderen Ländern einige Verkehrsschilder gibt, die man bei uns nicht findet, so sind doch die Wichtigsten überall auf der Welt gleich oder sich zumindest sehr ähnlich.

**Wie wurden eigentlich Mumien gemacht?**
Antwort: (537)
Im alten Ägypten glaubten die Menschen an ein Leben nach dem Tod. In ihrer Vorstellung konnte das aber nur funktionieren, wenn die Seele den Körper im Jenseits wieder findet. Also musste der Leichnam so gut wie möglich vor der Verwesung

geschützt werden. Diese Aufgabe übernahmen die Balsamierer; das waren hoch angesehene Spezialisten, die sich mit der Konservierung von toten Körpern gut auskannten. Um zu verhindern, dass das Gewebe anfängt zu faulen, mussten dem Leichnam erst alle Körperflüssigkeiten entzogen werden. Dazu entfernten die Balsamierer die Eingeweide und füllten Salz in die Körperhöhle. Anschließend wurde der Körper in einer tagelangen Prozedur mit Leinenbinden, die zuvor in zähflüssiges Harz getaucht wurden, umwickelt. Nach der Einbalsamierung wurde der Leichnam in einem Holzsarkophag bestattet und in die Grabkammer gebracht. Durch das trockene Wüstenklima in Ägypten blieben die Mumien 2000 und mehr Jahre praktisch unversehrt.

**Was ist eigentlich eine Dialyse?**
Antwort: (538)
Dialyse ist ein Begriff aus der Medizin und bezeichnet eine künstliche Blutwäsche. Im Blut befinden sich Harnsäure und andere giftige Stoffe, die darin nichts zu suchen haben und deshalb herausgefiltert werden müssen. Zusammen mit dem ausgeschiedenen Wasser entsteht Urin. Bei gesunden Menschen übernehmen diese Aufgabe unsere beiden Nieren. Wenn die Nieren jedoch krank sind, muss ein medizinischer Apparat die Reinigung des Blutes übernehmen, da sonst die Gefahr droht, dass die Patienten von innen vergiftet werden. Menschen mit kranken Nieren müssen drei- bis viermal in der Woche zur Dialyse in die Klinik fahren. Über eine Pumpe wird das verunreinigte Blut in das Dialysegerät geleitet, wo sämtliche Giftstoffe mithilfe einer speziellen Reinigungs- flüssigkeit herausgefiltert werden. Das gereinigte Blut wird dem Körper dann wieder zugeführt. Diese Prozedur dauert jedes Mal drei bis vier Stunden und muss so lange gemacht werden, bis eines Tages eine geeignete Nierenspende zur Verfügung steht.

**Wo kommen eigentlich die Perlen her?**
Antwort: (539)
Perlen sehen wunderschön aus und in der Regel sind sie auch äußerst wertvoll. Kaum zu glauben, dass Perlen aber eigentlich eine Art Abfallprodukt von Austern sind. Eine Perle bildet sich, wenn ein Fremdkörper wie z. B. ein Sandkorn in das Schalenweichtier eindringt. Die Auster will den „Störenfried" natürlich so schnell wie möglich loswerden und produziert jede Menge Calciumkarbonat, das sich Schicht um Schicht um das Körnchen legt. Auf diese Weise entsteht im Laufe vieler Jahre langsam ein rundes Gebilde aus Perlmutt – die Perle. Allerdings produziert lange nicht jede Auster auch eine Perle, und nicht jede Perle ist makellos weiß und rund. Deshalb sind Perlen auch so wertvoll. Schon früher hat man versucht, Austern künstlich dazu anzuregen, Perlen zu bilden. Im Jahre 1893 gelang es schließlich dem Japaner Kokichi Mikimoto erstmals, Perlen zu züchten – sogenannte Zuchtperlen. Bei diesem Verfahren, das einer Operation ähnelt, wird die Austernschale leicht geöffnet, damit man mit einer Pinzette ein kleines Stück einer fremden Auster darin einsetzen kann. Anschließend versenkt man sie in freihängenden Muschelkörben im Meer. Die „geimpfte" Auster bildet nun wieder Perlmutt rund um das Fremdgewebe und mit viel Glück entsteht irgendwann eine wundervolle Perle.

**Seit wann benutzen die Menschen schon Nähnadeln?**
Antwort: (540)
Nähnadeln zum Zusammennähen von Leder, Fellen oder Pflanzenteilen gehören zu den ältesten Geräten der Menschheit. Aus Knochen, Fischgräten, Dornen und später Eisen hergestellt, werden sie seit mindestens 20 000 Jahren verwendet. Es gibt also keinen Erfinder im herkömmlichen Sinn. Vermutlich aber waren die Chinesen die Ersten, die Nähnadeln aus Stahl benutzten. Man nimmt an, dass die Mauren die Nadeln nach Europa brachten. Um 1370 gab es jedenfalls in Nürnberg bereits eine Nadelfabrikation. Auch in England begann man im 16. Jahrhundert, Nähnadeln herzustellen. Nach 1650 wurde die Nadelherstellung zunächst in England, später auch in Deutschland zu einem wichtigen Industriezweig. Die ersten Nadeln hatten allerdings noch kein Nadelöhr, in das man den Faden hätte einfädeln können. Stattdessen wurde er an einem Häkchen festgebunden. Die ersten Nadeln mit eingestanztem Nadelöhr wurden erst 1826 mit einer eigens dafür entwickelten Stanzmaschine hergestellt. Übrigens: Die Sicherheitsnadel wurde 1849 von Walter Hunt erfunden.

**Woher hat das Murmeltier eigentlich seinen Namen?**
Antwort: (541)
Murmeltiere murmeln nicht, auch wenn man das aufgrund des Namens erst mal vermuten könnte. Das Gegenteil ist der Fall: Bei Gefahr stoßen sie gellende Pfiffe aus, um ihren ganzen Clan zu warnen. In null Komma nichts sind dann alle Tiere im Bau verschwunden, wo sie seelenruhig abwarten können, bis die Gefahr vorüber ist. Ihre unterirdischen Höhlen sind weitverzweigt und verfügen neben Vorratskammern auch über eine geräumige Schlafkammer. Während des Winterschlafs, der ungefähr sechs Monate dauert, kuschelt sich die ganze Murmeltierfamilie eng zusammen, sodass keiner frieren muss. Die Jungtiere werden von den Erwachsenen in die Mitte genommen. Dort ist es am wärmsten und die Kleinen verbrauchen nicht so viel Energie. Doch nun zurück zur eigentlichen Frage: Der Name Murmeltier kommt ursprünglich aus dem Lateinischen: *mus montis* heißt so viel wie Bergmaus. Im Althochdeutschen wurde daraus *murmonto* und im Laufe der Zeit entstand daraus der Begriff Murmeltier.

**Seit wann gibt es schon die Christkindlmärkte?**
Antwort: (542)
Weihnachtsmärkte haben eine fast 600-jährige Tradition. Bereits 1434 wurde der Dresdener Striezelmarkt erstmals erwähnt. Damit gilt er als ältester Weihnachtsmarkt Deutschlands. Im Augsburger Rathausprotokoll des Jahres 1498 wird ein „Lebzeltermarkt" erwähnt – Lebkuchen spielten also schon damals eine große Rolle in der Weihnachtszeit. In Wien wurden bereits um 1600 auf einem vorweihnachtlichen Budenmarkt Süßigkeiten verkauft. Nürnbergs erster offizieller Hinweis auf einen „Kindles-Marck" stammt aus dem Jahr 1628. In München gab es bis Anfang des 19. Jahrhunderts nur die Nikolai-Dult, die erstmals 1642 urkundlich erwähnt wurde. Zu Beginn des 17. Jahrhunderts kamen die ersten Krippen aus Italien auf deutsche Märkte. Auch Spielzeug gab es damals schon zu kaufen. So wurden in der Barockzeit modische Zinnfiguren für Kinder angeboten. Weihnachtsmarktbesucher hatten es in früheren Zeiten

aber nicht so gut wie heute: Im Augsburg des Jahres 1814 schloss der Weihnachtsmarkt bereits nach vier Tagen, heute dauern die Märkte rund vier Wochen.

**Ich kenne den Ameisenbär. Aber was ist ein Ameisenbaum?**
Antwort: (543)
Den gibt's tatsächlich. Der Ameisenbaum (*Cecropia*) ist ein Baum aus der Familie der Brennnesselgewächse (*Urticaceae)* mit insgesamt 61 verschiedenen Arten. Die Mehrzahl lebt als Ameisenpflanzen in einer Gemeinschaft mit Ameisen. Dieses Zusammenleben nennt man übrigens Symbiose. Verbreitungsgebiet der bis zu 40 Meter hohen Bäume sind die Tropen. Die Stängelwände der Bäume sind sehr dünn und können von den Ameisen leicht durchbissen werden. In den entstehenden Kammern leben die Tiere dann und halten sich dort Napfschildläuse, die sich ausschließlich vom Saft der Pflanzen ernähren und von den Ameisen „gemolken" werden. Sozusagen im „Gegengeschäft" verteidigen die Ameisen die Bäume gegen Schädlinge und Fressfeinde, wie Ziegen, Affen, Vögel, die sich an Stamm und Blätter der Bäume laben wollen, werden meist aggressiv von den Ameisen attackiert und vertrieben. Außerdem befreien die Ameisen die Ameisenbäume von Schling- und Kletterpflanzen, welche die zarten Bäume durch ihr Gewicht arg belasten würden.

**Hat es die Mohikaner aus dem berühmten Indianerbuch wirklich gegeben?**
Antwort: (544)
Nein, eigentlich nicht. Die Mohikaner (auf Englisch „Mohicans") sind nur eine Erfindung des berühmten amerikanischen Schriftstellers James Fenimoore Cooper, die er für sein wohl bekanntestes Buch „Der letzte Mohikaner" gemacht hat. Da geht es darum, wie in einigen anderen seiner Abenteuerbücher, um die gefährlichen Erlebnisse des tapferen Trappers Lederstrumpf und zwei seiner weiteren Haupthelden, den Mohikanern „Unkas" und „Chingachcook". Die beiden, Vater und Sohn, waren Lederstrumpfs Freunde und Mitglieder dieses erfundenen Stammes. Der Name allerdings geht zurück auf zwei echte Indianerstämme, die es damals gab. Nämlich die „Mahican" und „Mohegan"-Indianer. Weil das Buch aber so erfolgreich war und sich der Begriff Mohikaner irgendwie durchgesetzt hat, verwenden heute die Indianerforscher (das ist ein eigener Wissenschaftszweig der Ethnologie) diesen Begriff tatsächlich als Oberbegriff für die beiden tatsächlich auch miteinander verwandten Stämme der „Mahicans" und „Mohegans". Auch der ebenfalls in Neuseeland angesiedelte Stamm der „Pequot" zählt inzwischen dazu.

**Gibt es echt eine Comic-Figur, welche „Die schlaue Müllhalde" heißt?**
Antwort: (545)
Fast. Was du meinst, ist die „Allwissende Müllhalde" (auf Englisch: Allknowing Trash Heap) und sie ist eine Puppe, die der berühmte Muppets-Erfinder Jim Henson für seine US-Fernsehserie *Die Fraggles* entworfen hat. Sie heißt mit richtigem Namen „Marjorie". Marjorie lebt in den Wäldern hinter dem Schloss der Gorgs, den Feinden der Fraggles. Eigentlich ist sie ein Komposthaufen, der aus Kartoffelschalen, Gras, Grapefruits und Konservendosen besteht. Dieser Komposthaufen wurde auf mysteriöse Weise eines

Tages zum Leben erweckt und dient den Fraggles als Orakel, wenn sie Probleme haben. Marjorie hat zwei rattenähnliche Freunde, Gunge und Philo, die auch als Vertreter und Deuter der Aussprüche der Müllhalde fungieren. Nur Gunge und Philo dürfen sie übrigens mit ihrem Vornamen ansprechen, was sonst niemandem erlaubt ist. Sagen die beiden Ratten „Die Müllhalde hat gesprochen!", so ist die Sprechzeit für den Orakel-Befrager vorbei. Übrigens werden in der Internetwelt mit ironisch-kritischem Unterton auch das weltweite Netz im Allgemeinen beziehungsweise Internet-Suchmaschinen im Speziellen als „Allwissende Müllhalde" bezeichnet.

**Woher kommt denn eigentlich der Name Pumpernickel?**
Antwort: (546)
Die Frage ist nicht leicht zu beantworten, aber die Antwortmöglichkeiten sind lustig: Nach einer Deutung soll der Name Pumpernickel „pupsender Nikolaus" bedeuten und ursprünglich ein Schimpfwort gewesen sein für ein freches Kind, also so etwas wie „Flegel" bedeuten. Pumper bezeichnet zum Beispiel im Sauerland eine Blähung. Denn wie man weiß, regt Vollkornbrot die Verdauung an. Und das „Nickel" wird als Ableitung von Nikolaus angesehen, steht aber in manchen Regionen auch für einen Eigenbrötler oder komischen Kauz. Seit dem 17. Jahrhundert ist der Begriff Pumpernickel übrigens auch als spöttische Bezeichnung für Kommissbrot (also das Brot, das es früher beim Militär gab) beziehungsweise Vollkornbrot ganz allgemein bekannt. Nach anderen Quellen soll Pumpernickel übrigens „Teufel" bedeuten. In hessischen Prozessakten über das Hexenwesen aus dem 16. Jahrhundert findet sich „Pompernickel" als Ausdruck für den Satan. Vielleicht wegen der schwarzen Farbe? Ein Beleg für das Verspotten des auffällig dunklen Brots stammt übrigens vom niederländischen Humanisten Justus Lipsius, der im 16. Jahrhundert höhnte: „Welch armes Volk, das seine Erde essen muss."

**Seit wann gibt es eigentlich den Adventskalender und wer hat ihn erfunden?**
Antwort: (547)
Als Erfinder des Adventskalenders, so wie wir ihn kennen, gilt der schwäbische Pfarrerssohn Gerhard Lang. Wie alle Kinder konnte es auch der kleine Gerhard gar nicht mehr bis zum Heiligen Abend abwarten und er nervte seine Mutter ständig mit der gleichen Frage: „Wann kommt den eigentlich das Christkind?" Frau Lang konnte des Gequängel einfach nicht mehr hören und so nahm sie einen Karton und nähte darauf 24 kleine Lebkuchen. Der kleine Gerhard durfte dann jeden Tag einen essen. Auf diese Art und Weise wurde das Warten nicht nur „versüßt", sondern man konnte auch genau sehen, wie viele Tage es noch zur Bescherung dauerte. Als Erwachsener wurde Gerhard Lang Teilhaber einer Druckerei und dort ließ er 1904 den ersten Adventskalender drucken. Im Jahr 1920 wurden Kalender mit 24 Türchen zum Öffnen hergestellt. Die Idee des Adventskalenders wurde von da ab immer weiter entwickelt. In den 1950-er Jahren wurde sie dann auch mit Schokolade gefüllt. Der Adventskalender ist heutzutage immer noch sehr beliebt und er verkürzt in fast jeder Familie das ungeduldige Warten auf das Christkind.

**Was versteht man eigentlich unter der Tundra?**
Antwort: (548)
Die Tundra ist eine Vegetationsform, die sich nördlich des Nadelwaldgürtels befindet und entlang des Polarkreises verläuft. Von Alaska durch Kanada, Grönland, Island bis in den Norden Schwedens und Norwegens und rund um die arktische Küste Sibiriens bedeckt die Tundra eine riesige Fläche von 25 Millionen Quadratkilometern. Vorwiegend wachsen dort Pflanzen wie Gräser, Moose, Flechten, Sträucher und Heidekraut, die gut an die rauen klimatischen Verhältnisse angepasst sind. In der arktischen Tundra gibt es über 900 verschiedene Pflanzenarten. Auffallend ist jedoch, dass es dort keinen einzigen Baum gibt. Holzige Pflanzen können in der Tundra nicht überleben, weil es in den kurzen Sommermonaten einfach zu wenig Wärme für ihr Wachstum gibt. Ausnahmen sind die winzige Zwergweide und die Zwergbirke. Trotz der großen Pflanzenvielfalt fällt auf, dass sich die Farbenpracht der Blüten hauptsächlich auf Weiß oder Gelb beschränkt. Das liegt daran, dass die Bestäubung nicht durch Bienen erfolgt, welche die Blüten nach Farben auswählen, sondern durch farbenblinde Fliegen.

**Wieso schrumpeln nur Hände und Füße, wenn man lange in der Badewanne sitzt?**
Antwort: (549)
Die Haut an Händen und Füßen wird viel mehr belastet als an anderen Körperteilen. Mit den Händen machen wir fast alle Dinge des täglichen Lebens und unsere Füße müssen unser Körpergewicht den ganzen Tag tragen. Damit diese Stellen besonders gut geschützt sind, sind viel mehr Hautschichten vorhanden. Es befinden sich dort etwa 10 bis 15 Mal mehr Hornzellen, die ständig absterben und neu gebildet werden, als anderswo am Körper. Wenn nun diese abgestorbenen Hornzellen mit Wasser vollgesogen sind, verbinden sie sich mit der Flüssigkeit, quellen auf wie ein Schwamm und die oberste Hautschicht dehnt sich aus. Da diese jedoch mit der Unterhaut verbunden ist, geschieht das nicht gleichmäßig und es entsteht die wellige Schrumpelhaut. Übrigens: Die Schrumpelhaut entsteht nur beim Baden in salzarmem Wasser aus der Leitung. Versuche haben ergeben, dass die Haut in leicht gesalzenem Wasser wesentlich weniger aufquillt und beim Wasserbad in 30-prozentigem Salzwasser gar keine Hautveränderung auftritt. Schrumpelhaut ist aber nicht schädlich, denn wenn die Hornhaut getrocknet ist, gehen auch die Falten wieder weg.

**Warum müssen wir eigentlich schlafen?**
Antwort: (550)
Der Schlaf ist für Mensch und Tier lebenswichtig. Während man schläft, kann sich der Körper von allen Anstrengungen des Tages erholen. Die Muskeln kommen zur Ruhe und können sich entspannen. Beschädigte Zellen werden in dieser Zeit repariert oder, wenn nötig, ersetzt. Nur das Gehirn selbst schläft nicht. Es überwacht und steuert auch während des Schlafs wichtige Körperfunktionen wie Atmung, Herzschlag und Verdauung. Kinder brauchen mehr Schlaf zur Erholung als Erwachsene und alte Menschen, da sie noch wachsen und noch jede Menge neuer Zellen gebildet werden müssen. Es gibt natürlich keine genaue Regelung, wie lange man schlafen muss. Manche Erwachsene brauchen mehr Schlaf als andere. Das kann zwischen vier und zwölf Stunden sein, je nach Bedarf.

Grundsätzlich kann man aber als Faustregel festlegen: Kinder benötigen durchschnittlich neun bis zehn Stunden Schlaf, Erwachsene ungefähr acht Stunden. Während man schläft, erholen sich aber nicht nur der Körper und die Zellen, sondern auch das Gehirn. Alles, was man tagsüber erlebt hat, wird während der Schlafphase geordnet. Ängste, Sorgen, aber auch Freude und schöne Erlebnisse speichert das Gehirn tagsüber und verarbeitet es nachts in der Ruhephase. Das sind dann unsere Träume.

**Gibt es eigentlich einen Unterschied zwischen Krokodil und Alligator?**
Antwort: (551)
Alligatoren und Krokodile sind sich wirklich sehr ähnlich, und man muss schon genau beobachten, um einige wenige Unterschiede zu entdecken. Die lange Körperform haben die beiden Arten gemeinsam, und auch die schuppige Haut und das lange Maul mit vielen spitzen Zähnen lässt sie schwer voneinander unterscheiden. Ein großer Unterschied ist jedoch zu erkennen, wenn das Maul geschlossen ist. Bei den Krokodilen sieht man die Zähne des Unterkiefers noch, da diese in speziellen Taschen an der Außenseite des Oberkiefers ragen. Bei den Alligatoren verschwinden diese Zähne ganz im Maul, und man kann sie dann nicht mehr sehen. Insgesamt gibt es 14 verschiedene Arten von Krokodilen sowie sieben Alligatoren-Arten. Daneben gibt es noch den Gavial, der zwar auch wie ein Krokodil oder Alligator aussieht, aber ganz leicht durch sein besonders langes und schmales Maul von den anderen zu unterscheiden ist. Das größte Krokodil auf der Welt ist übrigens das nicht so bekannte indopazifische Krokodil mit über sieben Metern Länge. Danach folgt gleich das Nilkrokodil, das bis zu sechs Meter lang werden kann.

**Warum können gebrochene Knochen immer wieder zusammenwachsen?**
Antwort: (552)
Die Knochen bilden zusammen mit den Knorpeln das Skelett des Menschen. Knochen sind kein totes Gebilde, sondern sie bestehen aus lebendigem Gewebe und Knochenzellen, in die das Salz-Kalziumphosphat eingelagert ist. Im Knochen befinden sich Eiweißfasern, die dafür sorgen, dass der Knochen elastisch und auf eine Art biegsam ist. Knochen sind extrem stabil und belastbar, aber auch sehr leicht. Wenn ein Knochen bricht, sorgt der Körper automatisch dafür, dass neues Knochenmaterial, sogenannter Kallus, gebildet wird. Voraussetzung dafür ist natürlich, dass die Bruchstelle ganz ruhig gestellt wird. Das geschieht, indem man den Knochen eingipst. Nach und nach wird der Kallus von sogenannten Knochenzerstörerzellen, die Osteoklasten heißen, wieder abgebaut, sodass der Knochen wieder seine ursprüngliche Form erhält. Der Körper bildet aber nicht einfach wahllos Knochensubstanz, sondern nur da, wo sie benötigt wird. Alles überflüssige Material wird danach einfach wieder abgebaut und zurückgebildet.

**Ich habe gehört, dass sich Opossums bei Gefahr totstellen? Stimmt das?**
Antwort: (553)
Opossums gehören zu den Beutelratten und leben in Nord- und Südamerika. Die nachtaktiven Tiere werden etwa so groß wie eine Katze und besitzen einen langen nackten Schwanz, der genauso lang ist wie ihr ganzer Körper, mit dem sie gut greifen

und sich beim Klettern gut festhalten können. Opossums leben als Einzelgänger und können ganz schön aggressiv werden. Sie fressen alles, was sie finden. Ihre Nahrung besteht aus Insekten, kleinen Wirbeltieren und Früchten, aber auch Aas verschmähen sie nicht. Opossums sind Säugetiere und haben eine sehr kurze Tragezeit. Bereits nach 14 Tagen bringen Opossum-Mütter bis zu 20 Junge zur Welt, die aber nie alle überleben, da nicht der ganze Wurf im Beutel Platz findet. Ihre Feinde sind Eulen und Menschen. Um sich vor Angreifern zu schützen, verfügen Opossums über eine besondere Eigenart: Sie stellen sich einfach tot. Bei Gefahr lassen sie sich umfallen, schließen die Augen und lassen das Unterkiefer herunterhängen. Ihr ganzer Körper erstarrt augenblicklich und der Atem setzt aus. Außerdem strömt ein äußerst unangenehmer Mundgeruch aus ihrem Maul. Sobald sich der Feind entfernt hat, erwachen sie auf wundersame Weise wieder zum Leben und laufen ganz schnell weg.

### Was hat die Osterinsel mit Ostern zu tun?
Antwort: (554)
Die Osterinsel, die heute zu Chile gehört, liegt im Stillen Ozean zwischen Australien und Südamerika und wurde erstmals um 400 nach Christus von Polynesiern besiedelt. Die kleine Vulkaninsel ist durch die uralten, riesigen, aus Vulkangestein geschlagenen Figuren sehr bekannt. Diese Steinkolosse heißen Moai und sind vermutlich in der Zeit zwischen 1000 und 1500 entstanden. Über die gesamte Insel verteilt gibt es mehr als 600 von ihnen. Bis auf weinige Ausnahmen sehen die Steinfiguren einander sehr ähnlich. Die Köpfe sind fast genau so groß wie der ganze Körper und die Augenhöhlen liegen sehr tief. Bis heute haben die Wissenschaftler noch nicht ganz genau herausgefunden, welche Bedeutung die Steinkolosse haben und wie man die tonnenschweren Riesen transportiert hat. Den Namen Osterinsel erhielt die 170 Quadratkilometer große Insel von dem Holländer Jakob Roggeveen, der das kleine Eiland am Ostersonntag des Jahres 1722 entdeckte. Die Eingeborenen allerdings nennen ihre Insel Rapa Nui, was so viel wie „großer Stein" bedeutet.

### Zu welcher Tierart gehören eigentlich Meerkatzen und warum heißen die so?
Antwort: (555)
Die Meerkatzen sind Affen und ihre Heimat ist Afrika. Die geselligen Äffchen mit den langen Schwänzen sind tagaktiv und leben in großen Rudeln. Ihre Nahrung besteht hauptsächlich aus Früchten und Grünpflanzen, aber auch Jungvögel, Insekten und Eidechsen stehen auf ihrem Speiseplan. Über die Herkunft ihres seltsamen Namens sind sich die Wissenschaftler nicht ganz einig. Die einen sagen, dass sie ihren Namen daher haben, weil sie Katzen ähnlich sehen und über das Meer nach Europa gebracht wurden, wo sie als beliebte Haus- und Zirkustiere gehalten wurden. Eine andere Theorie besagt, dass der Name von dem indischen Wort „Merkat" stammt und in der deutschen Sprache zu Meerkatze wurde. Weil die Affen außer Geparden und Raubvögeln keine natürlichen Feinde haben, können sie sich fast ungehindert vermehren. Die afrikanischen Bauern fürchten die Tiere, weil sich oft ganze Meerkatzenbanden wie wilde Rabauken mit lautem Getöse über die Pflanzungen und Felder hermachen und dort großen Schaden anrichten. Sie stopfen sich zuerst ihre Backen mit Mais, Getreide und Bananen voll und

zerstören anschließend auch noch die jungen Pflanzen. Durch den Nahrungsüberfluss sind sie sehr wählerisch, reißen junge Triebe heraus, beißen in die Feldfrüchte und werfen sie dann einfach weg.

**Welche Lebewesen haben die meisten Knochen?**
Antwort: (556)
Knochen und Skelett sind die Stütze für Muskeln und Haut. Sie geben dem Körper Stabilität und Halt. Mineralien wie Kalzium sorgen dafür, dass die Knochen hart und stabil bleiben. Sie sind von einer Knochenhaut umhüllt, in der sich Nerven und Blutgefäße befinden. Gelenke verbinden die einzelnen Knochen miteinander. Ein erwachsener Mensch verfügt über 200 Knochen. Ganz schön viel, oder? Das ist aber noch gar nichts, denn die Lebewesen mit den meisten Knochen leben nicht an Land, sondern im Wasser. Es sind Knochenfische. Zu dieser Gattung gehören die meisten Fische, die es gibt: Forellen, Karpfen, Lachse, Heringe etc. Haie gehören nicht dazu, sie haben keine Knochen, sondern Knorpel. Neben den vielen Gräten und dem normalen Fischskelett besteht der Schädel dieser Fische ebenfalls aus vielen einzelnen Knochen. Insgesamt sind das dann tausende von Knochen. Würde man auch noch die Schuppen der Fische, die auch aus Knochenmaterial bestehen, dazuzählen, hätten die Fische tatsächlich unzählig viele Knochen.

**Seit wann gibt es eigentlich Cornflakes und wer hat sie erfunden?**
Antwort: (557)
Als Erfinder der Cornflakes gelten die Brüder John Harvey und Will Keith Kellogg, die um das Jahr 1900 in Amerika lebten. John Harvey, der ältere der Brüder, war Arzt und Leiter einer Gesundheitsfarm. Er war ein richtiger Gesundheitsfanatiker und verbot seinen Patienten jede Art von Genuss wie Tee, Kaffee, Fleisch oder Süßigkeiten. Nur ab und zu gab es zerbröselte Kekse, die aus einem einfachen Weizenteig hergestellt wurden. Will Keith unterstützte seinen Bruder bei der Zubereitung der Speisen in der Küche und eines Tages passierte es dann: Will Keith stellte – wie immer – den Weizenteig für die Kekse her. Nur vergaß er dieses Mal, ihn rechtzeitig auszurollen, sodass der Teig vertrocknete und in tausend Stücke zerbröselte. Diese Stücke servierte Will den Patienten – und was passierte? Es schmeckte allen vorzüglich – die Cornflakes waren geboren. Dass der jüngere Bruder die Cornflakes auch noch mit „ungesundem" Malzaroma süßte, passte dem strengen John überhaupt nicht. Die beiden ungleichen Brüder stritten sich wegen ihrer unterschiedlichen Auffassung von Ernährung und schließlich trennten sie sich. Will Keith gründete anschließend seine eigene Firma, in der die weltbekannten Kellogg´s Cornflakes hergestellt wurden.

**Wie entstehen eigentlich Eisberge?**
Antwort: (558)
Eisberge sind riesige Eisblöcke, die in den Meeren am Nord- oder Südpol schwimmen. Dort ist unsere Erde mit unvorstellbar großen Gletschern bedeckt. Manchmal passiert es, dass große Stücke von den vorderen Kanten der Gletscher abbrechen. Mit lautem Getöse löst sich dann ein Teil der Eismasse und stürzt ins Meer. Dieses beeindruckende

Naturschauspiel, bei dem ein neuer Eisberg entsteht, nennt man „kalben". Eisberge können mehrere Millionen Tonnen wiegen und über 150 Kilometer lang sein. Wie der Name schon sagt, bestehen Eisberge aus Eis. Sie schwimmen, weil sich gefrorenes Wasser ausdehnt und dadurch leichter als flüssiges Wasser ist. Das Faszinierende an den Eisbergen aber ist, dass nur ein Achtel der ganzen Eismasse über der Wasseroberfläche zu sehen ist. Der Rest, also sieben Achtel, sind unsichtbar unter Wasser. Ein Beispiel: Ein Eisberg, der 100 Meter aus dem Wasser ragt, ist dann unter Wasser noch einmal 700 Meter tief. Und genau das macht diese Kolosse so gefährlich für die Schifffahrt. Man kann ihre wahre Ausdehnung unter Wasser nur erahnen.

**Wie heiß kann ein Blitz eigentlich werden?**
Antwort: (559)
Ein Blitz ist nichts anderes als eine gewaltige elektrische Entladung. Er ist so heiß, dass er auf der Erde Feuer entfachen und sogar Metall schmelzen lassen kann. Wenn ein Blitz einschlägt, kann sich die Luft bis zu 30 000 Grad erwärmen. Wenn man bedenkt, dass das siebenmal so heiß ist wie auf der Sonnenoberfläche, hat man schon eine ungefähre Vorstellung über die Hitze, die sich dabei entwickelt. Durch die schlagartige Erwärmung dehnt sich die Luft aus und es entsteht eine riesige Druckwelle. Wir nehmen das als Donner wahr. Das Licht bewegt sich aber schneller als der Schall und deshalb sehen wir zuerst den Blitz und hören erst dann das Donnergrollen. Gewitter bilden sich, wenn feuchtwarme Luft vom Boden in große Höhen aufsteigt. Dort oben kühlt sie rasch ab und es entstehen riesige Wolkenberge. Sie führen zu großen elektrischen Spannungen, die sich entladen: So entstehen Blitze und Donner.

**Wie können blinde Menschen eigentlich mit der Blindenschrift lesen?**
Antwort: (560)
Die Blindenschrift, die man auch *Brailleschrift* nennt, wurde im Jahre 1820 von dem französischen Lehrer Louis Braille entwickelt. Braille, der im Alter von drei Jahren selbst erblindete, machte sich die Erkenntnis zunutze, dass Blinde mit ihrem ausgeprägten Tastsinn Buchstaben, die auf Papier geprägt waren, erfühlen können. Die Grundlagen dieser Tastschrift bestehen aus einer Kombination von sechs Punkten (drei in der Höhe mal zwei Punkte in der Breite), die von hinten in das Papier gestanzt werden, damit die Erhöhungen von vorne ertastet werden können. Mit diesen sechs Punkten sind insgesamt 64 Kombinationen möglich. Ein Zeichen in Brailleschrift ist etwa sechs Millimeter hoch und vier Millimeter breit. Neben der reinen Leseschrift gibt es noch Varianten wie die Mathematikschrift, die Chemieschrift oder die Musiknotation. Selbst am Computer kann man mit Brailleschrift arbeiten. Allerdings benötigt man dafür ein spezielles Braille-Display. Wenn du die Schrift kennenlernen willst, dann besuche im Internet einfach die Seite www.bbi.at und klicke dann auf **Blindenschrift**.

**Was ist eigentlich Atomkraft und warum sind so viele Menschen dagegen?**
Antwort: (561)
Wir brauchen Strom, damit wir Licht haben, Musik hören, Wäsche waschen oder fernsehen können. Um Strom zu erzeugen, gibt es verschiedene Möglichkeiten:

Windkraft, Wasserkraft, Solarenergie oder auch Energiegewinnung durch Müll- und Kohleverbrennung. Man kann Strom aber auch mit Atomkraft erzeugen. Dazu werden die Atome von Uran und Plutonium benötigt, die im Kernkraftwerk gespalten werden. Bei diesem komplizierten Spaltvorgang entsteht Wärme, die wiederum in elektrische Energie umgewandelt wird. Doch leider senden Plutonium- und Uranatome auch gefährliche radioaktive Strahlen aus, die krank machen. Man kann diese Strahlen weder sehen, riechen noch fühlen und schmecken. Mit einem Geigerzähler jedoch kann man die Strahlenbelastung messen. Damit die Strahlung nicht nach außen dringen kann, sind die Atomkraftwerke durch meterdicke Wände geschützt und die Mitarbeiter tragen Schutzanzüge. Warum aber viele Menschen gegen die Atomkraft sind, liegt unter anderem daran, dass bei der Gewinnung von Atomenergie auch viel Abfall in Form von abgebrannten Uranstäben anfällt. Diese Brennstäbe sind noch ganz viele Jahre radioaktiv und müssen deshalb an einem sicheren Ort sehr lange gelagert werden, bis sie keine gefährlichen Strahlen mehr aussenden. 1986 ist ein Teil des ukrainischen Kernkraftwerks Tschernobyl explodiert. Dabei wurden Menschen, Tiere und Pflanzen verstrahlt. Im Moment brauchen wir aber die Atomkraft noch, weil wir sonst nicht genügend Strom hätten.

**Worin besteht eigentlich der Unterschied zwischen Groß- und Kleinkatzen?**
Antwort: (562)
Neben unseren Hauskatzen gehören auch noch Löwen, Tiger, Luchse usw. zu der großen Familie der Katzen. Der wissenschaftliche Begriff dafür lautet Felidae = Katzenartige. Ein wichtiges Unterscheidungsmerkmal zwischen Groß- und Kleinkatzen ist natürlich die Größe. Doch der wirklich entscheidende Unterschied liegt darin, dass Großkatzen im Gegensatz zu Kleinkatzen laut brüllen können, weil sie ein elastisches Zungenbein haben. Kleinkatzen dagegen können ihr Zungenbein nicht verändern. Dafür können die kleineren Verwandten von Löwe, Tiger & Co. ununterbrochen schnurren, was die Großkatzen nur beim Ausatmen zustande bringen. Wer selber eine Katze besitzt, weiß, dass die Stubentiger damit viel Zeit verbringen, ihr Fell zu putzen. Große Katzen bevorzugen dagegen eine „Katzenwäsche". Übrigens: Pumas und Luchse gehören trotz ihrer Größe zu den Kleinkatzen. Der Gepard, das schnellste Säugetier auf der Welt, gehört dagegen weder zu den Groß- noch zu den Kleinkatzen. Er steht in der großen Katzenfamilie für eine eigene Art.

**Warum sind Chilis und Peperoni eigentlich so scharf?**
Antwort: (563)
Die Nachtschattengewächse Chili und Peperoni, aber auch die milde Paprika gehören zur Gattung der Capsicums, denn sie enthalten den Stoff Capsaicin. Und dieser Stoff ist schuld daran, dass die Früchte dieser Pflanzen mehr oder weniger scharf schmecken – je nachdem, wie viel Capsaicin sie enthalten. Während manche Menschen es lieben, scharf gewürzte Speisen zu essen, machen Säugetiere einen großen Bogen um die feurigen Gewächse. Da hat sich die Natur wieder mal etwas dabei gedacht, denn Säugetiere würden mit ihren Zähnen die Kerne zerkauen und nach dem Verdauen ausscheiden. Das Saatgut wäre dann zerstört und für die Vermehrung unbrauchbar. Vögel dagegen haben

keine Probleme mit der Schärfe und Zähne haben sie auch nicht. Sie ernähren sich zwar vom Fruchtfleisch, aber die Samenkerne werden durch den kurzen Verdauungsweg nicht zerstört. Überall wo die Samen ausgeschieden werden, kann ein neuer Chilistrauch wachsen. Übrigens: Seit 1912 kann man den Grad der Schärfe auch messen. Der amerikanische Pharmakologe Wilbur L. Scoville entwickelte ein nach ihm benanntes Verfahren. Demnach hat die Gemüsepaprika null Scoville-Einheiten, eine Peperoni dagegen schon zehn bis 500.

**Haben Känguru-Männchen eigentlich auch einen Beutel?**
Antwort: (564)
Kängurus leben ausschließlich in Australien und gehören zur Gruppe der Beuteltiere, einer Untergruppe der Säugetiere. Das Besondere an diesen faszinierenden Tieren ist die Art und Weise, wie sie Nachwuchs bekommen. Nach einer sehr kurzen Tragezeit von etwa 30 Tagen bringt die Känguru-Mutter ihr Junges zur Welt. Das Kleine ist zu diesem Zeitpunkt noch sehr unterentwickelt, etwa zwei Zentimeter lang und es sieht eher aus wie ein Embryo als ein kleines Baby-Känguru. Es kriecht instinktiv vom Geburtskanal in den Beutel und hängt sich dort an eine von vier Zitzen. Etwa sechs bis acht Monate verbringt das Jungtier dann gut geschützt und wohlgenährt im Beutel der Mutter. Und damit ist die Frage eigentlich schon fast beantwortet: Känguru-Männchen haben keinen Beutel, denn sie brauchen ihn schließlich nicht. Übrigens: Der Name Känguru soll durch ein Missverständnis zustande gekommen sein. James Cook, der erste Europäer, der den australischen Kontinent betrat, soll einen Einheimischen nach dem Namen des seltsamen Tieres gefragt haben. Der Aborigine, der natürlich kein Englisch verstand, antwortete in seiner Sprache mit „Kangoroo", was so viel wie „Ich verstehe nicht" heißt.

**Warum suhlen sich Schweine so gerne im Dreck?**
Antwort: (565)
Schweine werden immer noch zu Unrecht als unreine und schmutzige Tiere bezeichnet. Das stimmt ganz und gar nicht, denn das Gegenteil ist der Fall. Die intelligenten Tiere sind sogar ausgesprochen reinlich. Wenn sie im Stall genügend Platz haben, gehen sie immer an eine bestimmte Stelle, um ihr „Geschäft" zu machen. Dort, wo sie liegen, ist es immer trocken und sauber. In der freien Natur suhlen sich Wild-, aber auch Hausschweine mit großem Vergnügen in matschigen Schlammlöchern. In unseren Augen sieht das natürlich nicht gerade reinlich aus, aber der Schlamm dient den Tieren zur Körperpflege. Die Schlammschicht schließt Parasiten wie Zecken und andere Plagegeister, die den Tieren zu schaffen machen, ein. Wenn die Erde auf ihrem Körper eingetrocknet ist, reiben sie sich an Baumstämmen. Dabei fällt die Schlammkruste mitsamt dem eingeschlossenen Ungeziefer ab. Die wohltuende Schlammpackung kühlt die empfindliche Haut an heißen Tagen ab und schützt sie gleichzeitig auch vor Sonnenbrand. Übrigens: Die Elefanten machen es genauso.

**Warum sind Bernhardiner eigentlich so gute Lawinenhunde?**
Antwort: (566)
Im Jahre 1049 haben Mönche am großen St. Bernardino, das ist ein Berg in der Schweiz, ein Hospiz gegründet, um Wanderern, die den Pass überqueren wollten, im Notfall Schutz und Hilfe zu bieten. Neben harmlosen Wanderern machten manchmal auch Banditen die Berge unsicher. Aus diesem Grund hielten die Mönche große Hunde, die sogenannten Alpenmastifs, um sich vor Plünderern zu schützen. Diese großen und kräftigen Hunde gelten als Vorfahren der Bernhardiner. Im 13. Jahrhundert begannen die Mönche dann, ihre Schutzhunde auch als Rettungshunde auszubilden, um bei Lawinenabgängen verschüttete Menschen zu retten. Bernhardiner sind groß, stark und verfügen über einen ausgesprochen guten Geruchssinn. Wissenschaftler haben herausgefunden, dass nur Bernhardiner in der Lage sind, die Wärmestrahlung verschütteter Körper wahrzunehmen, selbst wenn sie sich unter meterhohem Schnee befinden. Übrigens: Ein Bernhardiner, der Barry hieß, ist Anfang des 19. Jahrhunderts auf der ganzen Welt berühmt geworden. Er rettete während seiner Dienstzeit insgesamt 40 Menschen das Leben. Aus diesem Grund nannte man die Bernhardiner früher auch „Barry-Hunde".

**Waschen sich Waschbären eigentlich wirklich so oft, oder warum heißen die so?**
Antwort: (567)
Den Namen Waschbär trägt das kleine Raubtier nicht ganz zu unrecht, auch wenn es sich selbst nicht wäscht. Der nachtaktive Kleinbär, der eigentlich in Nord- und Mittelamerika zu Hause ist, wäscht nur sein Futter! Jetzt könnte man denken, dass der Waschbär ein ganz besonders reinliches Tier ist, aber das Waschen der Nahrung hat ganz andere Gründe. Erstens verträgt sein empfindlicher Gaumen weder Sand noch Schlamm und zweitens kann er nicht viel Speichel bilden, was zur Folge hätte, dass seine Nahrung nicht durch die Speiseröhre flutschen und ihm der Bissen im wahrsten Sinne des Wortes im Hals stecken bleiben würde. Also macht er seine Nahrung nass, damit er sie besser kauen und hinunterschlucken kann. Seit etwa 70 Jahren gibt es die Waschbären auch in Europa, wo sie vielerorts schon zur Plage geworden sind, denn sie haben bei uns kaum natürliche Feinde. Vermutlich sind sie Nachkommen von Tieren, die aus Wildgehegen oder Pelztierfarmen ausgebüchst sind.

**Warum kann man mit Seife sauberer waschen als mit purem Wasser?**
Antwort: (568)
Der Schmutz an Geschirr und Händen ist meist öl- oder fetthaltig, und da sich Fett nicht mit Wasser verbindet, löst sich die Verschmutzung auch nicht ab. Aus diesem Grund ist das Waschergebnis mit purem Wasser nicht sehr zufriedenstellend. Man braucht also ein Mittel, das dafür sorgt, dass sich das Wasser mit dem Fett verbindet – und das ist die Seife. Sie gehört zu den sogenannten Tensiden, deren Moleküle (das sind winzig kleine Teilchen) sich sowohl mit Wasser als auch mit Fett verbinden können. Tenside funktionieren wie eine Verbindung zwischen zwei Stoffen, die sich normalerweise nicht mögen und sich daher gegenseitig abstoßen. Eine Seite des Seifenmoleküls zieht das Wasser an, die andere Seite das Fett. Auf diese Weise löst sich der Schmutz im Wasser

und Geschirr und Hände sind wieder sauber. Übrigens: Die „Feindschaft" zwischen Fett und Wasser könnt ihr ganz leicht selber beobachten: Versuch 1: Nehmt ein Glas Wasser, schüttet ein paar Tropfen Speiseöl hinein und rührt kräftig um. Versuch 2: Gibt in dieses Glas nun einen Tropfen Spülmittel und rührt ebenfalls um. Und jetzt schaut mal, was passiert!

**Woher kommt eigentlich der Aprilscherz?**
Antwort: (569)
Ganz genau weiß das eigentlich niemand, aber es gibt verschiedene Herkunftserklärungen. Eine Theorie besagt, dass der Aprilscherz mit dem wechselnden Wetter im April zu tun hat. Dieser Monat ist bekannt dafür, dass sich das Wetter ständig ändert und man nie weiß, woran man ist. Das Wetter treibt also auch irgendwie seine Späße mit uns. Allerdings könnte der Aprilspaß auch aus Frankreich kommen. Zu Zeiten des französischen Königs Karl IX. begann das neue Jahr immer am 1. April. Erst im Jahre 1564 beschloss der Monarch, den Kalender zu ändern, und von da an sollte Neujahr immer am 1. Januar gefeiert werden – das ist bis heute so geblieben. Anscheinend konnten oder wollten sich das einige Bürger nicht merken und so feierten sie aus alter Gewohnheit Neujahr weiterhin am 1. April. Freilich wurden diese Unverbesserlichen von den anderen deshalb ausgelacht und verspottet. Man erzählte ihnen unglaubliche Lügengeschichten und amüsierte sich dann köstlich über die dummen „April-Narren".

**Stimmt es, dass bei den Fröschen immer nur die Männchen quaken?**
Antwort: (570)
Es stimmt zwar, dass in der Regel nur die Froschmännchen quaken, aber auch die Weibchen geben in bestimmten Situationen Laute von sich. So zum Beispiel, wenn sich ein Männchen mit ihnen paaren will, obwohl sie noch nicht dazu bereit sind. Der sogenannte „Befreiungsruf" der Weibchen ist sehr leise, aber er signalisiert dem aufdringlichen Männchen, dass er verschwinden soll. Das laute Quaken, das wir oft in der Nähe von Teichen wahrnehmen, stammt aber immer von den Männchen, die auch nicht zum Spaß quaken. Denn jede Froschart hat eine eigene Quaksprache, die sich wiederum in Anzeigenrufen signalisieren Froschmännchen ihren Rivalen, dass sie sich gefälligst aus ihrem Revier fernhalten sollen. Die Froschweibchen dagegen werden durch diese Rufe angelockt und sie erkennen daran, ob es sich dabei um ein Männchen ihrer Art handelt. Das Gequake dient aber auch der Verteidigung gegen Fressfeinde. Mit dem sogenannten Schreckruf, der sich wie das Schreien einer kleinen Katze anhört, schützen sich die Amphibien davor, von Vögeln gefressen zu werden. Vor lauter Schreck lassen die Räuber ihre Beute fallen und der Frosch kann die Schrecksekunde nutzen, um sich schnell in Sicherheit zu bringen.

**Wie und womit werden eigentlich Hubschrauber gelenkt?**
Antwort: (571)
Was beim Flugzeug die Tragflächen sind, sind beim Hubschrauber die Rotorblätter. Durch einen starken Motor drehen sich die Rotorblätter auf dem Hubschrauber im Kreis, was zur Folge hat, dass die Luft sehr schnell an ihnen vorbeiströmt. Dadurch entsteht ein

Auftrieb und der Hubschrauber steigt in die Luft. Der Propeller am Heck (hinten) des Hubschraubers ist zwar viel kleiner, aber er ist genauso wichtig, wie der große, denn er sorgt dafür, dass das Fluggerät in der Luft stabil bleibt und sich nicht um sich selbst dreht. Gesteuert wird ein Hubschrauber durch drei verschiedene Steuerelemente: Mit dem Steuerknüppel (Cyclic) kann der Pilot den Hubschrauber nach links, rechts, vorne oder hinten lenken. Dieser wird mit der rechten Hand bedient. Daneben befindet sich ein zweiter Lenker (Collective), der mit der linken Hand bedient wird. Der sorgt dafür, dass sich der Anstellwinkel aller Rotorblätter gleichstark im Verhältnis zur Luft ändert. Damit kann man den Auftrieb beeinflussen. Nach oben gezogen, nimmt der Auftrieb ab, nach unten gedrückt, nimmt der Auftrieb zu, das heißt, der Hubschrauber steigt nach oben. Mit Hilfe der Pedale kann sich der Hubschrauber um die eigene Achse drehen.

**Warum heißen Milchzähne eigentlich Milchzähne?**
Antwort: (572)
Diese Frage ist sehr interessant, aber trotzdem gibt es darauf keine eindeutige Antwort. Manche Experten sind der Meinung, dass der Begriff Milchzähne wahrscheinlich etwas mit der reinweißen Farbe der ersten Beißerchen zu tun hat. Tatsächlich haben die Milchzähne eine deutlich hellere Farbe, als die bleibenden Zähne. Sie sind so weiß wie Milch. Zahnärzte verwenden dabei manchmal auch die Farbbezeichnung „kreidig". Eine andere Erklärung klingt aber auch irgendwie logisch: Babys trinken in den ersten Lebensmonaten ausschließlich Milch. Wenn mit etwa sechs Monaten die ersten Zähnchen sprießen, bekommen die Babys zwar auch schon festere Nahrung, aber Milch trinken sie immer noch. Der Name Milchzähne könnte also auch daher kommen. Die Bezeichnung Milchzähne verwendet man nicht nur in der deutschen Sprache. Im Englischen spricht man von „milk teeth", und im Französischen heißen die ersten Zähne „dents de lait". In beiden Fällen lautet die Übersetzung „Milchzähne". Übrigens: Das Milchgebiss besteht aus 20 Zähnen, die alle nach und nach ausfallen, um den bleibenden Zähnen Platz zu machen. Wenn alle Zähne vollständig angelegt sind, haben wir später insgesamt 28 normale und in der Regel vier Weisheitszähne.

**Warum beißen Marder so gerne in Kabel und Schläuche am Auto?**
Antwort: (573)
Von diesem Übel kann so mancher Autobesitzer ein trauriges Lied singen. Man spricht von dem sogenannten „Automarder-Phänomen". Durchgebissene Zündkabel, durchlöcherte Wasserschläuche und angeknabberte Elektroleitungen sind meist Anzeichen dafür, dass ein Steinmarder in der Nacht sein Unwesen getrieben hat. Es gibt verschiedene Ursachen, warum die Raubtiere sich in den Motorräumen von geparkten Autos besonders wohl fühlen. Marder sind von Natur aus sehr neugierig und erkunden unbekannte Gegenstände schon mal mit ihren Zähnen. Größere Schäden entstehen meist zu Beginn des Frühlings, wenn die Tiere ihr Revier für die bevorstehende Paarungszeit abgrenzen. Trifft der Marder in „seinem" Motorraum dann auf die Spur eines möglichen Nebenbuhlers, fühlt er sich provoziert und lässt seine Aggressionen an Gummidichtungen und Kabeln aus. Aber nicht immer macht ein Marder, der unter die Motorhaube kriecht,

auch etwas kaputt. Oft dient das Gewirr von Kabeln, Schläuchen und anderen Werkteilen den verspielten Tieren lediglich als Unterschlupf, Spielplatz oder Vorratskammer.

**Stimmt es, dass Ohrenhöhler in der Nacht in unsere Ohren kriechen?**
Antwort: (574)
Nein, das stimmt ganz und gar nicht. Die Ohrwürmer gehören zu den Fluginsekten und haben trotz ihres Namens nicht viel mit Ohren zu tun. In der Antike sollen die Insekten getrocknet und in pulverisierter Form als Heilmittel gegen Ohrenkrankheiten verabreicht worden sein – daher auch der lateinische Name „auricula" (von auris; zu deutsch Ohr). Im Laufe der Zeit geriet diese Behandlungsmethode in Vergessenheit, sodass man den Namen nicht mehr zuordnen konnte. Also nahm man an, dass diese Tierchen des Nachts ahnungslose Menschen im Schlaf heimsuchen, um in deren Ohren zu kriechen. Das stimmt aber nicht, und man tut den kleinen Tierchen auch noch Unrecht, denn als Allesfresser sind sie äußerst nützlich in unseren Gärten. Von den 2000 Arten leben bei uns in Deutschland lediglich acht. Diese aber vertilgen mit Vorliebe Blattläuse und Schmetterlingsraupen.

**Leben Beuteltiere eigentlich nur in Australien?**
Antwort: (575)
Von den 260 bekannten Arten leben die meisten in Australien und Papua-Neuguinea. Jedoch sind ungefähr 80 Arten von Beutelmardern in Südamerika beheimatet und eine davon in Nordamerika. Die bekanntesten australischen Beuteltiere sind: das Känguru, der Koala, der Wombat und der tasmanische Beutelteufel. Der Beutel ist dazu da, dass sich die Neugeborenen darin weiterentwickeln können. Später suchen die Jungen im Beutel der Mutter Schutz und Geborgenheit. Tatsächlich ist ein Känguru-Baby nach der Geburt gerade mal zwei Zentimeter lang und noch sehr unterentwickelt. Es findet aber den Weg zum Beutel und zu der darin befindlichen Milchzitze instinktiv. Im Schutz des Beutels kann sich das Jungtier gut entwickeln, bis es etwa neun Kilogramm wiegt. Ein Koala-Baby verbringt sieben Monate im Beutel und lässt sich danach auf dem Rücken der Mutter herumtragen, bis es für sich selbst sorgen kann. Übrigens: Beutel besitzen nur die Weibchen. Ist ja eigentlich logisch, denn die bekommen schließlich die Babys.

**Warum sind Schmetterlinge bunt?**
Antwort: (576)
Die meisten Schmetterlinge sind bunt, doch es gibt auch viele Arten, die eher unscheinbar grau oder braun gefärbt sind. Für die Färbung der vier Schmetterlingsflügel sind Millionen winziger Schuppen verantwortlich, die dachziegelartig angeordnet sind. Jede einzelne kleine Schuppe ist aus einer einzigen Zelle entstanden und entspricht einem Haar. Sogenannte Pigment- und Strukturfarben geben den Schmetterlingen ihre typische Färbung, die jeweilige Anordnung der Schuppen ist für die Musterung verantwortlich. Schmetterlinge mit leuchtenden Farben gaukeln ihren Feinden vor: „Haut ab, ich bin giftig und ungenießbar!" Unscheinbar gefärbte Falter tarnen sich, indem sie sich ihrer Umgebung (Blätter, Rinde etc.) anpassen und auf diese Weise kaum entdeckt werden. Die gleiche Aufgabe erfüllen die unterschiedlichen Muster, die viele Schmetterlinge

aufweisen. Manche Schmetterlinge, wie das Tagpfauenauge, besitzen ein Muster, das wie großen Augen aussieht – die sogenannten Augenflecken. Fühlt sich der Falter bedroht, klappt er schnell seine Flügel aus. Der Fressfeind erschrickt vor den großen „Augen" und inzwischen kann der Schmetterling flüchten.

**Gibt es eigentlich Fische, die auch auf dem Land leben können?**
Antwort: (577)
Leben ist vielleicht etwas übertrieben, aber es gibt tatsächlich Fische, die einige Zeit außerhalb des Wassers überleben können. In Afrika gibt es zum Beispiel sehr kuriose Welsarten. Einige schwimmen grundsätzlich nur auf dem Rücken. Andere kommen, wenn es ihnen im Wasser nicht mehr gefällt, weil da zu wenig Sauerstoff ist, einfach an Land. Sie spazieren dann weite Strecken auf ihren Flossen und Brustschildern umher, bis sie ein Gewässer finden, das ihnen zusagt. Sie haben nämlich nicht nur Kiemen, mit denen sie im Wasser atmen, sondern sie können mit einem besonderen Organ in ihrer Kiemenhöhle auch normale Luft einatmen. In den südamerikanischen Anden lebt sogar ein bergsteigender Wels. Er heiß „Capitan", hat ein Saugmaul und eine aus Brustflossen gebildete Saugscheibe. Damit erklimmt er die steilsten Felswände, bis er in ein neues Gewässer kommt, das ihm behagt. Und dann wäre da noch der Schlammspringer, der zur Familie der Barsche gehört. Bei Ebbe krabbelt der Fisch, der große Ähnlichkeit mit einem Frosch hat, über Land und wartet auf die nächste Flut.

**Warum putzen sich Katzen eigentlich immer so lange?**
Antwort: (578)
Wenn euch schon mal eine Katze an der Hand abgeleckt hat, werdet ihr gemerkt haben, dass so eine Katzenzunge ganz schön rau ist. Das kommt daher, weil Katzen auf ihrer Zunge viele winzige stachelähnliche Hornplättchen haben, die an der Spitze wie ein Rechen nach hinten gebogen sind. Wenn sie sich putzen, entfernen sie auf diese Weise abgestorbene Haare aus ihrem Fell. Von Zeit zu Zeit würgen sie dann die verschluckten Haare als sogenanntes Gewölle wieder aus. Das ausgiebige Abschlecken ihres Fells hat aber auch noch eine andere wichtige Funktion: Die Talgdrüsen der Haut werden durch die intensive Massage angeregt, Fett abzusondern. Dadurch wird das Fell geschmeidig und so vor Nässe und Feuchtigkeit geschützt. Da die Katzen kaum Schweißdrüsen haben, dient das Ablecken auch zur Regulierung der Körpertemperatur. Übrigens: Großkatzen putzen sich bei Weitem nicht so gründlich und ausgiebig wie ihre kleinen Verwandten.

**Warum leuchten Glühwürmchen in der Nacht?**
Antwort: (579)
In warmen Sommernächten zwischen Juni und Juli kann man oft beobachten, wie winzige Lichter durch die Gegend schwirren. Es sind die Männchen der Glühwürmchen. Mit ihrem leuchtenden Hinterteil machen sie sich auf Brautschau. Glühwürmchen sind eigentlich Käfer, aber weil die Weibchen wie kleine dicke Würmer ausschauen, hat man diesen Insekten den Namen Glühwürmchen gegeben. Das grünliche Licht am Hinterteil entsteht durch einen chemischen Vorgang. Sie produzieren den Leuchtstoff Luciferin, den sie mithilfe eines eigenen, besonderen Enzyms zum Leuchten bringen. Nur

Glühwürmchen-Männchen können fliegen, die Weibchen, die ebenfalls leuchten, nicht. Sie sitzen im Gras und senden ebenfalls Leuchtsignale aus. So wissen die männlichen Glühwürmchen, die sehr gut sehen können, wo sich ein paarungsbereites Weibchen befindet. Als ausgewachsene Glühwürmchen leben die Tiere nur einen Sommer lang. Sie fressen in dieser Zeit nichts mehr und haben nur das Ziel, sich zu paaren und für Nachwuchs zu sorgen. Ihre Larven leben dagegen etwa drei Jahre und vertilgen in dieser Zeit jede Menge Schnecken. Sie sind also sehr nützlich.

**Was versteht man eigentlich unter einem Erlkönig?**
Antwort: (580)
Zuerst einmal kennen viele den Erlkönig noch aus der Schule. Der *Erlkönig* ist ein berühmtes Gedicht von Johann Wolfgang von Goethe und beginnt so: „Wer reitet so schnell durch Nacht und Wind? Es ist der Vater mit seinem Kind." Viele Schüler mussten dieses Gedicht im Deutschunterricht auswendig lernen. Seit den 1950-er Jahren kann man diesen Begriff aber auch in Automobil-Zeitschriften finden. Als Erlkönige bezeichnet man neue Fahrzeugtypen, die noch nicht auf dem Markt sind. Trotzdem müssen die Fahreigenschaften dieser Autos vor der Markteinführung getestet werden. Das geschieht zum einen auf abgesperrten Teststrecken und zum anderen im normalen Straßenverkehr, auf Autobahnen und Landstraßen. Die Hersteller möchten das neue Design und Veränderungen gegenüber dem Vorgängermodell in der Testphase natürlich geheim halten. Aus diesem Grund besitzen die Erlkönige keine Typenschilder und außerdem werden Scheinwerfer, Karosserie usw. mit dunklen Folien abgeklebt. Wenn ihr also irgendwann einmal auf der Autobahn so ein seltsam verklebtes Auto vorbeifahren seht, wisst ihr gleich, dass es nur ein Erlkönig sein kann.

**Wie funktioniert eigentlich eine Mikrowelle?**
Antwort: (581)
Mikrowellengeräte gibt es heute fast in jeder Küche. Man kann Essen darin aufwärmen, gefrorene Speisen auftauen und sogar Reis und Kartoffeln darin garen. Komisch, dass nur das Essen heiß wird, aber nicht das Mikrowellengeschirr. Das liegt daran, dass die Lebensmittel nicht durch Wärmezufuhr, wie auf dem Herd oder Backofen, erwärmt werden. In der Mikrowelle befindet sich ein sogenanntes Magnetron, das energiereiche Wellen – die sogenannten Mikrowellen – erzeugt. Diese Wellen breiten sich im Garraum aus und bringen das Wasser in den Lebensmitteln zu schwingen. Durch die Schwing-ungen wiederum wird Energie, also Wärme erzeugt. Das Mikrowellengeschirr enthält natürlich kein Wasser, das die Mikrowellen zum Schwingen bringen könnten und deshalb bleibt es auch kalt. Nur das Essen darin erwärmt sich. Damit diese energiereichen Mikro-wellen nicht aus dem Mikrowellengerät austreten können, ist das ganze Gehäuse von einer Metallhülle umgeben. Erfunden wurde dieses Gerät 1947 von dem Amerikaner Percy Spencer. Es wog am Anfang noch fast 350 kg, war 1,7 m hoch und kostete 5000 $.

**Wo kommt eigentlich der Fasching her?**
Antwort: (582)
Das Wort kommt von „Vastschanc" oder „Vaschang". Ein Begriff, der im Mittelalter mitnichten „Verkleiden" meinte – sondern die „Fastenschank"; das ist der „Ausschank" von Bier, Wein und Schnaps. Und zwar vor der (damals noch) allgemein ziemlich streng beachteten Fastenzeit (die am Aschermittwoch beginnt, dem Tag nach Faschingsdienstag). Und damit sind wir schon beim Ursprung dieses Festes Fasching (oder Karneval). „Karneval" (wie es weiter nördlich heißt) kommt wiederum aus dem Lateinischen „carnelevale" (von „carne" und „levare") was das „Fleisch weglassen" während der Fastenzeit meint. Man kann es auch mit „carne vale" („Fleisch, lebe wohl") übersetzen. Fasching ist also eine Riesensause vor der Fastenzeit. Und da darf man eben noch mal schnell alles: Feiern, Trinken und in jeder Beziehung über die Strenge schlagen. Nicht nur Kinder verkleiden sich und hauen auf den Putz. Auch die Großen tun dann manches, was sie sich zu nüchternen Zeiten nicht trauen würden. Ein Einfluss auf die Faschingstraditionen geht übrigens viel weiter zurück, bis zu den heidnischen Winteraustreibungen lange vor dem Christentum. Als Napoleons Truppen hier als Besatzer waren, hat man sie (nach ihrem Abzug) mit Pseudo-Regimentern im Fasching veräppelt – daher auch oft diese blauen Uniformen bei den Karnevalsvereinen.

**Gibt es eigentlich heute noch Samurai-Krieger?**
Antwort: (583)
Wahrscheinlich nicht. Wie du ja weißt, waren die Samurai im japanischen Mittelalter eine Kriegerkaste. Im 8. Jahrhundert hatten die japanischen Kaiser die Wehrpflicht abgeschafft und es bildete sich eine Kriegerelite heraus, der „Schwertadel" (*Buke*). Das waren Adelsfamilien oder Prinzen, die ihrerseits die Samurai-Krieger unter Vertrag nahmen. Das Wort *Samurai* kommt übrigens vom japanischen *saberu*, was *dienen* heißt. Ein Samurai bedeutet also einfach Dienender. Die Samurai wurden im Laufe der Zeit allerdings immer mächtiger und ihre Anführer wurden als *Shogune* (was in etwa ein Herzogstitel war) die eigentlichen Herrscher im Land. In der Folge lebten die Shogune in mehr oder weniger offener Konkurrenz mit dem Kaiserhaus. Die letzte Sternstunde der Samurai kam 1867, als Kaisertreue die Streitkräfte des Shogunats bezwangen. Kaiser Meiji (1852-1912) hob darauf den Samurai-Status zugunsten einer modernen, westlich orientierten Armee auf. Seither sind die Samurai praktisch aus dem (militärischen) öffentlichen Leben Japans verbannt. Auch wenn sich noch im Zweiten Weltkrieg einige ihrer „Tugenden" in der japanischen Kriegsführung niedergeschlagen haben. Heute gibt es allerdings noch „Samurai"-Familien, die in Politik und Wirtschaft Japans beachtlichen Einfluss haben.

**Gibt es eigentlich bei uns in Deutschland auch Vulkane?**
Antwort: (584)
Ja und nein. Es gibt Vulkane, die gerade nicht mehr aktiv sind. Als Beispiel für erloschene Vulkane in Deutschland könnt ihr euch den Kaiserstuhl (in Baden-Württemberg) oder den Vogelsberg (in Hessen) merken. Hier gibt es sogar einen Vulkan-Radweg, den ihr mal mit euren Eltern im Urlaub abfahren könnt. Derzeit gibt es 1900

aktive Vulkane auf der Erde. Die meisten liegen auf dem Meeresgrund, wo die Erdplatten auseinanderdriften. Wir sehen sie nur, wenn wir mit Kameras der Wissenschaftler nach ihnen „tauchen". Und dann gibt es auch noch einige Vulkane, die gut zu erkennen sind. Etwa auf der Inselkette von Hawaii. Da verschieben sich Erdplatten immer wieder in einem bestimmten Gebiet. Und so bilden sich dauernd neue Vulkane. Eine solche Gegend nennen die „Vulkanologen" übrigens „Hot Spot". Weltweit gibt es davon ungefähr 40, etwa in der Ost- und Westeifel (Vulkaneifel), dem Siebengebirge und in der Auvergne (Frankreich). In Italien sind der Ätna und der Vesuv häufiger aktiv. Von einem erloschenen Vulkan spricht man, wenn der Berg länger als 10 000 Jahre (!) keine Lava mehr ausgespuckt hat. Ein ruhender Vulkan kann aber jederzeit wieder aktiv werden.

**Was ist eigentlich größer? Afrika oder Asien?**
Antwort: (585)
Nicht ganz leicht! Dann wollen wir mal schnell nachmessen. Bin gleich wieder da ... Puh, das war eine anstrengende Arbeit. Mir tun die Füße weh. Erst einmal hinsetzen und durchschnaufen ... Aber die Mühe hat sich gelohnt. Hier habe ich die genauen Zahlen: Der Kontinent Afrika hat eine Fläche von 30,3 Millionen Quadratkilometern. Zum Vergleich: Deutschland ist genau 357 092,90 Quadratkilometer groß. Das heißt, unser Land würde etwas mehr als 84-mal in Afrika reinpassen. Afrika macht damit 22 Prozent der gesamten Landfläche der Erde aus und wird von etwa 924 Millionen Menschen (oder 14 Prozent der Weltbevölkerung) bewohnt. In Asien dagegen leben etwa vier Milliarden Menschen (die meisten davon Asiaten) – oder ungefähr 60 Prozent der Weltbevölkerung. Asien umfasst etwa ein Drittel der ganzen Landmasse der Erde und ist – „Tatütata!", ein Tusch – mit rund 44,5 Millionen Quadratkilometern der größte Kontinent der Welt. Wenn es dir jetzt von so viel Zahlen nicht schwindlig ist, dann kriegst du jetzt noch ein weiteres Schlaumeier-Leckerli: Das Wort Asien („Asia") stammt aus dem Assyrischen (eine alte, lang ausgestorbene Sprache) und bedeutet „Sonnenaufgang". Also ungefähr das Gleiche wie der „Orient" oder das berühmte „Morgenland".

**Stimmt es, dass Alexander der Große ein ägyptischer Pharao war?**
Antwort: (586)
Eigentlich nicht. Aber irgendwie auch. Alexander war ja der König von Makedonien. Aber auch ein großer Feldherr und Eroberer (daher der Name). Er kämpfte hauptsächlich gegen seine Erzfeinde, die Perser. Die hatten ein Riesenreich, und das hat er sich Stück für Stück unter den Nagel gerissen. Auch Ägypten war für Alexander (man nennt ihn gemeinhin ein Genie der Kriegsführung, wie viel später auch Napoleon) ein Klacks. Aus lauter Bammel vor dem großen Krieger erklärten die Ägypter nämlich die Kapitulation, ohne dass ein Schuss gefallen wäre (äh, Pfeil abgeschossen, natürlich). Also marschierte Alexander nur so ein bisschen ein, sozusagen um zu zeigen, wie toll er ist. Seine Makedonier zogen nach dem Örtchen Heliopolis. Und ließen es sich da richtig gut gehen. Und ihr Chef ließ sich dort zum Pharao von Ägypten küren (und damit es noch klarer wurde, dass er auch wirklich der Große ist, auch noch zum Sohn des Gottes „Amun-Re" ausrufen). Aber der frischgebackene Pharao und Gottessohn war nicht nur eitel, sondern auch schlau: Um die Ägypter für sich einzunehmen, ließ er die meisten Regierungsposten

weiter in ihrer Hand und hat sie auch sonst nicht übermäßig gepiesackt. Alexander zog am Nil entlang nordwärts und gründete im Januar 331 v. Chr. an der Mittelmeerküste Alexandria, die berühmteste seiner Stadtgründungen

**Warum hat Wasser eigentlich keine Kalorien?**
Antwort: (587)
Schwierige Frage. Manche würden ganz einfach sagen: ist halt so. Wasser besteht aus zwei Gasen, Wasserstoff und Sauerstoff. Also so was wie „Luft". Und die hat ja auch keine Kalorien (man wird nicht satt davon). Bringt man Wasserstoff und Sauerstoff zusammen (2 zu 1) kommt es zu einer „Explosion" und dabei entsteht: Wasser! (Reines) Wasser hat keinen – nennen wir es mal – „Nährwert". Der ist im Essen. Aber Wasser hat sehr wohl Energien (chemisch-molekulare). Nur die können wir nicht (als Nahrung) verarbeiten. (Grund-) Wasser transportiert zudem lebensnotwendige Stoffe für die Menschen: z. B. Mineralien wie Calcium oder Magnesium (und die können schon ein bisschen, miniminimini viel Kalorien haben ...) Wasser sorgt für den Transport von Nährstoffen, Ausscheidung, Regulierung der Körpertemperatur, ist in allen Körperflüssigkeiten wie z. B. Blut. Übrigens: Die physikalische Definition von Kalorien ist eine reine Messgröße. Sie stammt vom lateinischen Wort „Chloro-phyll" (Wärme). Eine Kilokalorie ist die Energiemenge, die notwendig ist, um ein (Kilo) also einen Liter Wasser (schon wieder Wasser!), um ein Grad zu erwärmen. Ernährungsforscher haben auch entdeckt: (Kaltes) Wasser trinken macht sogar schlank, weil etwa vierzig Prozent der Körperenergie dafür verwendet werden muss, das Wasser auf Körpertemperatur aufzuwärmen.

**Wieso blubbert Brausepulver?**
Antwort: (588)
Fast alle Kinder lieben dieses saure Zeug, das so schön auf der Zunge prickelt oder im Wasser blubbert. Brause gibt es in vielen Geschmacksrichtungen wie Zitrone, Orange, Erdbeere, Waldmeister usw. Man kann es direkt auf die Zunge geben oder aber mit Wasser vermischen und trinken. Brause kann man aber auch in Form von Bonbons oder Stäbchen lutschen. Das Prickeln entsteht durch einen chemischen Vorgang, denn in der Brause sind Weinsäure und Natron enthalten. Vermischt man Weinsäure mit Natron und gibt Wasser dazu, entsteht Kohlendioxid. Das ist ein Gas, das auch Limonade oder Mineralwasser zum Sprudeln bringt. Neben Zucker und Süßstoffen kommen noch verschiedene Aromen dazu und fertig ist die Brause. Doch egal, welche Sorte man lutscht oder trinkt – eines haben alle Brausesorten gemeinsam: Sie schmecken sauer. Die Säure kommt übrigens – wie der Name schon sagt – von der Weinsäure. Die erste deutsche Brauselimonade konnte man 1925 unter dem Namen „Brauselimonadenpulver für alle Bevölkerungsschichten" kaufen. Es gab sie schon damals in den beiden Geschmacks-richtungen Zitrone und Orange.

**Was versteht man unter dem Bermuda-Dreieck?**

Antwort: (589)

Das Bermuda-Dreieck ist ein etwa 600 000 Quadratkilometer großes Meeresgebiet im Südwestatlantik und es liegt zwischen den Bermuda-Inseln, Puerto Rico und Florida. Verbindet man die drei Gebiete auf der Landkarte mit einem Lineal, entsteht die Form eines Dreiecks – das sogenannte Bermuda-Dreieck. Beim Bermuda-Dreieck denkt man immer sofort an unerklärliche Phänomene wie Schiffskatastrophen oder Flugzeugabstürze. Angeblich sollen in diesem Gebiet immer wieder Schiffe samt Mannschaft spurlos verschwunden oder Flugzeuge ohne erkennbaren Grund abgestürzt sein. Die Wrackteile hat man ebenfalls nie gefunden. Geheimnisvolle und unnatürliche Ursachen sollen der Grund für das Verschwinden von Schiffen und Flugzeugen gewesen sein. Tatsache aber ist, dass Wissenschaftler diese Vorfälle auf ganz natürliche Weise erklären können. Sie haben das Gebiet immer wieder untersucht und herausgefunden, dass heftige Stürme, Monsterwellen und starke Strömungen Schuld an den Unfällen waren. Ein anderer Grund ist, dass sich in der Tiefsee große Vorkommen an Methangas befinden. Manchmal kann es passieren, dass die Gase durch Seebeben an die Oberfläche steigen und dadurch die Dichte des Wassers so verringern. Die Folge ist, dass Schiffe nicht mehr vom Wasser getragen werden und plötzlich untergehen.

**Warum klappern Klapperschlangen mit ihrem Schwanz?**

Antwort: (590)

Klapperschlangen leben in Amerika und sie gehören zu den Giftschlangen. Wenn man gebissen wird, braucht man sofort ein Gegengift, sonst stirbt man. Fühlt sich die Klapperschlange bedroht, klappert sie erst einmal mit ihren Hornringen am Schwanzende. Das rasselnde Geräusch soll Feinde abschrecken. Erst, wenn diese Drohung nicht wirkt, beißt sie blitzschnell zu. Ihr Gift besteht aus mehreren Bestandteilen. Es zerstört zum einen die weißen und roten Blutkörperchen und lässt das Blut gerinnen. Dabei bilden sich Klumpen, welche die Blutgefäße verstopfen. Andere Stoffe im Giftcocktail lähmen die Nerven, sodass das Opfer keine Luft mehr bekommt und zu ersticken droht. Junge Klapperschlangen sind zwar genauso giftig wie die erwachsenen Tiere, aber sie besitzen noch keine Rassel und beißen gleich ohne Vorwarnung zu, was sie noch unberechenbarer macht. Die Rassel entsteht nämlich erst nach einigen Häutungen, die Schlangen im Laufe ihres Lebens durchmachen. Aus den Hautresten am Schwanzende bilden sich dann nach und nach die harten Hornringe, die für das Rasseln verantwortlich sind.

**Warum haben Kühe eigentlich mehrere Mägen?**

Antwort: (591)

Kühe gehören zu den sogenannten Wiederkäuern und sie besitzen vier Mägen: Pansen, Netzmagen, Blättermagen und Labmagen. Aber nicht nur Kühe brauchen mehr als einen Magen. Ziegen, Schafe, Steinböcke, Rehe und Hirsche brauchen diese vier Mägen ebenfalls, denn auch sie sind Wiederkäuer. Die Kühe fressen große Mengen Grünzeug – pro Tag etwa 70 Kilo. Dazu trinken sie ungefähr 100 Liter Wasser! Das Gras landet zuerst unzerkaut im Pansen. Dort schwimmt es eine Weile in viel Wasser, bis es aufquillt.

Hilfreiche Bakterien sorgen dafür, dass sich die Fasern auflösen. Danach würgt die Kuh den Grasbrei hoch und kaut ihn erst einmal genüsslich. Danach gelangt die Masse weiter in den Netzmagen, wo feine und grobe Pflanzenteilchen voneinander getrennt werden. Die größeren werden zurück in das Maul der Kuh gewürgt, wo sie nochmals durchgekaut werden und die feinen fließen weiter in den Blättermagen. Dort werden dem Nahrungsbrei Nährstoffe und Wasser entzogen und an den Körper weitergegeben. Der Rest landet zum Schluss im Labmagen, wird dort von der Magensäure zersetzt und wandert schließlich über den Darm als Kot nach draußen.

**Was ist eigentlich der Unterschied zwischen Obst und Gemüse?**
Antwort: (592)
Bei den meisten Obst- und Gemüsesorten weiß man ganz genau, ob es sich um Obst oder Gemüse handelt. Äpfel, Birnen, Orangen, Kirschen etc. gehören natürlich zum Obst, das weiß jedes Kind. Kartoffeln, Kohl, Spinat, Karotten und Lauch sind eindeutige Gemüsesorten. In der Regel ist Obst im Gegensatz zum Gemüse süß. Aber das allein reicht nicht aus, um den Unterschied eindeutig zu bestimmen. Wie verhält es sich nämlich mit Melonen, Kürbissen und Rhabarber? Jetzt wird's schon schwieriger. Melonen sind zwar auch süß, Rhabarber verwendet man hauptsächlich für die Zubereitung von Süßspeisen (Kompott, Kuchen) und einen Kürbis kann man sich weder als Obst noch als Gemüse vorstellen. Trotzdem gehören alle drei zu den Gemüsen. Wichtigstes Unterscheidungsmerkmal ist nämlich nicht der Geschmack oder die Süße, sondern ob sie ein- oder mehrjährig sind. Gemüsepflanzen sind einjährig: das heißt, dass man sie nach jeder Ernte immer wieder neu anpflanzen muss – sie bestehen nur eine Saison und tragen im nächsten Jahr keine neuen Früchte mehr. Obst dagegen ist mehrjährig. Die Früchte wachsen auf Bäumen oder Sträuchern und tragen jedes Jahr neue Früchte.

**Gibt es den Yeti und den Bigfoot wirklich?**
Antwort: (593)
Das ist eine Frage, die wohl niemand eindeutig mit Ja oder Nein beantworten kann. Beim Yeti handelt es sich um ein Wesen, das im Himalayagebirge leben soll. Es soll zwei bis drei Meter groß und am ganzen Körper stark behaart sein. Tatsächlich gesehen hat den Yeti zwar noch niemand, aber riesige Fußabdrücke im Schnee, die von Expeditionsteilnehmern in einer Höhe von 5000 bis 7000 Metern entdeckt wurden, deuten darauf hin, dass dort jedenfalls ein Lebewesen mit 43 Zentimeter großen Füßen existieren muss. Wissenschaftler und Bergsteiger sind aber der Auffassung, dass es sich beim Yeti nicht um ein unheimliches Monster, sondern um einen riesengroßen tibetanischen Braunbären handelt. In einigen Himalaya-Sprachen heißt Yeti auch nichts anderes als „Bär". Der Bigfoot, das ist englisch und heißt „Großfuß", ist auch so eine mysteriöse Gestalt, die allerdings in Nordamerika beheimatet sein soll. Gesehen hat den behaarten Riesen zwar ebenfalls noch niemand, aber auch hier wurden in den Wäldern immer wieder gigantische Fußspuren gefunden. Forscher vermuten, dass der Bigfoot möglicherweise zu einer bisher unbekannten amerikanischen Menschenaffenart gehören könnte, nachdem sie Kot- und Haarspuren untersucht haben. Solange man aber noch kein

lebendes oder totes Exemplar gefunden hat, bleibt die Legende von den sagenhaften Riesen weiter bestehen.

**Stimmt es, dass Paprika ihre Farbe je nach Reifegrad verändert?**
Antwort: (594)
Das stimmt nur bedingt, denn viele denken, dass die Paprikaschote am Anfang immer grün ist, dann gelb, orange und schließlich rot wird. Richtig ist nur, dass die Paprika am Anfang immer grün ist. Je nachdem, um welche Paprikazüchtung es sich handelt, erreichen die Früchte am Ende ihres Reifungsprozesses ihre typische Farbe. Selbst weiße und lilafarbene Paprikaarten gibt es. Je nachdem, zu welcher Sorte die grüne Paprika gehört, bekommt sie nach der Reifung gleich ihre typische Farbe. Da gibt es keine „Zwischenfarben". Entweder die Paprikaschote wird rot, orange, gelb, weiß – oder halt lila. Aber egal welche Farbe, Paprika schmeckt nicht nur lecker, sondern ist dazu noch sehr gesund. Sie enthält viele Vitamine und ist gut für die Verdauung und das Herz. Die Azteken, Inka und Maya haben Paprika bereits vor 9000 Jahren kultiviert und gezüchtet. Sie benutzten die Früchte als Nahrungsmittel, Gewürz, Medizin und sogar als Zahlungsmittel. Übrigens: Hast du gewusst, dass Paprika zu den Beeren gehört?

**Was bedeutet eigentlich Mayday?**
Antwort: (595)
Mayday ist ein internationales Notrufzeichen im Sprechfunkverkehr und es kommt nicht, wie man vermuten könnte, aus dem Englischen, sondern aus dem Französischen. Ursprünglich hieß es nämlich „m´aidez", was so viel bedeutet wie „Helfen Sie mir!" Erst später entwickelte sich daraus die jetzige englische Schreibweise. Man verwendet dieses Zeichen in der Schifffahrt und im Flugverkehr ausschließlich in Notsituationen und signalisiert damit, dass man dringend Hilfe braucht. Früher, als es noch keine Funkgeräte gab, verständigte man sich mit Morsezeichen und in Notsituationen benutzte man das Notrufsignal SOS. Am 3. Oktober 1909 wurde diese Buchstabenkombination auf der ersten Konferenz für drahtlose Telegrafie als weltweit geltendes Notrufsignal vereinbart. Übrigens: SOS ist keine Abkürzung für „Save our Ship" (Rettet unser Schiff) oder „Save our Souls" (Rettet unsere Seelen). Es hat eigentlich gar keine Bedeutung, aber diese Buchstabenkombination (dreimal kurz, dreimal lang, dreimal kurz) war einprägsam und auch für ungeübte Funker leicht aus anderen Signalen herauszuhören.

**Seit wann benutzen Menschen eigentlich Spiegel?**
Antwort: (596)
Die ersten Menschen waren bestimmt noch nicht eitel und legten deshalb auch keinen besonderen Wert auf ihr Aussehen, aber es gefiel ihnen bestimmt, ihr Antlitz zufällig beim Blick auf die spiegelglatte Oberfläche eines Gewässers zu sehen. Im Laufe der Zeit wurde das Bedürfnis der Menschen, ihr Aussehen zu betrachten, immer wichtiger. Die allerersten künstlichen Spiegel bestanden aus einer flachen Schüssel, die mit Wasser gefüllt war. Später wurden hochglanzpolierte Materialien wie Metalle oder Steine als Spiegel verwendet. Archäologen entdeckten in alten türkischen Gräbern polierte Obsidian-Steine, die bereits vor 7000 Jahren als Spiegel verwendet wurden. 1000 Jahre

später benutzten die alten Ägypter polierte Bronze- und Kupferplatten, um sich zu betrachten. Der erste Spiegel, so wie wir ihn heute kennen, wurde vor 500 Jahren in Venedig gefertigt. Er bestand aus einer Glasplatte, die mit einer hauchdünnen Schicht Aluminium hinterlegt wurde. Auf diese Art werden Spiegel auch heute noch gefertigt.

**Wie werden eigentlich die TV-Zuschauerzahlen ermittelt?**
Antwort: (597)
Die Zuschauerzahlen nennt man auch Einschaltquoten. Diese Zahlen geben Aufschluss darüber, wie viele Menschen eine bestimmte Sendung angeschaut haben. Wenn eine Sendung eine niedrige Einschaltquote hat, wissen die Verantwortlichen in den Sendern, dass der Film, die Show oder die Dokumentation den Fernsehzuschauern nicht so gut gefallen hat. So eine Sendung wird dann aus dem Programm genommen. Die Zuschauerzahlen werden von der GfK, der Gesellschaft für Konsum, Markt- und Absatzforschung, ermittelt. Natürlich können die nicht alle Einwohner Deutschlands fragen, welche Sendung ihnen gefallen hat und welche nicht. Deshalb machen sie sogenannte Stichproben. Insgesamt machen 5000 Haushalte stellvertretend für alle Fernsehzuschauer bei der Befragung mit. In diesen Haushalten leben die unterschiedlichsten Menschen: Reiche, Arme, Alte, Junge, Gebildete, weniger Gebildete usw. Sie haben von der GfK spezielle Fernbedienungen bekommen, die an einen Computer angeschlossen sind. Jedes Ein- Um- oder Ausschalten zeichnet der Computer auf und sendet diese Informationen an die GfK. Daraus wird dann errechnet, wie viele Menschen eine bestimmte Sendung gesehen haben.

**Wie lange gibt es denn schon Legobausteine und wer hat sie erfunden?**
Antwort: (598)
Die bei allen Kindern dieser Welt so beliebten bunten Bausteine gibt es schon fast 100 Jahre. 1916 gründete der Däne Ole Kirk Kristiansen eine Schreinerei im kleinen Dorf Billund, wo er zuerst Kinderspielzeug aus Holz herstellte. Später verwendete er Kunststoff statt Holz. Ole Kirk Kristiansen war aber nicht nur ein guter Schreiner, sondern auch ein Tüftler, dem immer wieder neue Sachen einfielen. Tag und Nacht grübelte er darüber nach, wie man verhindern könnte, dass Häuser und Türme, welche die Kinder in mühevoller Arbeit aus Bauklötzchen gebaut haben, bei der kleinsten Berührung einstürzten. Dabei kam ihm die geniale Idee, die Plastikklötzchen mit kleinen Noppen zu versehen, damit man sie nach Belieben ineinander stecken konnte. Das war die Geburtsstunde von Lego. Das Wort kommt vom dänischen „leg godt", was so viel heißt wie „spiel gut". Übrigens: Mit nur sechs Legobausteinen, die jeweils acht Noppen haben, kann man schon über eine Million unterschiedliche Kombinationen bilden.

**Was versteht man eigentlich unter dem Trojanischen Pferd?**
Antwort: (599)
Das Trojanische Pferd ist eine Figur aus der griechischen Mythologie. Die alten Griechen haben zehn Jahre lang Krieg gegen die Trojaner geführt, aber sie konnten die Stadt Troja einfach nicht einnehmen. Da überlegten sie sich eine List. Sie bauten ein riesiges Pferd aus Holz, das innen hohl war, und stellten es vor den Toren der Stadt Troja auf. Dann

taten die listigen Griechen so, als würden sie aufgeben und mit ihren Schiffen davonsegeln. Die Trojaner fielen prompt auf den Trick herein. Sie dachten, das Riesenpferd sei eine Art Geschenk der Griechen und transportierten es ins Innere ihrer Stadt. Was sie aber nicht wussten, war, dass sich im Bauch des hölzernen Pferdes Krieger der griechischen Armee verborgen hatten. In der Nacht schlichen sich die Soldaten aus dem Holzpferd, öffneten heimlich die Tore der Stadt und ließen ihre Kameraden herein. Mit einen Überraschungsangriff zerstörten die Griechen Troja und gewannen den Krieg nun doch noch. Übrigens: Als Trojanisches Pferd bezeichnet man heute in der Computerwelt auch schädliche Software, die zunächst vorgibt, nützliche Dateien für den Anwender zu enthalten, dann aber doch schädliche Programme installiert oder aktiviert.

**Was sind eigentlich Kuckuckskinder?**
Antwort: (600)
Als Kuckuckskind bezeichnet man ein Kind, dessen Vater, mit dem es in der Familie zusammenlebt, denkt, es sei sein eigenes Kind. Tatsächlich aber wurde das Kind von einem anderen biologischen Vater gezeugt. Der Begriff kommt eigentlich aus dem Tierreich, denn dort schieben die Kuckucksweibchen ihre Eier anderen ahnungslosen Vogeleltern unter. Die Kuckucksmutter sucht sich ein fremdes Nest, in dem bereits Eier liegen, die so ähnlich ausschauen wie ihre eigenen. Dann wirft sie eines oder zwei heraus und legt dafür ihr Ei hinein und fliegt davon. Wenn die ahnungslosen Vogeleltern zurückkehren, merken sie die Täuschung nicht und brüten nun auch das fremde Ei aus. Das Kuckucksjunge schlüpft meist zuerst aus dem Ei und schubst erst mal die anderen Eier aus dem Nest. Auf diese Weise bekommt es das ganze Futter, das die „Pflegeeltern" unermüdlich herbeischaffen. Auch wenn der Kuckuck schon bald viel größer als seine Zieheltern ist, fällt ihnen der Betrug immer noch nicht auf. Sie handeln nämlich instinktiv und füttern das fremde Vogeljunge, als wäre es ihr eigenes.

**Was ist der Unterschied zwischen einem Vegetarier und einem Veganer?**
Antwort: (601)
Vegetarier essen grundsätzlich kein Fleisch und keine Produkte, die aus Fleisch gemacht werden. Meistens essen Vegetarier auch keinen Fisch. Ganz strenge Vegetarier vermeiden auch Produkte, in denen auf irgendeine Art und Weise tierische Bestandteile verarbeitet sind wie z. B. gekörnte Fleischbrühe, Gelatine usw. Es gibt viele Gründe, warum Menschen auf Fleisch und Fisch verzichten. Manche sind davon überzeugt, dass Fleisch ungesund ist, andere wiederum verzichten darauf, weil sie Mitleid mit den Tieren haben, die dafür geschlachtet werden müssen. Veganer essen gar nichts, was nur eine Spur von tierischem Eiweiß enthalten könnte. Sie gehen sogar noch einen Schritt weiter und verzichten auf alles, was überhaupt mit der Nutzung von Tieren zu tun hat. Veganer trinken keine Milch und essen weder Eier noch Honig. Sie ernähren sich ausschließlich von pflanzlicher Kost. Sie ziehen auch keine Kleidungsstücke an, die aus Tierprodukten (Leder, Seide, Wolle) hergestellt wurden. Veganer stehen auf dem Standpunkt, dass der Mensch nicht das Recht hat, Tiere für sich zu nutzen.

**Was versteht man eigentlich unter der Taucherkrankheit?**
Antwort: (602)
Die Taucherkrankheit oder auch Dekompressionskrankheit entsteht, wenn Menschen eine Zeit lang einem höheren Druck als normal ausgesetzt sind (z. B. beim Tauchen), aber dann viel zu schnell wieder in den normalen Druckbereich zurückkehren. Ein Beispiel: An der Erdoberfläche herrscht ein Druck von etwa einem Bar (Bar ist die physikalische Einheit für Druck). Wenn man unter Wasser taucht, steigt der Druck je zehn Meter um ein weiteres Bar, das heißt in 20 Metern Tiefe herrschen etwa zwei Bar, in 30 Metern drei Bar usw. Wasser ist nämlich ganz schön schwer. Durch den großen Druck, der auf den Körper ausgeübt wird, gelangt vermehrt Stickstoff – das ist ein Gas – in die Blutbahn und ins Gewebe. Taucht der Taucher dann zu schnell auf, können sich die vielen Gasbläschen nicht schnell genug zurückbilden und schädigen so die Organe. Die Folgen sind Kopf- und Gliederschmerzen, innere und äußere Blutungen. Im schlimmsten Fall kann man auch daran sterben. Der Körper kann zwar relativ hohen Druck aushalten, aber er muss sehr langsam an die Wasseroberfläche zurückkehren, damit der Stickstoff genügend Zeit hat, sich zurückzubilden.

**Woher bekommen Küken, die noch nicht geschlüpft sind, ihre Luft zum Atmen?**
Antwort: (603)
Ein Küken braucht etwa drei Wochen, bis es im Ei von einer Eizelle zum fertigen Küken herangewachsen ist und schließlich schlüpft. Aus dem Eidotter bilden sich viele kleine Blutgefäße, die den Embryo zunächst mit allem versorgen, was es für seine Entwicklung braucht: Nährstoffe und Sauerstoff. Der Sauerstoff gelangt durch winzige Poren in der Kalkschale ins Innere des Eis. Nach etwa 17 Tagen fängt die Lunge des Kükens an, zu arbeiten. Jetzt atmet das Küken schon selbstständig. Die Atemluft, die es nun braucht, befindet sich in einer mit Sauerstoff gefüllten Luftkammer an der stumpfen Seite des Eis. Um an die lebensnotwendige Luft zu kommen, durchstößt das Küken die dünne Hülle der Blase mit seinem Schnabel. Wenn die Zeit des Schlüpfens gekommen ist und es dem Küken im Ei langsam zu eng wird, drückt es zuerst gegen die Eierwand, bis kleine Risse entstehen. Dann sägt es sich mit seinem Eizahn auf dem Schnabel mit mühevoller Arbeit Stück für Stück aus der Kalkschale heraus.

**Was bedeutet eigentlich das sogenannte Kindchenschema?**
Antwort: (604)
Den Begriff Kindchenschema gibt es seit dem Jahre 1943. Damals hat der berühmte Verhaltensforscher Konrad Lorenz untersucht, warum beim Anblick von Babys automatisch unser Beschützerinstinkt geweckt wird. Er hat festgestellt, dass die Natur den Nachwuchs mit ganz bestimmten Merkmalen ausgestattet hat, die diesen Beschützerinstinkt auslösen. Diese Merkmale sind: großer, runder Kopf, große Kulleraugen, kurze Arme und Beine, Stupsnase, Pausbäckchen, weiche Haut und lange Wimpern. Darum nannte Konrad Lorenz dieses Verhalten Kindchenschema. Selbst Menschen, die keine eigenen Kinder haben, werden beim Anblick von kleinen Kindern „schwach" und haben das Bedürfnis, das hilflose Wesen zu knuddeln, zu streicheln und sich darum zu kümmern. Bei eigenen Kindern ist dieser Instinkt natürlich noch viel

stärker ausgeprägt. Das Kindchenschema gibt es auch im Tierreich. Tierbabys weisen die gleichen Merkmale auf und sehen total niedlich und knuffig aus. Das Kindchenschema ist für hilflose Menschen- und Tierkinder gleichermaßen überlebensnotwendig.

**Warum riecht es im Sommer anders als im Winter?**
Antwort: (605)
Im Sommer riecht die Luft tatsächlich ganz anders als im Winter. Besonders nach einem warmen Sommerregen ist das Dufterlebnis besonders intensiv. Das liegt natürlich hauptsächlich an der Lufttemperatur und der damit verbundenen Vorgänge in der Natur. Im Winter ist es sehr kalt und die Natur macht erst einmal Pause. Der Boden ist gefroren und die Mikroorganismen, die unter anderem für die Gerüche in der Natur zuständig sind, haben ihre Tätigkeit fast eingestellt. Die Bäume haben keine Blätter mehr und es gibt in dieser Zeit kein Pflanzenwachstum. Deshalb riecht die Luft im Winter nicht sehr intensiv. Erst, wenn die Temperaturen ansteigen, wird die Natur wieder aktiv. Blätter wachsen, Blumen blühen und die Mikroorganismen auf und unter der Erde nehmen ihre Arbeit wieder auf. Pflanzen verbreiten Duftstoffe, um Vögel oder Insekten anzulocken, die ihnen bei der Fortpflanzung helfen. Abgestorbene Pflanzenteilchen werden von Bakterien zersetzt und dabei entstehen ebenfalls Gerüche. Bei Regen werden die Gerüche noch intensiver, weil die Duftstoffe vom Wasser gelöst werden.

**Seit wann gibt es eigentlich Frisbee-Scheiben und wer hat sie erfunden?**
Antwort: (606)
Mit einer Frisbee-Scheibe hat fast jeder von uns schon einmal gespielt. Wenn man keine Frisbee-Scheibe zur Hand hat, kann man auch genauso gut einen flachen Plastikdeckel verwenden. Die beliebte Plastikscheibe stammt ursprünglich aus Amerika. Der Student Walter Fredric Morrison hat in den 1940-er Jahren Kinder dabei beobachtet, wie sie blecherne Kuchenscheiben aus den Mülltonnen einer Großbäckerei stibitzten, die sie sich gegenseitig zugeworfen haben. Die besagte Bäckerei trug den Namen „Frisbie." Morrison war von dieser einfachen Spielidee so begeistert, dass er die Scheiben 1947 aus Plastik nachbaute. 10 Jahre später wurden die bunten Flugobjekte industriell hergestellt und unter dem Namen „Frisbee" verkauft. Seit 1964 hat sich die Form der Scheiben nicht mehr verändert. Übrigens: 1968 testete die US-Army sogar, ob Frisbee-Scheiben auch als Waffe eingesetzt werden könnten. Nachdem für diese Versuche fast eine halbe Million Dollar ausgegeben wurde, stellten die Militärs dann doch fest, dass dieses Spielzeug nicht als Kriegswaffe taugte.

**Welchen Sinn haben eigentlich Kettenbriefe?**
Antwort: (607)
Eigentlich gar keinen. Früher, als es noch kein Internet und keine E-Mails gab, bekam man Kettenbriefe per Post, heute sind es meistens E-Mails. Diese enthalten immer eine Aufforderung, den Inhalt an eine bestimmte Anzahl von Bekannten und Freunden weiterzuschicken. Die wiederum sollten das ebenfalls tun. Man kann sich also vorstellen, wie viele Briefe und E-Mails da insgesamt verschickt werden. Wenn z. B. ein Anwender einen Kettenbrief erhält und ihn an zehn weitere Personen weiterleitet, die ihn wiederum

an je zehn Personen schicken, dann wären das nach dem fünften Empfänger schon 100 000 Briefe oder E-Mails! Schickt man den Brief nicht weiter, wird oft damit gedroht, dass man sein Leben lang Pech und Unglück haben wird, wenn man den Anweisungen nicht folgt. In manchen Kettenbriefen wird auch Glück und Erfolg versprochen, wenn man die Kette nicht unterbricht. Das ist natürlich alles Quatsch. Im E-Mail-Briefkasten findet man oft auch Aufforderungen, eine Mail mit Verschwörungstheorien oder sonstigem Unsinn einfach weiterzuleiten. Auch Warnungen vor irgendwelchen Computer-Viren schwirren im Netz herum. Diese sogenannten Spam-Mails nennt man Hoaxes. Unser Tipp: Einfach ignorieren und ab damit in den Papierkorb.

**Sind Ameisen eigentlich nützliche oder schädliche Insekten?**
Antwort: (608)
In der Natur gibt es den Begriff schädlich eigentlich gar nicht. Jedes Lebewesen und jede Pflanze hat seine Existenzberechtigung und erfüllt auf seine Art und Weise eine wichtige Aufgabe im Ökosystem. Erst der Mensch hat Begriffe wie Schädlinge oder Unkraut geprägt. Wenn Ameisen in unseren Wohnungen rumlaufen, dann empfinden wir das als sehr unangenehm, und wir versuchen, die Tiere mit allen möglichen Mitteln zu vertreiben. Im Wohnbereich haben sie freilich nichts verloren. Dabei sind Ameisen in der Natur alles andere als Schädlinge. Die Hautflügler, zu der auch Bienen und Wespen zählen, tragen einen wichtigen Teil zum biologischen Gleichgewicht in der Natur bei. Ameisen bestäuben Pflanzen und ihre unterirdischen Bauten dienen dazu, den Boden aufzulockern, zu düngen und zu durchlüften. Außerdem vernichten Ameisen so manchen Pflanzenschädling. Bereits im 12. Jahrhundert wurden Ameisen in China gezielt zur Bekämpfung von Pflanzenschädlingen in Mandarinen- und Orangenkulturen eingesetzt.

**Woher wissen Zugvögel, wann es Zeit ist, in den Süden zu fliegen?**
Antwort: (609)
Jedes Jahr, wenn sich der Sommer dem Ende zuneigt und sich der Herbst langsam ankündigt, kann man bei den Zugvögeln eine große Unruhe feststellen. Stare beispielsweise versammeln sich dann in großen Gruppen auf Hausdächern, Bäumen oder Stromleitungen. Und irgendwann fliegen sie in großen Vogelformationen Richtung Süden. Neben den Staren treten auch Störche, Wildgänse und Küstenseeschwalben im Herbst ihre Reise in wärmere Gebiete wie Afrika, Südeuropa oder Asien an, denn dort ist es wärmer und das Nahrungsangebot deshalb größer. Im Frühling kehren sie dann wieder zu uns zurück. Wissenschaftler vermuten, dass die Gene der Zugvögel verantwortlich dafür sind, dass sie wissen, wann sie ihre Heimat verlassen müssen. Aber auch die sinkenden Temperaturen sowie die Tatsache, dass die Tage kürzer und die Nächte länger werden, sind für die Zugvögel Signale dafür, die große Wanderung anzutreten. Übrigens: Die Küstenseeschwalbe legt die größte Wanderstrecke von allen Zugvögeln zurück. Sie lebt im Sommer am Rande der Arktis, aber auch an der Nord- und Ostsee. Ihr Winterquartier liegt jedoch in der Antarktis, also am anderen Ende der Welt. Während der Wanderungen legen die Tiere zwischen 35 000 bis 40 000 Kilometer zurück!

**Es soll Säugetiere geben, die Eier legen. Stimmt das?**
Antwort: (610)
Kaum zu glauben, aber die gibt es tatsächlich. Allerdings besitzen nur zwei Tierarten auf der ganzen Welt diese ungewöhnliche Fähigkeit. Es handelt sich dabei um das Schnabeltier – das sieht aus wie ein Biber mit einem Entenschnabel – und den Ameisenigel – der hat Ähnlichkeit mit einem Igel. Beide Tierarten leben in Australien und gehören zur Familie der Kloakentiere, weil sie nur einen Ausgang am Popo besitzen – die Kloake. Über diese eine Körperöffnung gelangen Urin und Kot nach außen, aber gleichzeitig dient die Kloake auch zur Fortpflanzung und Eiablage. Die Ameisenigel besitzen kleine Zitzen in einer Bauchfalte. Nach dem Schlüpfen werden die Ameisenigel-Babys von der Mutter gesäugt. Das Schnabeltier legt seine Eier in ganz langen Erdröhren ab, die bis zu 20 Meter lang werden können. Schnabeltier-Mamis haben zwar keine Zitzen, aber in bestimmten Hautbereichen tritt Milch aus, die ins Fell gelangt. Die Jungen lutschen und schlecken die Milch dann aus dem Fell der Mutter.

**Woraus macht man eigentlich Kork?**
Antwort: (611)
Kork ist ein reines Naturprodukt, denn es stammt aus der Rinde der Korkeiche. Kork kann man für Flaschenkorken, Fußbodenbeläge, Pinnwände oder Wärmeisolierungen verwenden. Für die Korkgewinnung wird die Korkeiche nicht gefällt, sondern vorsichtig geschält. Man muss sich mal vorstellen, dass so eine Korkeiche erst 30 bis 40 Jahre alt werden muss, bis man zum ersten Mal Kork ernten kann. Nach der Ernte muss der Kork zunächst einmal ein halbes Jahr trocknen. Dann wird er im Wasser ausgekocht und anschließend noch sechs Wochen lang im Dunkeln gelagert, bevor man ihn verarbeiten kann. Dann dauert es wieder zehn Jahre, bis die Korkeiche wieder genug Kork produziert hat, um sie erneut zu ernten. Ganz schön aufwendig, oder? Da ist es auch kein Wunder, dass Produkte aus Kork nicht ganz billig sind. Aus einem Baum entstehen etwa 150 Kilogramm Korken und in Deutschland werden jedes Jahr 1,2 Milliarden Korken benutzt. Mittlerweile gibt es aber auch Korken, die aus künstlichem Material hergestellt werden.

**Wieso haben Giraffen einen so langen Hals?**
Antwort: (612)
Giraffen sind ausschließlich Pflanzenfresser, die in den Savannen Afrikas leben. Giraffenmännchen können schon mal sechs Meter hoch werden. Durch ihren langen Hals gelangen die Tiere problemlos an die jungen und schmackhaften Blätter der hohen Bäume, an die andere Pflanzenfresser erst gar nicht herankommen. Die Giraffen haben auf diese Weise keine Nahrungskonkurrenten und sie müssen ihr Futter mit keinem anderen Tier teilen. Außerdem haben sie im Gesicht eine dicke Schicht harter Hautzellen, die es ihnen sogar ermöglicht, dornige Pflanzen zu fressen, ohne sich dabei zu verletzen. Nun könnte man denken, dass so eine Giraffe viel mehr Halswirbel besitzt, als andere Säugetiere. Das stimmt aber nicht. Es sind auch sieben Stück, wie bei den meisten anderen Säugern, nur mit dem Unterschied, dass die einzelnen Wirbel jeweils etwa 40 Zentimeter lang sind. Die stark ausgeprägte Halsmuskulatur der Giraffen stützt die Wirbelsäule. Nur beim Trinken müssen sich die Giraffen schon ganz schön anstrengen.

Um an das Wasser am Boden zu gelangen, müssen sie ihre Vorderbeine weit auseinanderspreizen.

**Können Vögel eigentlich rückwärts fliegen?**
Antwort: (613)
Normalerweise können Vögel nicht rückwärts fliegen. Wozu sollten sie den Rückwärtsgang auch brauchen? Es gibt allerdings eine Ausnahme: der Kolibri. Der Kolibri ist nicht nur der kleinste Vogel der Welt, sondern er verfügt auch über eine einzigartige Flugtechnik. Mit seinen besonders beweglichen Flügeln kann der kleine Vogel wie ein Hubschrauber vorwärts, rückwärts und seitwärts fliegen. Er kann sogar in der Luft stehen bleiben. Seine Flügel bewegen sich so schnell, dass man die einzelnen Flügelschläge mit bloßem Auge gar nicht sehen kann – kein Wunder bei 40 bis 50 Flügelschlägen pro Sekunde. Der Kolibri ernährt sich vom Nektar der Blüten, den er mit seinem langen Schnabel herausholt. Er fliegt vor eine Blüte und steckt seinen Schnabel tief bis zum Blütenboden hinein. Mit seiner langen Zunge saugt er den Blütennektar wie mit einem Strohhalm aus. Übrigens: Es gibt etwa 330 Kolibriarten. Der kleinste Kolibri heißt *Bienenelfe*, und die ist gerade mal sechs Zentimeter groß.

**Stimmt es, dass Spinnenweibchen ihre Männchen nach der Paarung auffressen?**
Antwort: (614)
Es gibt einige Spinnenarten, die dafür bekannt sind, dass sie ihre Männchen nach dem Paarungsakt auffressen. Die bekannteste „Männermörderin" ist die *Schwarze Witwe* – der Name sagt eigentlich schon alles. Auch die Wespenspinne tötet das ahnungslose Männchen und verspeist es anschließend. Bei vielen anderen Spinnenarten leben die Männchen zwar auch gefährlich, aber meistens kommen sie mit leichten Verletzungen davon. Aber warum tun Spinnenweibchen so etwas? Das liegt ganz einfach an ihrem starken Beutetrieb und an der Tatsache, dass Spinnenmännchen meist viel kleiner sind. Für das Weibchen ist ein Spinnenmännchen nichts anderes als ein Beutetier. Es macht keinen Unterschied zwischen der eigenen Art und Insekten. Die Natur hat sich aber auch für die armen Männchen einen Schutzmechanismus einfallen lassen, mit dem sie die Weibchen besänftigen oder überlisten können. Bei einigen Arten bringen die Männchen eine Art „Brautgeschenk", z. B. eine Fliege mit, andere weben einen speziellen Balzfaden, auf dem sie einen speziellen Rhythmus zupfen, damit das Weibchen weiß, dass es sich um ihren Bräutigam handelt und nicht um Beute. Wiederum andere Arten geben einen Lockduft ab oder führen einen Balztanz auf, um das Weibchen zu besänftigen.

**Apfelkerne sollen giftig sein. Stimmt das?**
Antwort: (615)
Genauso wie Aprikosenkerne und Bittermandeln enthalten auch Apfelkerne die Substanz Amygdalin, die im Körper zu der giftigen Blausäure umgewandelt wird. Das Amygdalin schmeckt bitter. Es ist nämlich ein Warnsignal des Apfelbaums: Kau nicht meine Kerne! Du darfst den Apfel essen, doch lass meine Kerne in Ruhe. Daraus soll ein neuer Baum wachsen! Ein verschluckter Apfelkern ist aber harmlos. Der Kern wird vom Darm

unverdaut wieder ausgeschieden. Nur wenn man ihn aufbeißt, gelangt das Amygdalin in unseren Körper. Aber man muss keine Angst haben, wenn man mehrere Kerne zerbeißt. Der Anteil von Amygdalin ist so gering, dass der Verzehr eines oder mehrerer Kerngehäuse ganz und gar ungefährlich ist. Es macht also nichts, wenn das mal passiert, denn damit wird unser Organismus spielend fertig. Vögel und alle anderen Tiere, die sich von den Früchten ernähren, fressen zwar meistens das Kerngehäuse mit, aber sie kauen die Kerne nicht. So gelangen die Samen über den Kot wieder zurück in die Erde und es kann ein neues Obstbäumchen wachsen.

**Stimmt es eigentlich, dass Haie immer schwimmen müssen, um atmen zu können?**
Antwort: (616)
Im Allgemeinen stimmt das schon. Die Kiemen der Haie sind so angelegt, dass ständig Wasser an ihnen vorbeiströmen muss, damit der Sauerstoff herausgefiltert werden kann. Außerdem besitzen Haie keine Schwimmblase, die ihnen Auftrieb verschafft. Alle anderen Fische haben so eine Luftkammer, die es ihnen ermöglicht, im Wasser zu schweben, auch wenn sie sich gerade mal nicht bewegen. Einige Haiarten (Ammer- Sand- oder Teppichhaie) halten sich sowieso lieber am Meeresgrund auf und pumpen durch die Bewegungen ihres Mauls das sauerstoffhaltige Wasser durch ihre Kiemen. Auf diese Weise können sie stundenlang im Sand eingegraben liegen bleiben. Hochseehaie allerdings müssen ständig in Bewegung bleiben und dabei ihr Maul offen lassen, damit das Wasser pausenlos durch ihre Kiemen strömen kann. Täten sie das nicht, würden sie tatsächlich ersticken.

**Wer hat denn eigentlich die Rollschuhe erfunden?**
Antwort: (617)
Eine heidnische Legende besagt, dass schon vor den Urzeitmenschen schlittschuh- ähnliche Gebilde aus Knochen verwendet wurden, um über vereiste Seen zu „skaten". Wissenschaftler haben diese Legende sogar bestätigt, als sie bei Ausgrabungen solche Geräte gefunden haben. Als eigentlicher Erfinder der Schuhe auf Rollen gilt aber der belgische Instrumentenbauer Joseph Merlin. Im Jahre 1760 wagte er den ersten Fahr- versuch auf Schuhen, unter die er Rollen aus Metall geschraubt hatte. Die Premiere lief aber nicht so erfolgreich, wie der Erfinder es sich vorgestellt hatte, denn diese ersten Rollschuhe besaßen keine Bremsen und lenken konnte man damit auch nicht. Auf einem Ball wollte Merlin mit seinen Rollschuhen durch den Saal gleiten und dabei gleichzeitig auf seiner Geige spielen. Das ging natürlich nicht lange gut. Denn da er nicht bremsen konnte, fuhr der rollende Geiger direkt auf einen großen Spiegel zu, in den er natürlich ungebremst hineinrauschte. Spiegel und Geige gingen dabei zu Bruch, aber Merlin blieb zum Glück unverletzt.

**Warum wird es nachts in der Wüste so kalt?**
Antwort: (618)
Eigentlich kann man sich gar nicht richtig vorstellen, dass es in der Wüste in der Nacht richtig kalt werden kann. Temperaturen um sieben bis zehn Grad sind da keine Seltenheit. Die Beduinen empfinden das als bitterkalt. Tagsüber, wenn die Sonne scheint,

herrschen dann wieder Temperaturen von 50 bis 60 Grad. Der trockene Wüstenboden kann die Wärme des Tages nur schlecht speichern und kühlt deshalb sehr schnell ab. Außerdem gibt es in der Wüste kaum Wolken, welche die Wärme wie eine schützende Decke halten würden. Auch gibt es in der Wüste so gut wie keine Pflanzen, die durch die Photosynthese Energie erzeugen und so ebenfalls Wärme speichern und abgeben könnten. Mit einem einfachen Experiment kannst du selber erforschen, dass Sand ein schlechter Wärmespeicher ist. Nimm zwei Gläser, fülle in das eine trockenen Sand und in das andere Wasser. Stelle beide Gläser eine Stunde in die Sonne und miss die Temperaturen in beiden Behältern. Anschließend lasse Sand und Wasser eine Stunde im Schatten abkühlen. Wenn du nun noch einmal die Temperatur misst, wirst du feststellen, dass der Sand viel schneller abgekühlt ist als das Wasser.

**Sind Mördermuscheln wirklich so gefährlich, wie sie heißen?**
Antwort: (619)
Killerwale sind keine Killer und Mördermuscheln natürlich auch keine Mörder. Diese Begriffe haben im Tierreich eigentlich gar nichts zu suchen, denn Raubtiere töten andere Raubtiere nicht aus Lust oder Berechnung, sondern um zu überleben. Die Mördermuscheln sind die größten Muscheln, die es überhaupt gibt, und dennoch ernähren sie sich von Kleinstlebewesen, die sie aus dem Wasser herausfiltern. Ausgewachsene Tiere können bis zu 1,40 Meter lang und 200 Kilogramm schwer werden. Ganz ungefährlich sind diese Weichtiere allerdings nicht, denn sie besitzen einen extrem starken Schließmuskel. Wer oder was dazwischen eingeklemmt wird, hat keine Chance mehr, sich alleine zu befreien. Es ist schon vorgekommen, dass neugierige und unvorsichtige Taucher der Mördermuschel zu nahe gekommen sind und nicht bemerkt haben, dass sie sich langsam aber sicher schließt. Die einzige Rettung ist in so einem Fall nur ein Messer, mit dem man den Schließmuskel durchschneidet, denn mit Muskelkraft alleine kann man die Muschelschale nicht öffnen. Daher kommt wohl auch der furchterregende Name.

**Warum sind Esel eigentlich immer so stur?**
Antwort: (620)
Esel sind gar nicht stur. Das ist ein weitverbreitetes Vorurteil und eigentlich ist genau das Gegenteil der Fall. Im Gegensatz zu ihren Verwandten, den Pferden, die reine Fluchttiere sind und bei Gefahr wild drauflosrennen, checkt der Esel erst einmal die Lage. Das ist auch sehr wichtig, denn Wildesel stammen aus bergigen, wüstenartigen Gebieten. Einfach drauflosrennen wäre da sehr gefährlich. Ihre schmalen Hufe sind ebenfalls ideal an das Leben in unwegsamen Gelände angepasst. Esel sind es daher gewöhnt, langsam und vorsichtig zu gehen und jeden Schritt zu überprüfen. Dieses überlebenswichtige Verhalten ist den Eseln angeboren. Kein Wunder also, dass die Esel manchmal einfach stehen bleiben und nicht weiter wollen. Das hat aber gar nichts mit Sturheit oder Eigensinn zu tun, sondern ist eine reine Vorsichtsmaßnahme, welche die Tiere in der freien Natur vor möglichen Gefahren schützt. Seit der Antike hat der intelligente Esel diesen schlechten Ruf und es wird Zeit, dass sich das mal ändert. Esel sind nämlich äußerst genügsam, zäh und geduldig.

**Warum nennt man Seehundbabys eigentlich Heuler?**

Antwort: (621)

Nicht alle Seehundbabys sind Heuler. Heuler nennt man nur die Seehundbabys, die keine Mütter mehr haben. Die Waisen rufen dann ständig jämmerlich nach ihrer Mama und das hört sich wie Heulen an. Entweder ist die Mutter gestorben oder sie hat ihr Junges verlassen. Seehundmütter tun das manchmal, wenn zum Beispiel ein Mensch das Jungtier berührt hat. Es nimmt dann den menschlichen Geruch an und das signalisiert für die Alttiere Gefahr. Die Seehundmama reagiert instinktiv und überlässt das Kleine seinem Schicksal. Seehundmütter sind aber deshalb keine schlechten Mütter. Nach einer Tragezeit von 11 Monaten bringen sie meist ein einziges Junges zur Welt, das etwa zehn Kilogramm schwer und zwischen 70 und 80 Zentimeter lang ist. Die Geburt findet hauptsächlich auf großen Sandbänken statt, auf denen sich die Seehundmütter sicher fühlen. Wenn sie dann auf Nahrungssuche ins Meer abtauchen, lassen sie ihre Jungen oft längere Zeit allein. Viele Menschen, die bei Ebbe am Nordseewatt spazieren gehen, wissen nicht, dass die Mütter immer wieder zu ihren Jungen zurückkehren und berühren die Jungtiere ahnungslos. Doch glücklicherweise gibt es an der Nordsee mehrere Aufzuchtstationen, deren Mitarbeiter sich um die verlassenen Heuler kümmern.

**Was versteht man eigentlich unter Bulimie?**

Antwort: (622)

Bulimie ist, genauso wie Magersucht, eine sehr gefährliche Essstörung. Bulimie ist die lateinische Bezeichnung für Ess-Brech-Sucht. Menschen, die an Bulimie leiden, finden sich zu dick und wollen unbedingt immer dünner werden. Sie versuchen deshalb, so wenig wie möglich zu essen, um immer weiter abzunehmen. Doch sie bekommen auf einmal richtige Fressattacken, bei denen sie alles Essbare, das sie finden können, wahllos in sich hineinstopfen. Das sind dann meistens besonders fettige und süße Nahrungsmittel wie Torten, Schokolade oder Chips. Wenn die Fressattacke vorbei ist, fühlen sie sich besonders dick und bekommen ein schlechtes Gewissen, denn eigentlich wollen sie ja megadünn sein. Sie gehen dann auf die Toilette, um absichtlich zu erbrechen. Das geht immer so weiter, ein richtiger Teufelskreis, und wenn sie keine Therapie machen, können die Betroffenen manchmal auch daran sterben. Bei der Magersucht ist es ähnlich. Magersüchtige Menschen brechen zwar nicht, aber dafür essen sie immer weniger und weniger. Dabei ist die Gefahr sehr groß, dass sie buchstäblich verhungern, wenn sie keine ärztliche Hilfe in Anspruch nehmen. Menschen mit Magersucht oder Bulimie sind meist Mädchen. Sie haben ein falsches Bild von sich selbst. Auch wenn sie nur noch Haut und Knochen sind, denken sie beim Blick in den Spiegel, sie seien viel zu dick.

**Was versteht man unter dem Treibhauseffekt?**

Antwort: (623)

Blumen und Pflanzen im Allgemeinen brauchen viel Sonne, Wärme und Wasser. Damit man bei der Aufzucht von Pflanzen vom Wetter unabhängig ist, gibt es Treibhäuser. Das sind große Häuser aus Glas, die ganz viel Sonnenlicht zu den Pflanzen lassen. In diesen Gewächshäusern ist es deshalb sehr warm, weil die Wärme nicht durch das Glasdach entweichen kann, sondern gespeichert wird. Unsere Erde ist auch so eine Art natürliches

Treibhaus, die von der Atmosphäre wie von einer Hülle geschützt wird. Die Wärme steigt auch hier nach oben, es entstehen Wolken und es regnet. Das ist gut und wichtig für den Wasserkreislauf unserer Erde. Durch die immer stärkere Luftverschmutzung durch Industrie, Autoabgase und Energieverschwendung bilden sich aber leider auch unnatürliche Treibhausgase, die dazu führen, dass sich unsere Erde, und damit auch die Atmosphäre, gefährlich stark erwärmt. Das hat zur Folge, dass das Eis der Gletscher und Pole schmilzt. Es gibt viel mehr Naturkatastrophen, der Wasserspiegel der Ozeane steigt an. Zudem wird es in gemäßigten Zonen feuchter, die Sommer kälter und die Winter wärmer, und in den wärmeren Gebieten der Erde wird es immer trockener und die Wüsten breiten sich weiter aus.

**Was für ein Tier ist eigentlich der tasmanische Beutelteufel?**
Antwort: (624)
Wie der Name schon sagt, gibt es dieses Tier ausschließlich in Tasmanien – das ist eine große Insel in der Nähe von Australien. Wie fast alle Säugetiere, die in Australien, Neuseeland und Tasmanien leben, gehört auch dieses Raubtier zu den Beutlern, das heißt, sie bringen ihren Nachwuchs im Beutel zur Welt, und tragen ihn dann eine Weile mit sich herum. Den Beinamen Teufel hat der Raubbeutler nicht ganz zu Unrecht bekommen. Tasmanische Beutelteufel sind von Natur aus aggressiv. Wenn sie sich aufregen, werden ihre Ohren feuerrot und sie kreischen ganz fürchterlich. Mit ihrem schwarzen Fell, den roten Ohren und dem lauten Geschrei haben sie tatsächlich etwas Ähnlichkeit mit einem Teufelchen. Außerdem verströmen sie bei Erregung einen ganz unangenehmen Geruch aus ihren Duftdrüsen. Die Männchen werden etwa 65 Zentimeter lang und wiegen ungefähr acht Kilo. Weibchen sind zwar kleiner, aber sie verfügen über extrem starke Zähne, mit denen sie spielend die Knochen ihrer Beute zerbeißen können.

**Ich habe mal gehört, dass es eine Tierart namens Wauwau gibt. Ist das wahr?**
Antwort: (625)
Jetzt könnte man denken, dass jedes Kind weiß, was ein Wauwau ist. Klar, Wauwau nennen ganz kleine Kinder Hunde, weil sie das Wort noch nicht aussprechen können. Das stimmt schon, aber dass es eine Tierart gibt, die tatsächlich Wauwau heißt, wissen die wenigsten. Also: Wauwaus sind schwanzlose Affen, die aufgrund ihres silbergrauen Fells auch Silbergibbons genannt werden. Sie sind auf der Insel Java, das ist in Asien, und auf den benachbarten Inseln beheimatet. Die zutraulichen Tiere haben keine Angst vor Menschen, deshalb wurden sie früher oft von Seefahrern als Maskottchen mitgenommen und gelangten so auf die Nachbarinseln. Die Wauwaus haben ganz seltsame Trink-gewohnheiten, weil sie nämlich total wasserscheu sind. Kein Wunder, denn sie können schließlich nicht schwimmen. Wenn sie Durst haben, hängen sie sich mit ihren langen Armen an Zweige und Äste, die über dem Wasser hängen. Dann tauchen sie einen Handrücken ins Wasser und saugen sich anschließend das Wasser aus dem Fell. Das saugfähige Fell ist auch der Grund dafür, dass sie nicht schwimmen können, selbst wenn sie wollten. Es würde sich vollsaugen und die armen Tiere würden untergehen und ertrinken.

**Was sind eigentlich die Mondscheinkinder?**
Antwort: (626)
Als Mondscheinkinder oder auch XP-Kinder bezeichnet man Kinder, die eine sehr seltene und unheilbare Erbkrankheit mit dem schwer auszusprechenden Namen *Xeroderma pigmentosum* haben. Weltweit gibt es ganze 2000 Kinder mit diesem schweren Gendefekt. In Deutschland leben etwa 50 Kinder mit dieser Krankheit. Die betroffenen Personen dürfen nicht ans Tageslicht, weil die UV-Strahlen sonst ihre Haut verbrennen würde. Was für gesunde Menschen, Tiere und Pflanzen lebenswichtig ist, kann für XP-Kinder tödlich sein. Ihr Risiko, an schwerem Hautkrebs zu erkranken, liegt ungefähr 1000 Mal höher, als bei gesunden Menschen. UV-Strahlen schädigen auch die Haut von gesunden Menschen, aber erstens nur sehr gering und zweitens sorgen natürliche Reparaturmechanismen dafür, dass die Schäden sofort wieder behoben werden. Beim normalen Aufenthalt in der Sonne genügt eine Sonnencreme mit hohem Lichtschutzfaktor. Kinder, die an Xeroderma pigmentosum leiden, müssen sich tagsüber in abgedunkelten Räumen aufhalten und können erst nach Einbruch der Dunkelheit ins Freie hinaus. Wenn sie am helllichten Tag doch einmal rausgehen wollen, müssen sie unbedingt eine UV-beständige Maske, hochgeschlossene, UV-undurchlässige Kleidung und Handschuhe tragen.

**Kann der Panzer von Krebsen genauso wachsen, wie der von Schildkröten?**
Antwort: (627)
Nein, kann er nicht. Krebse gehören zu den wirbellosen Tieren, das heißt, sie besitzen kein Skelett. Damit ihr weicher Körper aber trotzdem gut geschützt wird, ist er von einem harten Panzer umgeben. Wie bei Insekten, besteht diese „Rüstung" aus Chitin, das aus Zuckerstoffen und Eiweißen gebildet wird. Anders als bei dem Hornpanzer der Schildkröten, kann der Chitinpanzer leider nicht mit seinem Besitzer mitwachsen. Wenn der Krebs also wächst, muss er seinen Panzer abstoßen und einen neuen, größeren bilden. Diesen Vorgang nennt man Häutung. Das ist so ähnlich wie mit unserer Bekleidung. Wir häuten uns zwar nicht, aber wenn uns die Hose zu eng wird, müssen wir sie auch ausziehen und durch eine Nummer größer ersetzen. Es gibt allerdings einen Krebs, der keinen eigenen Panzer hat, und der heißt Einsiedlerkrebs. Auch er muss seinen weichen Körper mit einer harten Schale schützen. Da er die aber nicht selber erzeugen kann, sucht er sich einfach ein leeres Schneckenhaus, in das er hineinkriecht. Er trägt die Schale so lange mit sich herum, bis auch sie zu klein ist. Dann schlüpft er heraus und kriecht in ein anderes Schneckenhaus, nur eine Nummer größer.

**Sind Seegurken eigentlich Tiere oder Pflanzen?**
Antwort: (628)
Dem Namen nach könnte man leicht annehmen, dass es sich bei der Seegurke um eine Pflanze handeln könnte, die halt im Meer wächst – vielleicht so eine Art Alge? Irrtum. Die Seegurke ist keine Pflanze, sondern ein Tier. Es hat diesen Namen nur bekommen, weil es einer grünen Gurke sehr ähnlich sieht. Man nennt die mit den Seesternen verwandten Stachelhäuter aber auch Seewalzen. Ihr walzenförmiger Körper kann je nach Art zwischen 40 und 90 Zentimeter lang werden. Seegurken besitzen zwar kein Skelett,

dafür aber kräftige Muskeln, die ihnen eine gewisse Stabilität verleihen. Seegurken leben in niedrigen Tiefen am Meeresgrund, auf dem sie sich mit Hilfe von Saugfüßen vorwärts bewegen. Ihre Mundöffnung funktioniert wie eine Staubsaugerdüse. Sie saugen die Sedimente vom Meeresboden auf und filtern organische Substanzen heraus. Alles, was nicht verdaut werden kann, wie Sand und Steinchen, wird einfach wieder ausgeschieden. In China gelten Seegurken übrigens als Delikatesse, was dazu geführt hat, dass ihr Bestand in manchen asiatischen Gebieten mittlerweile gefährdet ist.

**Was bedeutet eigentlich Apartheid?**
Antwort: (629)
Apartheid ist ein holländisches Wort und es bezeichnet die Trennung zwischen der farbigen und weißen Bevölkerung in Südafrika. Im Jahre 1652 kamen die Holländer nach Südafrika und gründeten dort eine Kolonie. Das heißt, die Einheimischen mussten sich von nun an den Gesetzen und Bestimmungen der weißen Einwanderer beugen. Und eines dieser Gesetze hieß eben Apartheid. Die einheimische schwarze Bevölkerung lebte total getrennt von den weißen Besatzern und ihren Familien. Farbige Südafrikaner durften nicht zur Wahl gehen und sie hatten keinerlei politische oder gesellschaftliche Regeln. Sie durften lediglich für die Angehörigen der Kolonialherren niedrige und schwere Arbeiten für wenig oder gar keinen Lohn verrichten. Sie wurden wie Sklaven behandelt und galten als Menschen zweiter Klasse. In öffentlichen Gebäuden gab es sogar zwei Seiten – eine für die Weißen und eine für die Farbigen. Im 18. Jahrhundert übernahmen dann die Briten die Vorherrschaft in Südafrika. Aber auch sie hielten nichts von Gleichberechtigung. Nach jahrelangem Widerstand der schwarzen Bevölkerung, deren berühmtester Anführer Nelson Mandela war, wurde die Apartheid 1994 endlich aufgehoben.

**Stimmt es, dass es auch ganz kleine Antilopen gibt?**
Antwort: (630)
Ja, das stimmt. Die Zwergantilopen, die du wahrscheinlich meinst, heißen Dikdiks. Sie werden gerade mal so groß wie ein Hase, 50 Zentimeter lang und 30 Zentimeter hoch. Bei einem Gewicht von drei bis sechs Kilogramm sind auch sie richtige Leichtgewichte. Sie leben in Afrika und ernähren sich hauptsächlich von frischen Gräsern und Blättern. Um sich vor Feinden wie Löwen, Geparden oder Hyänen zu schützen, verstecken sich Dikdiks tagsüber im Dickicht oder unter Büschen. Die äußerst scheuen und wachsamen Tiere sind durch ihre geringe Größe und die Farbe ihres Fells gut getarnt. Bei Gefahr flüchten sie wie Hasen, im Zickzackkurs. Auf der Flucht können Dikdiks Geschwindigkeiten von 40 Kilometern pro Stunde erreichen. Dabei machen sie hohe Sprünge und geben Töne von sich, die sich wie „dik, dik, dik, dik" anhören. Daher kommt auch ihr Name. Da der Großteil ihrer Feinde nur tagsüber auf Jagd geht, sind die Zwergantilopen dämmerungs- und nachtaktiv. Übrigens: Dikdikpaare sind treu, sie bleiben ihr ganzes Leben lang zusammen.

**Was genau ist Nektar und woraus besteht er?**
Antwort: (631)
Nektar ist eine wässrige Flüssigkeit, die sehr viel Zucker enthält. Er wird von vielen Blumen in den sogenannten Honigdrüsen, die sich an der Basis der Blütenblätter befinden, produziert. Die Blume selbst kann mit dem Zuckerwasser nichts anfangen und trotzdem ist dieser Saft außerordentlich wichtig für die Pflanze. Nektar lockt mit seinem unwiderstehlichen Duft nämlich Insekten – ganz besonders Bienen – an. Bienen lieben den süßen Nektar, den sie schon von Weitem riechen können. Um an das köstliche Zuckerwasser zu kommen, müssen die Bienen tief in die Blüten hineinkriechen. Dabei legt sich der Blütenstaub aus den Staubgefäßen am pelzigen Leib der fleißigen Sammlerinnen an. Mit dem Blütenstaub am Körper fliegen die Insekten auf ihrer Nahrungssuche weiter zur nächsten Blüte. Während sie den Saft aufsaugen, bestäuben sie gleichzeitig die Blüte. So haben alle etwas davon. Die Blüte liefert Nahrung für die Bienen und die Bienen helfen bei der Fortpflanzung. Übrigens: Die Bienen verzehren den Nektar allerdings nicht an Ort und Stelle, sondern transportieren ihn in den Bienenstock, wo er in Form von Honig für die Aufzucht der Nachkommen gelagert wird.

**Stimmt es, dass es sehr gefährlich ist, Kugelfisch zu essen?**
Antwort: (632)
Das stimmt tatsächlich. In Japan ist der Kugelfisch eine beliebte und sehr teure Spezialität, die Fugu heißt. Die Zubereitung erfordert extrem viel Sorgfalt und setzt ein besonderes Wissen über die Anatomie dieses Meerestieres voraus. Japanische Köche, die sich auf die Zubereitung von Fugu spezialisiert haben, benötigen dafür eine spezielle Ausbildung und sie müssen eine Lizenz vorweisen. Kugelfische enthalten in bestimmten Organen ein Nervengift, das den Menschen innerhalb 24 Stunden töten kann. Das Gift befindet sich hauptsächlich in der Haut, der Leber und den Eierstöcken. Das reine Muskelfleisch selbst ist nicht giftig. Der Koch muss diese Organe kennen und sie auf eine ganz bestimmte Art und Weise säubern bzw. entfernen, damit keinerlei Giftrückstände zurückbleiben. In Deutschland ist die Zubereitung von Fugu übrigens verboten. Seinen Namen hat der Kugelfisch von seiner Form. Bei Gefahr kann er sich mit Luft oder Wasser aufblähen, sodass er kugelrund wird. Seine Haut ist mit Stacheln versehen, die normalerweise am Körper anliegen. Durch das Aufpumpen stellen sie sich auf und verleihen dem Fisch ein furchterregendes Äußeres, das mögliche Feinde abschreckt.

**Woraus besteht eigentlich ein Diamant?**
Antwort: (633)
Ein Diamant ist ein Mineral, das aus reinem Kohlenstoff besteht. Kaum zu glauben, dass es sich dabei um das gleiche Element handelt, aus dem auch Kohle und Ruß bestehen. Diamanten sind mehrere Millionen Jahre alt und im Laufe der Erdgeschichte entstanden. In der Urzeit wurde Kohlenstoff in bis zu 150 Kilometern Tiefe und bei dort herrschenden Temperaturen von 1300 bis 1500 Grad Celsius unter unvorstellbarem Druck zusammengepresst. Bei Vulkanausbrüchen wurden die so entstandenen Diamanten an die Erdoberfläche geschleudert und unter dem erkalteten Magma begraben. In bestimmten Ländern, ganz besonders in Südafrika, werden die Diamanten aus tiefen

Gesteinsschichten gefördert. Diamanten gelten als das härteste Mineral der Welt. Sie werden neben der Herstellung von Schmuckstücken auch zum Schneiden von Glas und Fliesen verwendet (Diamantenbohrer). Übrigens: Wenn so ein Rohdiamant gefunden wird, sieht er total unscheinbar aus. Erst wenn er geschliffen wird, zeigt er seine strahlende Schönheit. Diamanten sind sehr selten und deshalb auch sehr teuer und wertvoll.

**Warum bauen Biber Dämme?**
Antwort: (634)
Biber sind die zweitgrößten Nagetiere der Welt. Nur die amerikanischen Wasserschweine sind noch größer. Ihr plumper Körper kann bis zu einem Meter lang werden. Typisches Merkmal der Biber ist der große, platte, nackte Ruderschwanz, der bis zu 40 cm lang werden kann. Das Element dieser Nager ist das Wasser. Nur im feuchten Element fühlen sie sich wohl. Ihre sogenannten Biberburgen bauen sie deshalb immer an Gewässerufern. Die Höhle selbst liegt zwar über dem Wasserspiegel, aber der Eingang muss immer unter Wasser stehen. Sinkt also der Wasserspiegel, bauen die Biber Staudämme aus abgenagten Baumstämmen und Ästen. Das Wasser staut sich und der Wasserspiegel steigt wieder. Da Biber ständig im Wasser leben, ist ihr Körper natürlich sehr gut an den nassen Lebensraum angepasst. Ihr dichtes und wasserabweisendes Fell am Bauch besitzt 23 000 Haare pro Quadratzentimeter, am Rücken sind es etwas weniger. Zum Vergleich: Ein Mensch besitzt durchschnittlich 300 Haare pro Quadratzentimeter. Das dichte Haarkleid und eine dicke Speckschicht ermöglichen es dem Biber, sich stundenlang im Wasser aufzuhalten, ohne zu frieren.

**Warum kriege ich an der Fußsohle keine Gänsehaut?**
Antwort: (635)
Als Gänsehaut (lat.: cutis anserina), in Frankreich, Spanien und der Schweiz auch als Hühnerhaut, bezeichnet man das typische Bild von aufgerichteter Körperbehaarung und kleiner Erhebungen der Hautoberfläche vor allem an Armen und Beinen, das den Anblick einer gerupften Gans ähnelt. Wenn einem kalt ist, wenn man Angst hat oder wenn man sehr aufgeregt ist, kommt es zu einer vom vegetativen Nervensystem gesteuerten Kontraktion (das heißt Zusammenziehen) des Haarbalgmuskels, sodass sich der Haarfollikel (damit ist der äußere Teil des Haares gemeint, der nicht in der Haut steckt) über die Hautoberfläche erhebt und sich das Haar aufrichtet (medizinischer Fachbegriff Piloerektion). An Hautflächen wie Fußsohlen und Handflächen, kann keine Gänsehaut entstehen, weil dort keine Haare wachsen und sich deswegen dort auch keine kleinen Muskeln zusammenziehen können.

**Wie funktioniert das Tätowieren?**
Antwort: (636)
Beim Tätowieren wird die Haut punktiert, das heißt mit einer Nadel durchstochen, wobei gleichzeitig ein Farbstoff eingebracht wird. Dabei muss man darauf achten, dass der Stich weder zu oberflächlich noch zu tief angebracht wird. Im ersten Fall würde die Farbe nur in die äußeren Zelllagen gelangen und bei der fortwährenden Erneuerung dieser

Hautschicht würden die Farbteilchen nach außen abwachsen und abgestoßen werden. Im zweiten Fall, wenn also der Stich zu tief in die Haut geht, kommt es durch die auftretenden Blutungen zu einem Auswaschen der Farben. Dauerhaft haltbar sind diejenigen Farbpigmente, die in der mittleren Hautschicht (Dermis) eingelagert sind. Untersuchungen haben gezeigt, dass ein Teil der Farbstoffe aus der Dermis in andere Bereiche des Körpers fortgetragen wird. Da es für die verwendeten Farben kaum gesetzliche Vorschriften gibt, enthalten diese oft zum Beispiel Schwermetall-verbindungen als Pigment. Außerdem gelten insbesondere Azo-Farben als problematisch, da sie durch UV-Licht (Sonnenstrahlen) in gesundheitsschädliche Stoffe zerfallen.

**Aus was besteht denn ein Sandplatz beim Tennis?**
Antwort: (637)
So ein Tennisplatz ist aus verschiedenen Schichten aufgebaut. Zuunterst liegt der Baugrund, darüber eine Filterschicht, die verhindert, dass nach Frostperioden oder anhaltenden Regenfällen Feinbestandteile des Baugrundes in die Tragschicht eindringen. Die Tragschicht sichert durch ein standfestes Korngerüst die Tragfähigkeit der Tennenfläche (die oberste Sandschicht) und übernimmt außerdem die Aufgabe der Wasserführung und Wasserdurchlässigkeit. Da drauf kommt dann die dynamische Schicht, welche die elastische Nachgiebigkeit des Tennisbelages verstärkt. Gleichzeitig dient sie als Übergang zwischen Tragschicht und Tennenbelag und speichert auch Wasser, das sie bei trockener Witterung zur Feuchthaltung des Belages wieder abgeben kann. Und ganz oben drauf ist die Deckschicht, der sogenannte Tennenbelag, der aus Ziegelmehl besteht. Diese roten Körnchen mit bis zu 2 Millimeter Dicke geben dem Platz sein typisches Aussehen.

**Ist die Zeichensprache für Gehörlose auf der ganzen Welt gleich?**
Antwort: (638)
Diese Zeichensprache heißt Gebärdensprache und besteht aus kombinierten Zeichen (Gebärden), die vor allem mit den Händen, in Verbindung mit Mimik und Mundbild (lautlos gesprochene Wörter oder Silben) und zudem im Zusammenspiel mit der Körperhaltung gebildet werden. Die Gebärdensprachen unterscheiden sich von Land zu Land, es gibt sogar verschiedene Dialekte. Die verbreitetste Gebärdensprache dürfte die American Sign Language (ASL) sein. Die Gebärdensprachen der Welt sind sich jedoch untereinander häufig ähnlicher als die verschiedenen Lautsprachen. Gebärdensprachen sind wissenschaftlich als eigenständige und vollwertige Sprachen anerkannt. Sie haben eigene grammatikalische Strukturen, die sich von der Landessprache des jeweiligen Landes grundlegend unterscheiden. Daher lässt sich Gebärdensprache nicht Wort für Wort in Lautsprache umsetzen. Ein bemerkenswerter Unterschied zur Lautsprache ist, dass mit Gebärdensprache mehrere Informationen parallel übertragen werden können, zum Beispiel mit der einzelnen Gebärde für „fährt über eine Brücke", während Lautsprache hier gezwungenermaßen mit aufeinanderfolgenden Informationen arbeiten muss.

**Warum hat ein Tag 24 Stunden?**
Antwort: (639)
Unser aktuelles System zur Zeiteinteilung stammt von den alten Babyloniern. Das waren die Menschen, die bereits in einer hoch entwickelten Kultur rund 3000 vor Christus zwischen Euphrat und Tigris, ungefähr auf dem heutigen Gebiet des Irak, lebten. Sie teilten jeden Tag in 24 Stunden, jede Stunde in 60 Minuten und jede Minute in 60 Sekunden ein. Die Babylonier hatten zwar parallel dazu auch noch ein Dezimalsystem wie wir (dem die Zahl 10 zugrunde liegt), aber zusätzlich auch noch ein 60er-System, weil die Zahlen 12 und 60 als heilig galten (24 = 2 x 12). Da die Zeit noch heute ein Mysterium ist und es auch damals schon war, kann man nachvollziehen, warum die Babylonier eine für sie heilige Einteilung wählten. Im Laufe der Jahrtausende hat sich dieses System schließlich weltweit eingebürgert und heute ist es praktisch überall gültig. Und auch wenn wir viele andere Maßeinheiten nach dem Dezimalsystem berechnen (Entfernung in Metern, Zentimetern usw. oder Gewicht in Gramm und Kilogramm), gibt es Reste dieses Zwölfer-Systems auch bei uns noch: das Dutzend, das Gros (12 mal 12 = 144 Einheiten) etc.

**Was genau ist eigentlich ein Kulturbeutel?**
Antwort: (640)
Möglicherweise besitzt du sogar selbst einen Kulturbeutel, nur nennst du ihn anders. Vielleicht Waschbeutel, Toilettentasche oder gar Necessaire? So ein Kulturbeutel enthält normalerweise alles, was man zur täglichen Körperpflege braucht (Duschgel, Zahnpasta, Deo, Creme, Haarshampoo). Daheim stehen diese Hygieneartikel in der Regel im Spiegelschrank oder auf der Waschbeckenablage. Wenn man allerdings verreist, legt man diese ganzen Utensilien nicht einfach so in den Koffer, sondern man verstaut sie in dem dafür vorgesehenen Kulturbeutel. Das Wort Kulturbeutel hat aber nichts damit zu tun, dass wir im Urlaub fremde Kulturen kennenlernen möchten. Im ursprünglichen Sinn bedeutet Kultur so viel wie Pflege, denn das Wort kommt von dem lateinischen Wort „cultus" oder „cultura". Dazu gehört natürlich auch die Körperpflege. Vielleicht hast du schon mal gehört, dass jemand gesagt hat: „Ich geh mal schnell ins Bad um mich zu kultivieren." Das heißt dann nicht, dass derjenige sich unter der Dusche kulturell weiterbildet, auch wenn er dabei vielleicht die eine oder andere Opernarie zum Besten gibt. Der Begriff Kultur, so wie wir ihn heutzutage verwenden, hat zwar nach wie vor etwas mit Pflege zu tun, allerdings nicht mit der Pflege des Körpers, sondern vielmehr mit der Pflege des Geistes.

**Angeblich soll Esperanto eine Sprache sein. Wo wird sie gesprochen?**
Antwort: (641)
Esperanto ist eine Sprache, die eigentlich in keinem Land der Erde ursprünglich gesprochen wird. Es handelt sich dabei um eine sogenannte Plansprache, also eine künstlich erschaffene Sprache. Aber warum muss man überhaupt eine neue Sprache erfinden, wenn es doch sowieso unzählige Sprachen und Dialekte gibt? Genau diese Tatsache hat den Erfinder dieser Kunstsprache dazu inspiriert, eine Sprachform zu entwickeln, die leicht erlernbar ist und mit der sich die Menschen weltweit verständigen

können. Der Erfinder dieser Plansprache hieß Dr. Lazarus Ludwig Zamenhof. Der Augenarzt jüdischer Abstammung lebte in Warschau und hat im Jahre 1887 erstmals ein Lehrbuch dieser universellen Weltsprache, die einen wichtigen Beitrag zur weltweiten Völkerverständigung beitragen sollte, vorgestellt. Damals hieß die Sprache noch nicht Esperanto, sondern „Lingvo Internacia", also internationale Sprache. Dr. Zamenhof benutzte zu dieser Zeit ein Pseudonym, nämlich Esperanto, was so viel bedeutet wie „Hoffender". Bald benannte man auch die Sprache nach diesem Pseudonym. Schätzungen gehen davon aus, dass heutzutage zwischen 500 000 bis 10 Millionen Menschen Esperanto sprechen können. Genau weiß das allerdings niemand.

**Woher kommt eigentlich der Begriff „Pustekuchen"?**
Antwort: (642)
Pustekuchen besteht aus zwei Wörtern, nämlich Puste und Kuchen, und trotzdem haben die weder etwas mit kräftig ausatmen noch mit etwas Essbarem zu tun. Den Begriff Pustekuchen verwendet man als Antwort darauf, wenn jemand beispielsweise eine Frage nicht richtig beantwortet hat. Man könnte auch antworten: „Von wegen" oder „Du hast ja keine Ahnung!". Und genau darin liegt die Erklärung. Pustekuchen setzt sich aus zwei jiddischen Wörtern zusammen: Puste kommt von „poschut", das heißt wenig und Kuchen wird abgeleitet von „chochem", was so viel heißt wie „klug", „gewitzt" oder auch „wissend". Der Ausdruck bedeutet also „wenig wissend". Jiddisch ist eine Sprache, die von Juden in Deutschland und Osteuropa gesprochen wird. Sie setzt sich zusammen aus Hebräisch und der Sprache des jeweiligen Landes, in dem die Juden leben. Im täglichen Sprachgebrauch verwenden wir oft Begriffe und Ausdrücke, die, ohne dass wir uns über die Herkunft Gedanken machen, aus dem Jiddischen stammen. Das Wort „ausgekocht" leitet sich ebenfalls von „chochem" (klug, wissend) ab. Es bedeutet so viel wie „umtriebig", „schlau" oder „gewitzt".

**Woher hat der Bienenstich eigentlich seinen Namen?**
Antwort: (643)
Die Namensgebung dieses Kuchens mit der leckeren Creme und den Mandelblättchen oben drauf geht auf eine Legende aus dem Mittelalter zurück. Demnach soll der Bienenstich vor über 500 Jahren in Andernach, einer Stadt am Rhein, von zwei Bäckerjungen erfunden worden sein, und das kam so: Der Kaiser nahm der Stadt Linz, die am gegenüberliegenden Rheinufer lag, das Recht, Zölle von der Rheinschifffahrt einzunehmen. Die Linzer waren natürlich sauer, weil ihnen dadurch viel Geld durch die Lappen ging, und so planten sie, sich an den Andernachern zu rächen. Vor dem Morgengrauen wollten sie Andernach überfallen. Zur gleichen Zeit verspürten zwei Andernacher Bäckerjungen, Fränzje und Döres, nach der Arbeit in der Backstube Lust auf etwas Süßes. Sie stiegen auf die Stadtmauer, wo der Nachtwächter seine Bienenstöcke aufgestellt hatte, und wollten Honig stehlen. Als sie die Linzer Eindringlinge bemerkten, erschraken sie so, dass sie geistesgegenwärtig die Körbe mit den Bienen auf die Angreifer warfen. Die Bienen krochen in die Rüstungen der Soldaten, die sich daraufhin, von zahllosen Stichen übersät, zurückzogen. Die Andernacher feierten

Fränzje und Döres als Helden und wünschten sich zur Feier des Tages einen Kuchen, der seither den Namen Bienenstich erhielt.

**Warum sind Raben schlechte Eltern?**
Antwort: (644)
Als Rabeneltern bezeichnet man Eltern, die sich nicht genug um ihre Kinder kümmern und sie vernachlässigen. Damit tut man den Raben aber ziemlich Unrecht, denn sie sind äußerst fürsorglich zu ihren Jungen, und außerdem bleiben Vater und Mutter Rabe meist ihr ganzes Leben zusammen. Aber woher kommt dann dieser Begriff Rabeneltern? Wegen ihres schwarzen Gefieders und ihrer Krächzlaute waren Raben bei abergläubischen Menschen von Haus aus unbeliebt und gefürchtet. Man verband Teufel, Hexen und den Tod mit ihrer Erscheinung. Früher dachten die Menschen außerdem, Raben seien schlechte Eltern, da deren Junge relativ früh das Nest verlassen und sich die Eltern nicht mehr um sie kümmern. Das stimmt nur zum Teil. Die Rabenkinder bleiben zwar tatsächlich nicht sehr lange in ihrem Nest, aber sie werden trotzdem weiter von ihren Eltern gefüttert und beschützt, bis sie groß und stark sind. Die wirklichen „Rabeneltern" unter den Vögeln sind schon eher Herr und Frau Kuckuck, denn sie überlassen die Aufzucht ihrer Jungen von Anfang an fremden „Pflegeeltern".

**Was bedeuten die Feiertage Pfingsten, Christi Himmelfahrt und Fronleichnam?**
Antwort: (645)
Alle drei sind christliche Feiertage und haben verschiedene Bedeutungen. Das Wort Pfingsten leitet sich vom griechischen Wort „pentekoste" ab, was auf deutsch „der 50. Tag" bedeutet. Das Pfingstfest wird alljährlich am 50. Tag nach Ostern begangen. An diesem Festtag feiern die Christen den Geburtstag der Kirche. Als Geburt der Kirche gilt der Tag, an dem den Jüngern einst der Geist Gottes erschien und sie plötzlich in allen Sprachen von Jesus erzählen konnten. Christi Himmelfahrt wird am 40. Tag nach Ostern gefeiert. Jesus wurde am Karfreitag gekreuzigt und nach drei Tagen ist er auferstanden und zu seinem himmlischen Vater in den Himmel aufgestiegen. Das Wort „Fronleichnam" kommt aus dem Mittelhochdeutschen: „Fron" heißt „Herr" und „Leichnam" bedeutet nicht Leiche, sondern der lebendige Körper, der „Leib". In vielen Städten gibt es an diesem Tag Prozessionen, bei denen eine geweihte Hostie unter einem Baldachin durch den Ort getragen wird. Dadurch will die Gemeinde bezeugen, dass Gott durch den „Leib Christi" immer unter ihnen ist.

**Wozu dienen eigentlich Wassertürme?**
Antwort: (646)
Erbaut wurden Wassertürme häufig in der zweiten Hälfte des 19. und der ersten Hälfte des 20. Jahrhunderts zur Zwischenspeicherung von (Trink-) Wasser und für die Versorgung des örtlichen Wassernetzes. In dieser Zeit wuchsen die Städte rasend schnell und immer mehr Menschen benötigten entsprechend mehr sauberes Trinkwasser. Das Trinkwasser wurde in Hochbehältern im Turm gespeichert und durch die große Höhe wurde ein konstanter Druck im Wassernetz der Stadt erzeugt. Diese Art von Wasserversorgung basiert auf dem Prinzip der Schwerkraft. Voraussetzung für eine

reibungslose Wasserversorgung war jedoch, dass die Wohnungen, die mit Trinkwasser versorgt werden sollten, nicht höher als die Hochbehälter sein durften. Dies ist auch der Grund, warum Wassertürme immer sehr hoch sind. Heutzutage hat man keine Verwendung mehr für diese Wasserspeicher. Die Türme werden häufig saniert und alternativ als Wohnungen, Aussichtstürme oder Restaurants genutzt. Einige der Bauwerke sind aber leider auch vom Abriss bedroht. In München findet man Wassertürme unter anderem am Müller'schen Volksbad, in der Lerchenau und im Nordwesten der Stadt auf dem Gelände der Münchner Stadtwerke.

**Was versteht man eigentlich unter Schafskälte?**
Antwort: (647)
Als Schafskälte bezeichnet man eine bestimmte Wetterlage, die in der Regel zwischen dem 4. und dem 20. Juni auftritt. Die Temperaturen sinken zu dieser Zeit im Vergleich zum Vormonat durchschnittlich um fünf bis zehn Grad, außerdem regnet es sehr häufig. In der Nacht kann es sogar ab und zu Frost geben, und das so kurz vor dem kalendarischen Sommeranfang! In den Bergen fällt manchmal auch Schnee. Die Schafskälte ist eine Wetterperiode, die mit einer Wahrscheinlichkeit von 89% jedes Jahr um die gleiche Zeit auftritt. Das haben Wetterbeobachtungen der letzten Jahrhunderte ergeben. Darauf, dass es während dieser Zeit kalt, nass und ungemütlich ist, kann man sich also verlassen und sollte Grillfeste und Biergartenbesuche nicht unbedingt fest einplanen, sondern sich lieber spontan entscheiden. Juni-Geburtstagskinder können davon ein Lied singen. Der Name Schafskälte kommt daher, weil die Schafe traditionell immer um diese Zeit zum ersten Mal nach dem Winter geschoren werden und nun ohne Fell ganz schön frieren.

**Was sind lebende Steine?**
Antwort: (648)
Lebende Steine sind Pflanzen aus der Familie der Mittagsblumen. Sie gehören, wie die Kakteen, zu den sogenannten Sukkulenten. Das sind Pflanzen, die sehr viel Feuchtigkeit speichern können und dadurch ideal in besonders heißen und wasserarmen Gegenden überleben können. Succus ist lateinisch und bedeutet Saft. Mit ihren langen Pfahlwurzeln nehmen sie das spärliche Wasser aus den tiefen Bodenschichten auf und speichern es dann in ihren dicken, gummiartigen Blättern. Der größte Teil der lebenden Steine befindet sich aber unter der Erde. Dadurch sind die Pflanzen gut vor Sonne und Verdunstung geschützt. Wie der Name schon verrät, sehen sie wirklich aus wie Steine. Man muss schon genau hinsehen, um sie von richtigen Steinen unterscheiden zu können. Wegen der optimalen Tarnung werden sie auch selten gefressen. Im Herbst geben sie ihre Tarnung für kurze Zeit auf, denn dann fangen sie an zu blühen. Ihre wunderschönen weißen und gelben Blüten gehen aber nur zur Mittagszeit auf, danach schließen sie sich wieder. Daher nennt man sie auch Mittagsblumen.

**Stimmt es, dass in Kinofilmen versteckte Werbespots ausgestrahlt werden?**
Antwort: (649)
Nein, denn das ist technisch gar nicht möglich. Vermutlich meinst du die Geschichte, dass in den 1950er Jahren angeblich ein Werbespot für Popcorn und Cola von 1/3000 Sekunden Dauer in die Filmsequenzen „eingebaut" worden sein soll, den die Zuschauer zwar nicht bewusst wahrgenommen haben, der aber im Unterbewusstsein das Verlangen nach Popcorn und Cola gefördert haben soll. Dieses Gerücht hat sich sehr lange gehalten und noch heute glauben angeblich 80 Prozent der Amerikaner an dieses „Märchen". Auch wenn es nur ein Gerücht ist, haben diese 80 Prozent immer Popcorn und Cola im Hinterkopf. Eine bessere Werbung kann man sich nicht vorstellen. Der amerikanische Werbefachmann James Vicary brachte im Jahre 1957 dieses wirksame Gerücht in Umlauf. Dass es sich dabei aber nur um einen gelungenen Marketing-Effekt von Vicary handelte, hat man durch Versuche herausgefunden. Eine solche Manipulation kann technisch nicht funktionieren, da der Zuschauer es als störend empfinden würde, wenn man ein zusätzliches kurzes Bild mit anderem Inhalt in die Filmsequenz einbauen würde. Ein aufmerksamer Beobachter könnte unter Umständen sogar den Inhalt erkennen. Also von wegen Wahrnehmung und Unterbewusstsein. Die Werbebotschaft hätte nicht mehr den gewünschten Effekt.

**Was ist eigentlich ein Palmendieb?**
Antwort: (650)
Der Palmendieb ist ein Krebs, der im Gegensatz zu den etwa 40 000 Krebsarten ausschließlich auf dem Land lebt. Das Schalentier mit dem lustigen Namen gehört zur Familie der Einsiedlerkrebse. Diese Krebsart zeichnet sich durch einen weichen und dadurch ungeschützten Hinterleib aus. Einsiedlerkrebse suchen sich deshalb leere Schnecken- oder Muschelgehäuse, in die sie hineinkriechen und dadurch ihren empfindlichen Hinterleib schützen. Beim Palmendieb ist das etwas anders. Man könnte diese interessante Tierart auch als Einsiedlerkrebs ohne Haus bezeichnen. In ihrer Jugend suchen sie sich zwar schützende Gehäuse, aber je größer sie werden, desto schwieriger wird es, geeignete Behausungen zu finden, in die sie hineinpassen. Aber auch um dieses „Problem" hat sich die Natur gekümmert. Ab einer bestimmten Größe bildet sich um den bis dahin weichen Hinterleib ein harter Chitinpanzer. Der Name Palmendieb ist irreführend. Palmendiebe können zwar auf Palmen klettern, und herunterfallende Kokosnüsse knacken sie auch ab und zu, aber in der Regel ernähren sich die Krebse von allem, was sie finden (Aas, Früchte). Sie klettern nicht absichtlich auf Kokosnusspalmen, um sich Kokosnüsse zu holen. Übrigens: Mit einer Spannweite der Beine von bis zu einem Meter!, zählt der Palmendieb zu den größten wirbellosen Tieren dieser Erde.

**Warum befindet sich Scotland Yard in London und nicht in Schottland?**
Antwort: (651)
Scotland Yard ist das Hauptquartier der Metropolitan Police Service, oder einfacher ausgedrückt, der Londoner Kriminalpolizei. Ursprünglich lag das Gebäude am Ende der Londoner Straße *Whitehall*. Dieser Straßenzug wurde umgangssprachlich *Great Scottland Yard*, also Großer Schottischer Hof, genannt. Woher dieser Name aber genau

herkommt, ist nicht eindeutig geklärt. Nach einer weitverbreiteten Erklärung war dort – vor der Vereinigung von England und Schottland – der frühere Standort der Residenz der schottischen Könige, wenn sie sich in England aufhielten. Scotland Yard wurde im Jahre 1829 von dem damaligen Innenminister Robert Peel gegründet, der eine besonders gut ausgerüstete Polizeitruppe aufbauen wollte. Scotland Yard wurde nicht nur bei Krimi-Liebhabern durch die Sherlock Holmes Romane weltweit bekannt. 1897 überführte Scotland Yard den ersten Verbrecher anhand seiner Fingerabdrücke. Fingerabdrücke als Beweismittel vor Gericht wurden damals erst 1896 in Argentinien und 1901 in Großbritannien zugelassen.

**Stimmt es, dass Würfelquallen die giftigsten Tiere auf der ganzen Welt sind?**
Antwort: (652)
Die Würfelqualle oder auch Seewespe ist tatsächlich eines der giftigsten Lebewesen auf diesem Planeten. Ihre Tentakel enthalten ein starkes Nervengift, das bei Berührung innerhalb weniger Minuten zum Tode führen kann. Durch diese Quallen, die ausschließlich in den Gewässern Australiens vorkommen, sterben jährlich mehr Menschen als durch Angriffe des Weißen Hais. Wenn man von den Tentakeln der Würfelqualle berührt wird, fühlt sich das wie Wespenstiche an. Innerhalb kurzer Zeit verteilt sich das Gift im Körper und es kommt sehr schnell zu Herz- und Kreislaufversagen und schließlich zum Herzstillstand. Obwohl der Mensch ganz und gar nicht in das Beuteschema der Qualle fällt – sie ernähren sich von Garnelen und kleinen Fischen – kommt es immer wieder zu solchen Unfällen. Würfelquallen schwimmen nicht selten auch im flachen Wasser, wo sie mit badenden Menschen eher zufällig zusammentreffen. Das tückische daran ist nämlich, dass die Tiere fast durchsichtig und deshalb schwer zu erkennen sind. Würfelquallen halten sich hauptsächlich zwischen Oktober und Mai in küstennahen Gewässern auf, deshalb sollte man in dieser Zeit nicht im Meer baden.

**Was ist eigentlich Tofu?**
Antwort: (653)
Tofu ist ein Lebensmittel, das aus Sojapflanzen hergestellt wird und keinerlei tierische Eiweiße enthält. Ursprünglich gab es Speisen aus Tofu nur in Asien, und das schon seit dem Altertum, aber mittlerweile wird dieses pflanzliche Nahrungsmittel auch immer öfter bei uns verwendet. Vor allem Vegetarier und Veganer, also Menschen, die kein Fleisch bzw. gar keine Lebensmittel essen, die von Tieren stammen, verwenden Tofu bei der Zubereitung ihrer Speisen. Soja ist eine Bohnenart, die zur gleichen Pflanzenfamilie wie unsere Gartenbohne gehört. Soja ist eine Ölpflanze, die zu 39 Prozent aus Eiweiß und zu 17 Prozent aus Öl besteht. Die Herstellung von Tofu funktioniert ähnlich wie die Herstellung von Quark aus Milch. Deshalb nennt man Tofu manchmal auch Bohnenquark. Die geernteten Sojabohnen werden erst getrocknet, in Wasser eingelegt und anschließend gepresst. Die daraus entstandene Emulsion heißt Sojamilch. Daraus wiederum wird Tofu gemacht. Tofu ist eine gummiartige Masse, die man – wie Käse – beliebig formen kann. Die gummiartige Masse schmeckt eigentlich nach gar nichts, aber

man kann sie beispielsweise in Gewürze einlegen und anschließend braten. Gut zubereiteter Tofu schmeckt dann so ähnlich wie gebratenes Fleisch.

**Seit wann gibt es eigentlich Fanta und woher kommt der Name?**
Antwort: (654)
Coca-Cola wird in Deutschland seit 1929 hergestellt. Doch während des Zweiten Weltkriegs waren beinahe alle Rohstoffe knapp, das galt auch für die verwendeten Zutaten für die Produktion der schon damals beliebten Coca-Cola. Es wurde immer schwieriger, die notwendigen Zutaten für den koffeinhaltigen Softdrink zu besorgen. Deshalb wurde in Deutschland aus der Not eine Tugend gemacht und – zunächst aus Molke und Apfelfasern – ein neuer Softdrink entwickelt. Im Rahmen eines Wettbewerbs wurden die Mitarbeiter aufgerufen, sich einen passenden Namen für den neuartigen Molkedrink auszudenken. Und da er gemeinhin als „fantastisch" und die Rezeptur als „fantasievoll" empfunden wurde, stand schnell fest: Das neue Erfrischungsgetränk soll Fanta heißen. Zwischen 1942 und 1949 ersetzte Fanta Coca-Cola vollständig auf dem deutschen Markt. In den 1960er Jahren brachten die Hersteller von Fanta und Coca-Cola dann eine Limonade mit Zitronengeschmack auf den Markt. Die hieß zunächst Fanta „Klare Zitrone" und wurde sechs Jahre später in „Sprite" umbenannt.

**Wie tief ist eigentlich das Meer?**
Antwort: (655)
Die drei großen Weltmeere heißen Pazifischer, Atlantischer und Indischer Ozean. Der Größte davon ist der Pazifik. Sein Meeresgrund ist mit besonders vielen und vor allem sehr tiefen Gräben durchzogen. Man spricht dabei von Tiefseegräben. Im Pazifik, südöstlich von Japan, liegt der Marianengraben. Dort ist das Meer 11 034 Meter tief! Das ist somit auch die tiefste Stelle aller Meere. Die durchschnittliche Tiefe der Ozeane beträgt ungefähr 4000 Meter, in Küstennähe etwa 200 bis 400 Meter. Als Tiefsee bezeichnet man Meerestiefen, die unterhalb einer Tiefe von 800 Metern liegen und wo absolute Dunkelheit herrscht. Am 23. Januar 1960 erforschte der Schweizer Jacques Piccard und der Amerikaner Don Walsh die Rinne des Marianengrabens mit dem Tauchboot *Trieste*. Sie erreichten mit ihrem Tiefsee-U-Boot die bislang ungeschlagene Tiefe von 10 916 Metern! In dieser Tiefe herrscht ein Druck von über Tonne pro Quadratzentimeter. Die *Trieste* wurde von Jacques Picard selbst entwickelt und im Essener Krupp-Werk gebaut. Heute kann man das berühmte Tiefsee-Tauchboot im United States Navy Museum in Washington D.C. bewundern.

**Was ist eigentlich Sudoku?**
Antwort: (656)
Sudoku ist eine Rätselart, die aus neun Quadraten besteht, die wiederum in neun Kästchen eingeteilt sind, und bei der es darauf ankommt, die einzelnen Kästchen so mit den Zahlen von eins bis neun zu füllen, dass jede Zahl nur einmal pro Kästchen, pro Spalte und pro Zeile vorkommt. Sudoku hat ein wenig Ähnlichkeit mit dem magischen Quadrat. Das Wort Sudoku kommt aus dem Japanischen und ist eine Abkürzung für „Suji wa dokushin ni kagiru", wörtlich: „Eine Zahl bleibt immer allein." Wer jetzt aber denkt,

dass Sudoku eine japanische Erfindung ist, der täuscht sich gewaltig. Erfunden hat dieses Zahlenrätsel 1979 nämlich ein Amerikaner – Howard Garns. Er gab ihm damals den Namen *Number Place*. Erst 1986 fanden auch die Japaner Gefallen an dem kniffligen Rätselspaß, den sie Sudoku nannten. Die Londoner Tageszeitung *Times* druckte das allererste Sudoku-Rätsel ab und von diesem Zeitpunkt an, war der Siegeszug von Sudoku in die ganze Welt nicht mehr aufzuhalten. Übrigens: Es gibt sage und schreibe 6 670 903 752 021 072 936 960 (ca. 6,7 Trilliarden) verschiedene (vollständig ausgefüllte) Standard-Sudokus. Unvorstellbar, oder?

**Was versteht man eigentlich unter einem Hattrick?**
Antwort: (657)
Den Ausdruck Hattrick verwendet man normalerweise ausschließlich im Sport, z. B. beim Fußball, Eishockey, Handball usw. Unter einem Hattrick versteht man das Erzielen von drei hintereinanderfolgenden Toren von ein und demselben Spieler in einer einzigen Spielzeit, z. B. in einer Halbzeit oder in einem Spieldrittel. Zwischen diesen drei Toren darf aber kein anderer Spieler ein Tor schießen, sonst sind es zwar immer noch drei Tore, aber es ist eben kein Hattrick mehr. Der Begriff Hattrick kommt ursprünglich aus der Sportart Cricket. 1858 gelang es H. H. Stephenson auf dem Sheffield's Hyde Park Ground als erstem (heute bekannten) Bowler – so nennt man den Werfer beim Cricket – drei aufeinanderfolgende Würfe in drei sogenannte Wickets umzuwandeln. Ein Wicket ist ein Gestell, das aus drei senkrechten Holzstäben besteht, die in der Erde stecken. Ein weiterer Holzstab liegt lose darüber. Der sogenannte Schlagmann bewacht das Wicket und soll verhindern, dass das Wicket vom Ball der gegnerischen Mannschaft getroffen wird. Als besondere Auszeichnung für diese sportliche Leistung wurde ihm ein Hut (engl. Hat) überreicht. Daraus entwickelte sich der Begriff Hattrick.

**Was versteht man unter dem Ökosystem?**
Antwort: (658)
Unter einem Ökosystem versteht man den Lebensraum von Tieren und Pflanzen, die darin vorkommen. Bildlich gesprochen besteht ein Lebensraum aus vielen verschiedenen Bausteinen, die zu einem Haus zusammengefügt werden. Den Grundstock bilden die Pflanzen, die mit Hilfe von Wasser und Sonnenlicht (Photosynthese) wachsen und dabei organische Stoffe aus anorganischen Bestandteilen bilden können. Sie produzieren den für Mensch und Tier lebenswichtigen Sauerstoff. Dann folgen die pflanzenfressenden Tiere, die sich von den Pflanzen ernähren, diese verdauen und dann ausscheiden. Fleischfresser wiederum fressen die Pflanzenfresser, und auch sie scheiden Kot aus. Die Exkremente und Überreste von abgestorbenen Pflanzen verrotten mit Hilfe von Mikroorganismen und Bakterien im Boden. Auch kleine Lebewesen wie Würmer, Käfer und Ameisen leben von dem, was auf dem Boden liegt. Sie helfen ebenfalls mit, dass neue fruchtbare Erde entsteht. Auf diese Weise wird der Boden gedüngt und neue Pflanzen können daraus wachsen. So beginnt der Kreislauf der Natur immer wieder von vorn. Nichts wird vergeudet, alles wird verwertet und ist auf die eine oder andere Weise ein wichtiger Bestandteil in einem intakten Ökosystem.

**Warum ist Blut lebenswichtig und woraus besteht es eigentlich?**
Antwort: (659)
Unser Blut besteht in der Hauptsache aus drei Bestandteilen: rote und weiße Blutkörperchen sowie Blutplasma. Jeder dieser drei Hauptbestandteile erfüllt eine wichtige Funktion. Die roten Blutkörperchen transportieren den Sauerstoff, die weißen Blutkörperchen bekämpfen eindringende Krankheitserreger, und die Blutplättchen sorgen dafür, dass wir nicht verbluten. Sie lassen das Blut gerinnen, wenn wir uns verletzt haben und das Blut aus der Wunde tropft. Das Blut ist eine Art Transportunternehmen in unserem Körper. Es bringt Sauerstoff in die Zellen, transportiert Kohlendioxid zur Lunge, versorgt unsere Zellen mit Nährstoffen und bringt die Abfallstoffe zu den Organen, die sie dann entsorgen. Außerdem verteilt das Blut Hormone im Körper. Die rote Farbe erhält das Blut durch die roten Blutkörperchen, die den Farbstoff Hämoglobin enthalten. Dieser Farbstoff ist aber nur so lange rot, wie er Sauerstoff enthält. Je weniger Sauerstoff sich im Blut befindet, desto mehr schwindet auch die rote Farbe und es wird bläulicher.

**Wer waren eigentlich die ersten Piraten – und was heißt das Wort?**
Antwort: (660)
Das Wort Pirat kommt vom altgriechisch „Peiran", das eigentlich nur „Wagen" bedeutet. Die Piraten nannten die alten Griechen in der Antike „Peirátes" und die Römer haben dann das Wort „Pirata" daraus gemacht, was in unserer Sprache einfach nur „Seeräuber" bedeutet. Wer mit der Piraterie angefangen hat, ist dagegen schwer zu sagen. Piraten hat es aber bestimmt gegeben, seit es die Seefahrerei gibt. So wie es Räuber gibt, seit es Geld gibt. Im ersten Jahrhundert vor Christus bezeichnete der römische Philosoph Cicero die Piraten als „Feinde der Menschheit", gegenüber denen kein Versprechen und kein Schwur zu halten sei. Das war aber nicht immer so. Noch bis ins 19. Jahrhundert hinein bekamen Piraten sogar manchmal von Staaten „Freibriefe" für Kaperfahrten, das heißt, sie durften als Freibeuter im staatlichen Auftrag Schiffe anderer Staaten überfallen und versenken. Die Beute teilten sie sich dann einfach mit ihren Auftraggebern. Solche berühmte Freibeuter waren zum Beispiel die Engländer Sir Francis Drake oder Sir Walter Raleigh. Auch heute gibt es noch moderne Piraten, die zum Beispiel Handelschiffe vor dem Horn von Afrika kidnappen.

**Meine Mama kriegt wieder ein Baby und meine Schwester hat im Bauch Schluckauf. Wie geht denn das?**
Antwort: (661)
Schluckauf entsteht, wenn sich das Zwerchfell (das ist sozusagen unser Atemmuskel) einmal verkrampft. Dann kriegt die Lunge plötzlich nicht genug Luft und saugt sie ganz schnell durch den Mund an. Beim normalen Atmen fließt die Luft durch die engste Stelle im Kehlkopf, die Stimmritze. Wenn jetzt aber auf einmal ganz viel Luft ganz schnell durch soll, macht diese Stimmritze dicht – und man hört ein Quietschen: „Hicks!" Den Schluckauf kann man übrigens nicht mit dem Willen beeinflussen. Er kommt (etwa wenn man zu schnell ein Brot runterschlingt) und geht wieder von allein. Beim Baby im Bauch ist der Schluckauf aber ein wichtiger Reflex, eine notwendige Sache also – und zwar, um das Atmen überhaupt zu trainieren. Babys im Bauch müssen noch nicht mit der Lunge

atmen, weil sie Sauerstoff von der Nabelschnur und der Plazenta der Mutter bekommen – direkt ins eigene Blut. Toll, was? Beim Baby-im-Bauch-Hicksen werden all die Organe gestärkt, die man später zum Atmen braucht. Wenn die Babys aber dann auf der Welt sind, wird der Schluckauf-Reflex nicht mehr benötigt, weil das Baby ja jede Menge Gelegenheit zum Atmen hat. Dann gibt es den Schluckauf nur noch als die wohlbekannte, lästige Erscheinung.

**Was ist eigentlich eine Pandemie?**
Antwort: (662)
Unter Pandemie versteht man, wenn eine Infektionskrankheit – wie zum Beispiel die Schweinegrippe oder die Vogelgrippe – sich über ganze Länder und sogar über Kontinente hinweg ausbreitet. So entwickelte sich AIDS, also der HIV-Virus, auch durch den globalen Flugtourismus zu einem weltweiten Problem. Das war auch so bei SARS (das ist eine Lungenentzündung) im Jahre 2003. Während die Erkrankung sich in Asien, wo sie zuerst aufgetreten war, recht langsam und von Ort zu Ort verbreitete, traten etwa gleichzeitig zum Beispiel im weit entfernten Kanada vier Fälle auf, die nur über Reisende dorthin gelangt sein können. Aber das ist eigentlich kein neues Phänomen: Auch die Pest im Mittelalter kam schon an Bord von Handelsschiffen von Asien nach Europa. Und noch früher, etwa zu Zeiten der Römer, traten immer wieder Pestwellen auf, die sich mit Kriegs- und Handelsschiffen auf die gesamte damals erschlossene Welt ausbreiteten. Ob wir von so einer Pandemie dann auch wirklich Angst haben müssen, hängt davon ab, wie aggressiv so ein Erreger jeweils ist (oder auf seinem Reiseweg wird) und ob es rechtzeitig genug Impfstoff für große Teile der Bevölkerungen in betroffenen Ländern gibt.

**Warum gibt es auf der Welt unterschiedliche Uhrzeiten?**
Antwort: (663)
Das liegt an den unterschiedlichen Zeitzonen. Die wurden eingeführt, um die Welt ein bisschen einfacher zu machen. Denn an einem Teil der Welt (im Osten, wo die Sonne aufgeht) ist es halt früher, und weiter im Westen (wo die Sonne untergeht) ist sozusagen noch der „alte" Tag. Also hat man unterschiedliche Zeitzonen eingerichtet, um das Problem ein wenig zu erleichtern. Zumindest innerhalb einer solchen Zeitzone, die für einen gewissen Abschnitt der Welt (zum Beispiel Mitteleuropa, hier gibt es dann die Mitteleuropäische Zeitzone MEZ)., herrscht dann immer dieselbe Uhrzeit und dasselbe Datum. Den Anstoß zur Einrichtung der ersten Zeitzonen gaben übrigens die ersten Eisenbahnlinien. Am Anfang galt auf jeder Strecke die Zeit der jeweiligen Linie, das führte aber zu einem Durcheinander, wenn ein Zug etwa von London in den Orient fuhr und sich dann logischerweise in einer anderen Ortszeit bewegte. Das erste weltweite Zeitzonensystem wurde 1879 vom kanadischen Eisenbahningenieur Sir Sandford Fleming als „Eisenbahnzeit" vorgeschlagen. Im Oktober 1884 wurde die Erde erstmals in zunächst 24 Stundenzonen aufgeteilt. Der Unterschied zwischen ihnen betrug so immer jeweils eine Stunde.

**Warum kann man eigentlich Insekten nicht essen?**
Antwort: (664)
Kann man sehr wohl. Tut man auch. Aber nicht in Europa. Viele Arten sind essbar, sogar
eine ausgezeichnete Eiweißquelle und in vielen Kulturen Asiens, Afrikas und Süd-
amerikas werden sie auch als Leckerbissen verzehrt. Weltweit werden über 1400
Insektenarten gegessen. Die Ostafrikaner z. B. schlemmen Kungu-Kuchen aus
zerdrückten Mücken und Fliegen. Man kann Ameisen, Termiten, Käferlarven, Raupen
und Grashüpfer essen. Bei uns in Europa rufen diese Tiere aber Ekel hervor. Das war
aber nicht immer so. Für den antiken griechischen Dichter Aristophanes waren Heuschrecken noch „vierflügeliges Geflügel", und auch die Römer aßen gerne die Raupen
des Weidenbohrers, das ist ein Schmetterling. Am Ende des Mittelalters veränderten sich
aber die Ernährungsgewohnheiten. Fleisch und Fisch wurden Haupt-Proteinquellen.
Insekten von Nahrungsmitteln zu „Ekelfaktoren". Dabei ist der Ekel keineswegs
angeboren, sondern wird erst in den ersten zwei Lebensjahren des Kindes durch die
Vorgaben der Eltern erlernt. Sie geben uns vor, was wir essen sollen und was nicht. Und
wenn so ein Krabbelbaby mal einen Regenwurm aus der Erde zieht, lernt es am „Pfui"
der Großen, dass es das jetzt besser wieder hinlegt ...

**Gibt es eigentlich absolut sichere Geheimcodes?**
Antwort: (665)
Das Wissen von Geheimcodes, die man schon seit Jahrtausenden bei der Spionage und
im Krieg verwendet, ist ziemlich umfangreich. Als Fachbegriff nennt man das
Kryptografie. Verschlüsselungsmöglichkeiten reichen von ganz einfachen Codes, wo
zum Beispiel in einem Text nur Buchstaben vertauscht werden, bis zu komplizierten
Maschinen, die Nachrichten mit drehbaren Zylindern verschlüsseln (berühmt wurde im
letzten Weltkrieg die deutsche „Enigma", die übrigens auch geknackt wurde) bis zu
ganzen PC-Programmen, die heute dafür hergenommen werden. Im Prinzip funktioniert
jeder Code so: Es gibt eine „Klar"- Nachricht, einen Schlüssel, mit dem man diese
verändert – und dann die nicht mehr verstehbare Botschaft, genannt „Chiffre". Die
Experten sind sich einig, dass es nur eine unknackbare Methode gibt. Die heißt OPT
(„One Time Pad") oder Einmal-Block-Methode. Dabei muss man aber auf drei Sachen
unbedingt achten: Der Schlüssel muss genauso lang sein wie der Klartext. Er muss aus
einer absolut zufälligen Zeichenfolge bestehen. Und der Schlüssel darf nur ein einziges
Mal verwendet werden. Die Methode ist enorm aufwendig, denn wenn man zum Beispiel
ein Buch oder eine PC-Platte verschlüsseln will, braucht man riesige Schlüssel-
Datenmengen.

**Haben wirklich die Engländer den Fußball erfunden?**
Antwort: (666)
England gilt heute als Mutterland des Fußballs, weil Studenten der Universität
Cambridge 1848 die ersten Fußballregeln aufsetzten. Und 1863 wurde in London der
erste Verband, die Football Association (FA) gegründet. Aber natürlich ist das Ballspiel
bei vielen Völkern schon viel früher bekannt gewesen. Schon vor 4000 Jahren spielten
die Chinesen ein Spiel namens Ts´uh-chüh („Ballstoßen"). Es war ein Spiel der Soldaten.

Etwa 100 Jahre später geriet es aber wieder völlig außer Mode. Seit dem 15. Jahrhundert wird in Florenz in Italien der „Calcio Storico" praktiziert, eine Art Fußballspiel, bei dem es ziemlich hart hergeht. Auch bei den antiken Griechen, besonders in Sparta, soll es eine Art Fußball gegeben haben. Jedenfalls gibt es Scherbenfunde aus jener Zeit, die typische Spielsituationen zeigen. Auch die alten Römer kannten Ballsportarten, die ihre Soldaten in der Freizeit und zum Training ausübten. Und seit der Entdeckung Amerikas kamen die Europäer mit den alten Ballspielen Mittelamerikas in Verbindung, die eine lange Tradition hatten. Die Mayas und Inkas kannten über 3000 Jahre lang verschiedene Formen des Fußballs. Mal wurde mit einem Spiel der Ausgang von Wetten entschieden, mal diente er nur der Volksbelustigung, mal kämpften Kriegsgefangene bei einem Match um ihr Überleben.

**Woher kommt die Redewendung „auf den Hund kommen" oder „Kurve kratzen"?**
Antwort: (667)
Sprichwörter und Redewendungen gibt es in jeder Sprache und es ist besonders schwer, sie zu verstehen, wenn man eine andere Muttersprache hat. Der Grund: Die meisten Sprichwörter erklären sich nicht von selbst, weil sie in einer anderen Zeit entstanden sind, aus einem anderen historischen Zusammenhang stammen. Und viele dabei verwendete Wörter haben inzwischen ihre Bedeutung verloren. „Die Kurve kratzen" zum Beispiel – ein Spruch für „schnell abhauen" aus dem Mittelalter. Damals hatten die Städte noch sehr enge Gassen, und wenn man dann mit der Kutsche schnell fuhr, kam es oft vor, dass dabei die Räder an den Ecken der Häuser entlanggekratzt haben ... Oder: „Zeigen, wo der Bartel den Most holt", also jemandem drastisch klarmachen, wo es lang geht. „Bartel" oder „Barthel" ist aber kein Name, sondern das jiddische Wort für „Brechstange". Und diesen „Most" kann man auch nicht trinken; er bedeutet ganz einfach „Geld". „Auf den Hund kommen" stammt ebenfalls aus dem Mittelalter. Damals bewahrten die Leute ihr Geld in Truhen auf, auf deren Boden ein Hund (er sollte das Geld wohl bewachen) gemalt war. War das Geld dann alle, war man „auf den Hund gekommen".

**Warum wird mir im Auto oft schlecht?**
Antwort: (668)
Das liegt nicht an der Fahrweise deiner Mama oder deines Papas (hoffe ich mal für dich!), sondern am Gleichgewichtssinn, der im Ohr sitzt. Aber auch die Augen geben ständig Signale ans Gehirn ab, ob und wie man sich gerade bewegt. Auch Haut und Muskeln machen dem Gehirn immer „Meldung", in welcher Position sich der Körper gerade befindet. Wenn einem im Auto schlecht wird, kommt das durch den Unterschied zwischen der rechten Bewegung, die dein Körper fühlt, wenn er sich etwa in der Kurve gegen den Sitz bewegt und deinen Augen, die vielleicht irgendwo hinten auf der Rückbank hinschauen. Besonders schnell wird einem im Auto übrigens schlecht, wenn man während der Fahrt liest oder malt. Weil sich das Auge dann richtig auf einen Punkt konzentriert, also Ruhe anzeigt und der Körper (und das Gleichgewichtsorgan im Ohr) aber gleichzeitig Bewegung melden. Dann kommt das Gehirn ganz einfach durcheinander und im schlimmsten Fall muss man brechen. Es gibt zwei Tipps beim Autofahren, die da helfen können. Erstens: nicht lesen! Zweitens: Dem Fahrer selbst wird

nie schlecht, weil er immer die Bewegung vor sich aufmerksam mitverfolgt. Also: Schau´ nach vorn und guck´ viel beim Fahren zu.

**Wie wissen die Wurzeln von den Pflanzen immer, dass sie in die richtige Richtung wachsen müssen, also nach unten rein in die Erde?**
Antwort: (669)
Gut beobachtet. So eine Wurzel einer Pflanze hat ja kein Gehirn, das ihr sagt, da ist unten, da muss ich rein. Trotzdem „erkennt" die Wurzelspitze einer Pflanze immer genau, wo unten ist. Ganz egal, wie rum ein Samenkorn auf die Erde fällt, die Wurzeln wachsen immer ins Dunkle nach unten. Und das kommt so: Die Schwerkraft der Erde löst in der Wurzel den Vorgang aus, in Richtung Erdmittelpunkt zu wachsen. Alles auf der Welt wird nämlich von der Schwerkraft angezogen, auch wenn das Objekt noch so klein ist. Und die Keimblätter der Wurzel, aus denen sich dann die neue Pflanze entwickelt, müssen sich dann wiederum in die umgekehrte Richtung nach oben arbeiten – entgegen der Schwerkraft – mit dem Spross hin zum Licht. Was so einfach klingt, ist allerdings ein höchst schwieriges Thema, das von Wissenschaftlern immer noch erforscht wird und „Gravimorphogenese" heißt. Vermutlich lösen bestimmte Gene in den Pflanzen das richtige Wachsen aus. Forscher sind sogar schon ins Weltall geflogen, um das Pflanzenwachstum dort in der Schwerelosigkeit zu untersuchen!

**Wie funktionieren eigentlich Handys?**
Antwort: (670)
Wenn du dein Handy benutzt, werden Gespräche, SMS oder Bilder als Funksignale übertragen. Das geht nur, wenn ein großes Mobilfunknetz vorhanden ist. Das gesamte Mobilfunknetz ist wiederum in einzelne, kleinere Gebiete unterteilt, die heißen Funkzellen. Und jede dieser Funkzellen hat eine eigene Mobilfunkanlage. Die hast du bestimmt schon mal gesehen, das sind so große Antennen an manchen Häusern oder an Kirchen und auf Türmen. Ein Mobilfunknetz braucht also viele von diesen Mobilfunkanlagen. Je mehr Menschen den Mobilfunk mit Handy nutzen und je mehr Daten dabei verschickt werden, desto mehr Mobilfunkanlagen braucht man. Zum Mobilfunknetz gehört immer auch ein zentraler Computer, der mit den einzelnen Mobilfunkanlagen verbunden ist. Die Handyantenne von deinem Telefon sendet und empfängt Funksignale. Diese werden dann von der Mobilfunkanlage in der Funkzelle, in der du dich gerade aufhältst, empfangen und dann an den zentralen Computer weitergeleitet. So weiß der Computer immer, welche Handys wo angeschaltet sind, und dann sendet der zentrale Computer die Daten, die er für dein Handy empfängt, an eine dieser Mobilfunkanlagen genau in der Funkzelle, in der du dich gerade aufhältst. Es klingelt bei dir, du gehst ran!

**Warum muss man schwitzen, wenn man etwas Scharfes isst?**
Antwort: (671)
Medizinisch betrachtet ist da eine Art Verbrennungsschmerz daran schuld. Gewürze, die ein Schärfegefühl erzeugen, wirken im Körper auf die Wärme-Rezeptoren, wodurch ein Hitze- oder Schmerzreiz ausgelöst wird. Der Stoff, den wir zum Beispiel im Senf zu uns

nehmen, heißt Allylisothiocyanat, und in Gewürzen wie Chili, Paprika und Curry steckt ein scharfer Stoff drin, der Capsaicin heißt. Diese Stoffe beschleunigen den Herzschlag, weiten unsere Gefäße und lassen das Blut schneller zirkulieren. Dadurch wird der Stoffwechsel angekurbelt und man kommt ins Schwitzen. In warmen Ländern werden verstärkt scharfe Speisen gegessen, um das Schwitzen anzuregen, denn Schwitzen ist eine natürliche Kühlfunktion des Körpers. Es gibt übrigens noch zwei tolle Nebenwirkungen der Schärfe: Durch die stärkere Durchblutung werden auch die Geschmacksnerven stärker gereizt, was sie empfindlicher für alle Geschmacksrichtungen macht. Und außerdem macht scharf essen glücklich! Durch die Schmerzreaktion beim Genuss scharfer Speisen wird tatsächlich auch die Ausschüttung von Glückshormonen, den Endorphinen, angeregt.

**Warum sind die Buchstaben auf meiner Computertastatur eigentlich nicht nach dem Alphabet angeordnet?**
Antwort: (672)
Das hat historische Gründe. Computer gab es ja nicht immer. Davor hat man im Büro viel auf Schreibmaschinen geschrieben. Und die Tastaturen (es gibt übrigens davon verschiedene Varianten in unterschiedlichen Ländern), die man heute am PC benutzt, kommen von den Tastaturbelegungen der Schreibmaschinen. Übrigens ist die Idee mit der alphabetischen Anordnung gar nicht abwegig. Bis 1868 war das nämlich so. Dann erfand ein amerikanischer Buchhalter namens Christopher Sholes die Tastaturbelegung sozusagen neu. Er sortierte sie dabei nach zwei Gesichtspunkten: Die häufigsten englischen Buchstaben E, T, O, A, N und I verteilte er im Halbkreis. Die Zwischenräume füllte er dann mit dem restlichen Alphabet auf. Häufige Zweier-Kombinationen wie HE, TH und ND legte er aber weiter auseinander. Das hatte einen mechanischen Grund: Schreibmaschinen funktionierten ja mit Hebeln, welche die Buchstaben auf das Papier druckten. Manche dieser „Typenhebel" verhakten sich dabei immer beim schnellen Schreiben. Mr. Sholes ordnete die Hebel und die Buchstaben jetzt so an, dass man sich weniger oft verhedderte. Und dieses System haben wir größtenteils heute noch.

**Stimmt es, dass man Blumen essen kann?**
Antwort: (673)
Das ist wahr. Natürlich nicht alle, und vor allem nicht die Blumen, die man in einem Laden oder in einem Supermarkt kaufen kann. Finger weg davon! Diese Blumen stammen meistens aus Massenproduktion – und dabei werden Schädlingsbekämpfungsmittel und Insektengift eingesetzt. Und die sind auch für den Menschen gefährlich. Aber es gibt eine Menge Blumen, etwa aus eurem Garten, die man zum Beispiel zu Salaten verarbeiten kann. Aus dem Blütenstaub des Löwenzahn bereiten Bienen Honig zu, aus den Blättern kann man Salat machen. Dahliensalat soll sehr schmackhaft sein. Auch Kapuzinerkresse, Margariten und Sonnenblumen kann man lecker zubereiten. Die Blüten von Obstsorten (Kirsche, Birne, Apfel) sowie die Blüten aller essbaren Kräuter (Lavendel, Schnittlauch, Salbei, Thymian) sind genießbar. Außerdem Wiesenknöterich, Schlüsselblume, Veilchen, Ringelblume. Wenn man die Blumen mit Wasser abspült, kann man kleine Blüten im Ganzen verwenden (bei kleinen Blumen wie Veilchen,

Gänseblümchen oder bei der Kapuzinerkresse) oder die Blütenblätter abzupfen (bei dickeren Blüten wie bei Ringelblumen, der Rose, der Kamelie oder der Dahlie).

**Was sind denn Minerale? Sind das Steine?**
Antwort: (674)
Die Minerale sind sozusagen die Bausteine der Erde. Fast alle Minerale bilden Kristalle, haben einen regelmäßigen inneren Aufbau und sind von ebenen Flächen begrenzt. Eine der einfachsten Kristallformen ist der Würfel. Andere sind komplizierter und haben auch unverständliche Namen. Minerale bestehen wiederum aus chemischen Elementen. Diese sind nach einem strengen, festen Bauplan angeordnet – für jedes Mineral anders. Und dieser Bauplan bestimmt, wie der Kristall aussieht. Aber nicht immer haben die Kristalle genügend Platz, dass sie ungehindert wachsen können. Sehr oft behindern sie sich gegenseitig. Sie bilden dann unregelmäßige Körner. Aber dennoch sind es Kristalle, weil sie in ihrem Innern nach ihrem ganz eigenen Bauplan aufgebaut sind. Minerale sind auch die Bausteine der Gesteine. So wie ein Haus aus einzelnen Ziegeln besteht, so besteht auch ein Gestein aus einzelnen Mineralien. Und diese Minerale sind natürlich Kristalle. Ein Stein besteht also aus sehr, sehr vielen kleinen Kristallen. Oft sind sie so klein, dass man sie nicht einmal unter dem Mikroskop sehen kann – andere kann man aber schon mit freiem Auge als Kristall erkennen.

**Warum sind die Waben von den Bienen immer sechseckig?**
Antwort: (675)
Die Bienen wohnen nicht in den Waben, sondern nutzen ihre Waben einerseits zur Aufzucht ihrer Larven und andererseits als Vorratskammern, nämlich zur Lagerung ihres bei uns so beliebten Produktes, des Honigs. Zu diesem Zweck wird aber sehr viel Platz benötigt. Um den Platz optimal auszunutzen, bauen die fleißigen Bienchen ihre Waben in sechseckiger Form. Natürlich tun sie das nicht bewusst, sondern weil es bei ihnen genetisch so angelegt ist. Es geschieht ganz instinktiv. Der Grund: Das Sechseck ist die geometrische Figur oder Form mit der größtmöglichen Eckzahl, die eine Fläche komplett abdecken kann, ohne Platz zu verschwenden. Die Bienen bauen ihre Bienenwaben demnach sehr pragmatisch. Das ist also ein ganz genialer Schachzug der Natur oder der Evolution. Über Jahrmillionen haben sich in der Entwicklung der Lebewesen Formen und Figuren entwickelt, die sich für den jeweiligen Zweck, also etwa zum Fliegen, wenn wir jetzt mal an die Form eines Flügels denken, optimal eignen. Das ist, wenn man es mal nicht streng wissenschaftlich sehen will, doch ein rechtes Wunder ...

**Im Urlaub an der Nordsee habe ich im Sand viele Häufchen gesehen, die wie Sandspaghetti ausschauen. Woher kommen die?**
Antwort: (676)
Du hast im Urlaub bestimmt eine Wattwanderung unternommen, oder? Zweimal am Tag herrscht an der Nordsee Ebbe und das Wasser zieht sich zurück. In der Zeit kann man dann auf dem Meeresboden spazieren gehen. Die Fläche, die während der Ebbe wasserfrei ist, nennt man Watt. Und die komischen Sandspaghettihaufen sind Hinterlassenschaften von Wattwürmern, die im Sand leben. In der Nordsee gibt es

ungefähr 500 verschiedene Arten von Wattwürmern, die schon mal 30 Zentimeter lang und daumendick sein können. Die Würmer ernähren sich von winzigen Algen, die im Sand enthalten sind. Sie saugen den Sand am Boden auf, filtern die Algen heraus und scheiden die unverdauten Sandkörner wieder aus – das sind dann die Sandgebilde, die wie Spaghetti aussehen. Übrigens: Bei Ebbe sind die Würmer leichte Beute für Vögel, aber sie haben einen Trick, mit dem sie oft ihr Leben retten. Wenn sie von einem Vogel gepackt werden, bricht ihr Hinterteil ab. Bis der Vogel merkt, dass er nur ein kleines Stückchen ergattert hat, ist der Wattwurm längst wieder im Sand verschwunden.

**Wieso sind manche Eisberge weiß, manche blau und manche grün?**
Antwort: (677)
Die meisten Eisberge sind weiß. Das liegt an der Entstehung der Kolosse. Das Eis der Eisberge bildet sich in den Gletschern auf dem Land aus Schnee, der zusammengedrückt wird. Dabei werden Luftbläschen im Eis eingeschlossen. Sie streuen das Licht sehr stark in viele Richtungen. Wird ein Eisberg, der sehr viele Luftbläschen enthält, vom Licht beschienen, dann sorgt die Streuung an den Luftbläschen dafür, dass die Lichtstrahlen stark vermischt werden. Außerdem gelangen sie relativ schnell wieder aus dem Eisberg heraus. Die Wirkung der Mischung und Umleitung ist ein gleißend weißer Eisberg. Blaue Eisberge werden vor allem in Grönland beobachtet. Sie bestehen aus sehr kompaktem Eis ohne Lufteinschlüsse, in dem das Licht so gebrochen wird, dass es blau erscheint. Warum manche Eisberge grün sind, konnte noch nicht abschließend erklärt werden. Es wird angenommen, dass eingeschlossene Partikel die optischen Eigenschaften des Eises verändern und es dadurch grün erscheinen lassen. Doch welche Partikel dafür verantwortlich sind, ist bisher nicht bekannt: Vermutet werden gelöste organische Partikel sowie sehr feine Sedimentpartikel.

**Warum ist das Blut rot?**
Antwort: (678)
Das Blut ist richtig im Stress. Zwar darf es jeden Tag eine spannende Reise durch den menschlichen Körper unternehmen. Doch dabei hat es vieles zu erledigen. Als Körperpolizei kämpft es gegen Bakterien, Viren und Würmer, es verschließt kleine Wunden und sorgt dafür, dass die Organe genügend Nahrung bekommen. Warum ist Blut rot? Das liegt an dem Eisen, das in dem Blut enthalten ist. Ohne das Eisen, das übrigens auch dem Rost oder dem Mars seine Farbe gibt, würde das Blut aussehen wie Milch. Gebraucht wird das Eisen in den roten Blutkörperchen, um Sauerstoff aus der Luft in alle Zellen des Körpers zu transportieren und das Kohlendioxid wieder hinauszuschaffen. Damit kann der Mensch nämlich im Gegensatz zur Pflanze nichts anfangen. Das Kohlendioxid wird zur Lunge gebracht und dort wieder ausgeatmet. Doch das Blut hat nicht immer denselben Rot-Ton. Das hängt mit seiner Aufgabe als Sauerstofftransporter zusammen. Viel Sauerstoff im Blut lässt es hellrot erscheinen. Sauerstoffarmes Blut ist dagegen meist dunkelrot und kann sogar einen Stich ins grün-gelbe haben.

**Wie entstehen Blitze?**

Antwort: (679)

Gewitter bilden sich, wenn warme, feuchte Luftmassen zusammenströmen und aufsteigen. Kondensiert der Wasserdampf in der Luft, so entwickelt sich zunächst eine Haufenwolke (Cumulus = Haufen). Falls die äußeren Bedingungen günstig sind, strömt die schwüle Luft weiter in die Höhe, und die Cumuluswolke wird zum Cumulonimbus – zum Gewitter. Der Wolke wächst dann ein ambossförmiges „Dach", das aus winzigen Eiskristallen besteht. Je nachdem, ob wir uns in den mittleren Breiten oder in den Tropen befinden, kann die Höhe eines Cumulonimbus zwischen 12 und 18 Kilometer erreichen. Beim Sich-Auftürmen der Gewitterwolke trennen sich in ihrem Innern die Ladungen durch Reibung und Zerstäuben der Wasserteilchen: Die Eiskristalle laden sich positiv auf, die Tropfen negativ. Dadurch entsteht im kalten oberen Bereich der Wolke ein Gebiet positiver Ladung, während nahe dem Boden negative Ladung überwiegt. Das elektrische Feld wächst so lange, bis die Spannung mehrere Hundert Millionen Volt beträgt. Schließlich überschreitet die Feldstärke eine kritische Schwelle von ungefähr 170 000 Volt pro Meter und ein gigantischer Kurzschluss wird ausgelöst: der Blitz. Er kann sich innerhalb der Wolke oder zwischen Wolke und Boden entladen.

**Wie bekommt man graue Haare?**

Antwort: (680)

Geschichten erzählen oft, dass jemand über Nacht vor Sorgen „ergraute". Dabei handelt es sich jedoch um eine Übertreibung. Graue Haare bekommt man nicht auf einen Schlag, sondern nach und nach. Dann nämlich, wenn unser Körper aufgrund unseres Alters – oder wegen einer bestimmten Krankheit – einen bestimmten Stoff nicht mehr ausreichend bildet. Der Stoff heißt Tyrosin und er ist wichtig für die Entstehung des Haarfarbstoffs Melanin. Steht im Körper nicht mehr genügend Melanin zur Verfügung, bekommen die neu nachwachsenden Haare keine Farbe mehr ab. Stattdessen werden Luftbläschen in den Haaren eingelagert. Das Haar erscheint für unsere Augen grau. Im Schnitt haben Haare eine Lebensdauer von zwei bis sechs Jahren. Danach fallen sie aus und ein neues Haar wächst an der Stelle. So kommt es, dass die schwarzen, blonden, braunen oder roten Haare immer weniger werden und an ihre Stelle graue Haare treten. Die Haare an den Schläfen werden übrigens schneller ersetzt. Deshalb ergrauen die meisten Menschen zuerst an den Schläfen.

**Warum klopft der Specht?**

Antwort: (681)

Ob Paarung, Hausbau oder Futtersuche: Der Schnabel ist für den Specht das wichtigste Werkzeug. Wenn im Frühling die Männchen ihren Lockgesang anstimmen, bringt der Specht seiner Liebsten ein Schlagzeugsolo dar. Dazu sucht er sich einen Ast, der besonders gut klingt, und trommelt mit einem bestimmten Rhythmus darauf. Ist das Herz eines Spechtfräuleins erweicht, wird weiter geklopft. Denn nun braucht die Brut eine Höhle. Abwechselnd hämmern Spechtpapa und Spechtmama ein Loch in einen Baumstamm. Es dauert ungefähr zwei oder drei Wochen, bis die fleißigen Baumeister fertig sind. Die Verpflegung für die ganze Familie wird ebenfalls mit dem Schnabel rangeschafft. Bei der Nahrungssuche hackt der Specht Splitter aus der Baumrinde. In den Löchern sucht er nach Insekten und Larven. Kein Wunder also, dass Spechtdamen auf die besten Trommler fliegen. Das Männchen, das am schnellsten und lautesten klopft, hat schließlich die besten Voraussetzungen, um ein guter Familienvater zu sein.

**Warum leuchten Katzenaugen im Dunkeln?**
Antwort: (682)
Gesehen hat das sicher jeder schon mal. Trotzdem wirkt es ganz schön gespenstisch, wenn durch die Nacht ein grünes Augenpaar funkelt. Die Augen einer Katze reflektieren im Dunkeln Licht. Das funktioniert etwa so wie bei den Reflektoren an einem Fahrrad, die ja auch „Katzenaugen" genannt werden. Katzen haben im hinteren Teil des Auges eine Schicht, die so ähnlich wie ein Spiegel wirkt. Sie bündelt das Licht und wirft es zurück. Das hat den Zweck, dass die Sehzellen das wenige Licht doppelt nutzen können. Gleichzeitig lässt das zurückgeworfene Licht die Augen aufleuchten. Das Katzenauge ist also eigens dafür ausgerüstet, dass die Samtpfoten im Dunkeln gut sehen können. Das ist wichtig, weil die Katzen meist in der Nacht jagen. Die Spiegelschicht heißt übrigens auf lateinisch „Tapetum lucidum", übersetzt „Leuchttapete". Auch andere Tiere wie Hunde, Rehe, Haie, Krokodile oder Igel haben eine solche „Leuchttapete". Menschen dagegen nicht. Deswegen brauchen wir etwa sechsmal so viel Licht wie eine Katze, um in der Dämmerung Bewegungen oder Umrisse zu erkennen. Bei völliger Finsternis kann aber auch eine Katze nichts sehen. Sie sucht sich ihren Weg dann anhand von Geräuschen, Gerüchen oder mit Hilfe ihrer feinfühligen Schnurrhaare.

**Warum fliegen nur manche Vögel in den Süden?**
Antwort: (683)
Bei rund 80 Prozent der heimischen Vogelarten verlässt nur ein Teil die heimischen Gefilde, viele praktizieren sogar eine Rollenteilung. Beim Buchfink, beim Rotkehlchen oder bei der Amsel ziehen im Herbst vorwiegend die Weibchen in den Süden. Die Männchen nehmen in unseren Breiten die Strapazen des Winters auf sich, um frühzeitig einen guten Brutplatz zu besetzen. Der wichtigste Grund für den Vogelzug ist das im Jahresverlauf extrem schwankende Nahrungsangebot in den Brutgebieten. Insektenfresser finden bei uns nur im Frühjahr und Sommer reichlich Nahrung, sie würden hier im Winter verhungern. Umgekehrt versammeln sich in den südlichen Winterquartieren derart viele Vögel, dass auch dort die Nahrung im Frühling zu knapp würde, um Jungvögel großzuziehen. Teilzieher sind die Arten, bei denen ein Teil der Population, meistens jedoch die Weibchen, in den Süden fliegen. Jahresvögel sind ganzjährig standorttreu. Zu ihnen zählen beispielsweise Haus- und Feldsperlinge, Spechte und viele Meisen.

**Wozu brauchen wir eigentlich eine Zunge?**
Antwort: (684)
Die Zunge ist ein Muskel, der viele Aufgaben hat. Sie ermöglicht uns nicht nur das Sprechen, sondern sie hilft uns auch beim Zerkleinern von Nahrung. Große Nahrungs-brocken werden durch das Kauen immer kleiner. Dabei schiebt die Zunge die Nahrung

immer zu den Zähnen hin. Speicheldrüsen im Mund produzieren ständig Speichel, damit die Nahrung aufgeweicht und schluckfertig gemacht wird. Aber die Zunge dient nicht nur der Nahrungszerkleinerung, sondern sie erkennt auch, was wir gerade im Mund haben. Auf ihrer gesamten Oberfläche sitzen tausende Geschmacksknospen. Je nachdem, wo sie sich befinden, können diese Sensoren die Geschmacksrichtungen erkennen. Die Zungenspitze erkennt, wenn etwas süß ist, ganz hinten am Gaumen befinden sich die „Fühler" für bitteren Geschmack und an den Seiten der Zunge sitzen die Geschmacksknospen, die sauer und salzig erkennen. Eine weitere Geschmacksrichtung, nämlich wohlschmeckend-würzig-fleischig, kann die Zunge auch erkennen. Diese Zone befindet sich in der Zungenmitte. Japanische Wissenschaftler haben sie entdeckt und ihr den Namen Umami gegeben.

**Wie wird eigentlich Parfum hergestellt?**
Antwort: (685)
Hauptbestandteile von Parfum sind immer ätherische Öle und Alkohol. Ätherische Öle werden aus Blüten, Pflanzen und Gewürzen gewonnen. Dazu hängt man die Blüten- und Pflanzenblätter in Wasserdampf. Der mit dem Duft angereicherte Dampf wird anschließend aufgefangen. Nachdem er sich beim Abkühlen als Wasser niedergeschlagen hat, setzt sich darauf ein Ölfilm ab, der nun abgeschöpft werden kann. Der Ölfilm enthält jetzt die ätherischen Öle. Neben ätherischen Pflanzenölen werden aber auch Drüsenabsonderungen von bestimmten Tieren (Moschustier, Zibetkatze) für die Parfumherstellung verwendet. Ein Parfumeur – das ist jemand, der eine unwahrscheinlich gute Nase hat und ganz viele unterschiedliche Geruchsnuancen voneinander unterscheiden kann – mischt nun verschiedene ätherische Öle und Duftkomponenten zusammen. Anschließend wird noch reiner Alkohol hinzugefügt, und fertig ist das Parfum.

**Was sind Kakerlaken eigentlich für Tiere?**
Antwort: (686)
Kakerlaken sind Insekten – man nennt sie auch Schaben. In Mitteleuropa gibt es etwa 16 Arten dieser ungewöhnlichen Spezies. Die meisten Arten leben irgendwo in der Natur in zerfallenem Laub. Allerdings gibt es drei Arten, die Küchenschabe, die amerikanische und die deutsche Schabe, die uns Menschen belästigen und unter Umständen sogar schaden können. Diese drei Schabenarten könnten in der Natur gar nicht überleben, dafür fühlen sie sich in der Zivilisation um so wohler. Die flugunfähigen Krabbeltiere sind Allesfresser. Vom Kuchenkrümel über Tapeten bis hin zu Plastikkabeln ist nichts vor ihnen sicher. Selbst alte oder kranke Artgenossen verspeisen sie. Sie sind also wahre Überlebenskünstler, weil sie in der Auswahl ihrer Nahrung nicht wählerisch sind. In schlechten Zeiten können sie sogar über mehrere Monate ohne Nahrung überleben. Kakerlaken will keiner in seiner Nähe haben, doch das oft paradiesische Nahrungsangebot in Mülleimern, in Restaurants, Großbäckereien und Großküchen bei „Wohlfühltemperatur" von 25 bis 29 Grad bietet den Schaben optimale Lebensbedingungen. Kakerlaken sind äußerst lichtscheu, deshalb bemerkt man sie oft gar nicht oder sehr spät. Da sie bevorzugt von Abfall leben, sind Kakerlaken gefährliche Krankheitsüberträger und müssen deshalb bekämpft werden.

**Wozu brauchen Tintenfische so viele Arme?**
Antwort: (687)
Es gibt verschiedene Tintenfischarten mit acht oder zehn Armen, die mit Haken und Saugnäpfen versehen sind. Je nachdem, ob die Tiere acht oder zehn Arme besitzen, unterscheidet man zwischen achtarmigen sogenannten Oktopoden, die man auch als Kraken bezeichnet und zehnarmigen Kalmaren. Die Tentakel oder Fangarme sitzen am Kopf, weshalb man Tintenfische auch Kopffüßler nennt. Sie erfüllen verschiedene Aufgaben. Zum einen dienen die Arme zum Einfangen der Beutetiere und zum anderen der Fortbewegung. Männchen besitzen außerdem einen zusätzlichen „Arm", den man Begattungsarm nennt. Mit seiner Hilfe legen die männlichen Tintenfische ihre Samenpakete in die Mantelhöhle der Weibchen. Übrigens: Unter den Kalmaren und Kraken gibt es wahre Riesen. Die größten, die man bisher gesichtet hat, waren alles in allem über fünf Meter lang. Seit Menschen die Meere befahren, berichteten Seeleute immer wieder über unheimliche Begegnungen mir riesigen „Meeresungeheuern". Man glaubte ihnen erst nicht, weil man diese Horrorgeschichten für pures Seemannsgarn hielt. Beweisen konnte man die Existenz dieser Meeresmonster lange Zeit nicht, da sie in der Tiefsee leben und sich nur selten blicken lassen.

**Warum fallen Kängurus nicht um, wenn sie große Sprünge machen?**
Antwort: (688)
Die in Australien lebenden Kängurus haben zwei starke Hinterbeine, mit denen sie sich hüpfend vorwärtsbewegen. Doch die Beine sind nur der „Antrieb". Dass sie beim Hüpfen nicht umfallen, verdanken sie ihrem kräftigen, muskulösen Stützschwanz. Mit ihm steuern sie den Sprung, halten das Gleichgewicht und gleichen jede Unsicherheit aus. Außerdem dient der große Schwanz als Stütze beim Sitzen. Die Hinterfüße besitzen jeweils vier Zehen, von denen einer eine lange scharfe Kralle besitzt, die zur Verteidigung eingesetzt wird. In die Enge getrieben, kann ein ansonsten scheues großes Känguru schon gefährlich werden: Es trommelt mit seinen Vorderpfoten auf den Angreifer ein und teilt mit den kräftigen Hinterbeinen Tritte aus. Im offenen Gelände können Riesenkängurus Sätze von etwa neun Metern machen und dabei Geschwindigkeiten von 70 Kilometern pro Stunde erreichen. Die Vorderbeine spielen bei der Fortbewegung eigentlich keine Rolle.

**Was genau ist eigentlich Mikrofaser?**
Antwort: (689)
Das Wort „Mikro" kommt aus dem Griechischen und bedeutet klein und eng. Mikrofasern sind also in erster Linie allerfeinste Fäden. Als Maßstab für eine Mikrofaser gilt der feinste natürliche Faden, nämlich der Seidenfaden. Der feinste Seidenfaden entspricht der Maßeinheit 1 dtex. Dieses Maß sagt aus, dass ein Gramm eines Fadens 10 000 Meter, also zehn Kilometer, lang ist. Industriell hergestellte Mikrofasern werden aus Polyester, Polyacryl oder Polyamid hergestellt und sind noch feiner als Seide – nämlich zwischen 0,2 und 0,9 dtex. Diese sogenannten Chemiefasern können doppelt so fein sein wie der feinste Seidenfaden – und so ein Seidenfaden ist wirklich sehr fein. Mikrofasern

zeichnen sich aber nicht nur durch ihre Feinheit, sondern auch durch ihre weiche Struktur bei gleichzeitiger Formbeständigkeit aus. Mikrofasern können sehr eng gewebt werden, was nicht nur die Festigkeit erhöht, sondern auch die Oberfläche vergrößert. Dadurch bleiben kaum Fussel daran haften. Gewebe aus Mikrofaser werden hauptsächlich zu Reinigungszwecken verwendet. Sie sind extrem saugfähig, scheuerfest, fusselfrei und im trockenen Zustand ziehen sie Staub- und Schmutzpartikel wie ein Magnet an.

### Seit wann gibt es eigentlich schon Graffiti?

Antwort: (690)

Wenn man Graffiti mit dem Hinterlassen von Namen oder Zeichen auf Hauswänden definiert, dann gibt es diese „Kunst" bereits seit Anfang des 19. Jahrhunderts. Damals schloss der seriöse Wiener Registraturbeamte Joseph Kyselak (1795-1831) eine Wette ab, und die ging so: Innerhalb von drei Jahren wollte er in der ganzen Monarchie bekannt werden. Um dieses Ziel zu erreichen, schrieb er auf jede Wand, an der er vorbeikam, seinen Namen. Er hat diese Wette nicht nur gewonnen, sondern er löste einen für damalige Verhältnisse ungewöhnlichen Trend aus, und es gab viele Nachahmer. Man sagt, dass es in Wien keine Hauswand ohne seinen Namenszug gab. Nach dem Zweiten Weltkrieg kritzelten amerikanische GI's ein Männchen namens „Kilroy" an jede Wand, quasi als Gruß von Soldat zu Soldat. Im New York der 1970er Jahre verewigten sich rivalisierende Gangs mit Bandenzeichen an Hauswänden. Danach erfolgte ein regelrechter Graffiti-Boom unter Jugendlichen. Auch in Europa wurden Wände, Zäune und Zugwaggons illegal besprüht, was natürlich Sachbeschädigung ist. Allerdings ist Graffiti schon lange eine anerkannte Kunstform. Es gibt viele Graffiti-Künstler, die auf legale Weise tolle Popartwerke schaffen, ohne dabei eine Anzeige wegen Sachbeschädigung zu riskieren.

### Was ist eigentlich eine Flotte Lotte?

Antwort: (691)

Die Flotte Lotte ist ein Küchengerät zum Pürieren von allem Möglichen: Kartoffeln, Gemüse, Obst usw. Es sieht ein bisschen aus wie ein Sieb mit zwei rotorartigen Blättern. Das feste Püriergut wird hineingegeben und dann dreht man einen Hebel mit der Hand solange, bis alles durch das Sieb gepresst ist. Fertig sind Kartoffelbrei oder Apfelmus. Heutzutage verwendet man zum Pürieren einen elektrischen Pürierstab, der auf Knopfdruck alles zu Brei verarbeitet. Erfunden hat das bei Hausfrauen sehr beliebte Küchengerät der Tüftler Jean Mantelet (1900-1961) im Jahre 1932, und er nannte es Presse-Purée. Der deutsche Name geht übrigens auf einen Nachbau des Herstellers GFU zurück, der sein Produkt unter dem Namen Flotte Lotte auf den Markt brachte. Jean Mantelet gründete die Firma Moulinex und stellte jährlich zwei Millionen Stück dieses praktischen Küchenhelfers her. Übrigens: Wer jetzt denkt, die Flotte Lotte sei ein unmodernes Küchengerät aus alter Zeit, der täuscht sich gewaltig. Die Flotte Lotte befindet sich noch heute im Warenangebot des Herstellers.

**Seit wann gibt es eigentlich Hula-Hoop-Reifen, und warum heißen die so?**
Antwort: (692)
Hula-Hoop-Reifen waren besonders beliebt in den 1950er- und 1960er Jahren. In Wirklichkeit aber gibt es dieses Spielzeug schon viel länger. Archäologen haben herausgefunden, dass bereits vor 3000 Jahren die Ägypter mit solchen Reifen gespielt haben. Allerdings haben sie damals die Reifen nicht wild um die Hüften kreisen lassen, sondern mit Stöcken vorwärts getrieben. Seit dieser Zeit benutzten Kinder und Erwachsene aller Epochen dieses zwar einfache, aber überaus beliebte Spielzeug. Der Name Hula-Hoop entstand erst im 18. Jahrhundert, als Seeleute auf Hawaii den Hula-Tanz sahen und glaubten, darin gewisse Ähnlichkeiten mit dem Reifenspiel zu erkennen. Im Jahre 1957 erfanden zwei Angestellte eines großen amerikanischen Spielzeugherstellers, nämlich Richard Knerr und Arthur Melin, den Hula-Hoop-Reifen neu. Das Spielgerät wurde sofort der Renner. Innerhalb von zwei Jahren wurden 100 Millionen Stück davon verkauft. Der Hula-Hoop-Reifen gehört zum Bild der 50er- und 60er-Jahre wie Rock´n Roll und Pettycoat. Bekanntlich kommt aber alles wieder, und man kann gespannt sein, wann der Hula-Hoop-Reifen im 21. Jahrhundert wieder modern wird.

**Wie kommen eigentlich die bunten Streifen in die Zahnpasta?**
Antwort: (693)
Hierfür gibt es zwei Herstellungsverfahren: Bei einigen Zahnpastasorten werden die bunten Streifen erst am Tubenausgang auf die Zahnpasta aufgebracht. Dafür sorgt das in der Tube eingebaute Spenderröhrchen, welches innen mit Schlitzen versehen ist. Bei der Herstellung werden in jeden Schlitz die jeweiligen Farben gefüllt. Dann erst kommt der weiße Teil der Zahnpastamasse in die Tube. Wenn du also auf die Tube drückst, wird die weiße Creme am Spenderröhrchen vorbeigedrückt und nimmt auf ihrem Weg gleich die Farbe an. Fertig sind die Streifen. – Verfahren Nummer zwei: Hier werden die weiße und die farbige Zahnpastamasse bereits vor dem Abfüllen zusammengefügt. Das gelingt mithilfe einer speziellen Fülldüse, die beide Zahnpastamassen vermischt. Das führt jedoch dazu, dass das Endergebnis natürlich nicht ganz so exakt aussieht wie beim ersten Verfahren. In der Wirkung unterscheiden sich die beiden allerdings nicht, und darauf kommt es ja schließlich an. Zähneputzen morgens, abends und nach den Mahlzeiten ist sehr wichtig – egal, wie die Streifen in der Zahnpasta aussehen.

**Warum werden Nudeln weich, wenn sie ins Wasser kommen?**
Antwort: (694)
Warum das so ist, ist leicht zu beantworten, denn den Nudeln wird nach der Herstellung das Wasser entzogen, um die Haltbarkeit zu verlängern und den Transport der Nudeln in den Tüten zu ermöglichen, die dann schließlich im Supermarkt zu kaufen sind. Auf diese Art und Weise geschieht es in allen Herstellerfirmen sowie mit all den verschiedenen Nudelsorten. Sobald die Nudeln in das kochende Wasser gegeben werden, nimmt der Nudelteig das Wasser wieder auf und die Nudeln erhalten wieder ihre Geschmeidigkeit, sobald sie weich werden. Je länger die Nudeln kochen, umso weicher werden sie schließlich. Aber das weißt du sicher auch. Wie lange die Nudeln im sprudelnden Wasser bleiben sollen, geben die Hersteller auf ihren Verpackungen mit der jeweiligen Garzeit

an. Die jeweiligen Garzeiten richten sich nach der Form der Nudeln, nach der Art des Nudelteiges (Eier-, Hartweizen-, Vollkornnudeln etc.) und natürlich nach dem persönlichen Geschmack. Die älteste Nudel ist übrigens 4000 Jahre alt und wurde bei Ausgrabungen in dem Dorf Lajia im Nordwesten Chinas entdeckt.

**Warum tragen Wetterhochs immer männliche Vornamen und Schlechtwettertiefs immer weibliche?**
Antwort: (695)
Das ist nicht ganz richtig – zumindest nicht mehr – denn heutzutage werden Schönwetterperioden ebenfalls nach Frauen benannt und auch Tiefs erhalten schon mal männliche Vornamen. Allerdings war das nicht immer so. Bis zum Jahre 1998 erhielten die wechselhaften, oft regnerischen und unbeständigen Wetterlagen tatsächlich ausschließlich weibliche Vornamen und die Schönwetterereignisse männliche Vornamen. Ganz schön ungerecht, oder? Das fanden auch viele Frauen, die sich immer wieder über die diskriminierende Namensverteilung beschwert haben. Seitdem wird jährlich gewechselt, damit sich kein Geschlecht benachteiligt fühlt: In Jahren mit gerader Jahreszahl sind die Hochs männlich, in Jahren mit ungerader weiblich. Seit 2002 kann man im Übrigen sogar Wetterpate werden und Hochs oder Tiefs taufen. Dazu muss man sich beim Meteorologischen Institut der freien Universität Berlin anmelden, und dann kann man gegen Bezahlung einem Hoch oder Tief nach eigenen Wünschen einen Namen geben.

**Wer hat eigentlich die Glühbirne erfunden?**
Antwort: (696)
Schon in der ersten Hälfte des 19. Jahrhunderts versuchten verschiedene Forscher, ein Leuchtmittel zu erfinden, das mithilfe des elektrischen Stroms Licht ins Dunkel bringen sollte. Angefangen hat alles mit einem luftleeren Glasgefäß, in dem ein Faden befestigt war, der anfangen sollte zu glühen. Im Jahre 1878 gelang das Experiment erstmals und der britische Physiker Joseph Wilson Swan (1828-1914) erhielt das Patent auf die erste Glühlampe. Doch wer kennt eigentlich Herrn Swan im Zusammenhang mit der Erfindung der Glühlampe? Wohl kaum jemand. Thomas Alva Edison (1847-1931) dagegen kennt fast jeder. Das liegt aber daran, dass Edison die Glühbirne weiterentwickelte und zwei Jahre nach seiner Erfindung erst richtig marktreif machte. Joseph Wilson Swan wollte sich seine Erfindung aber nicht von Thomas Alva Edison wegnehmen lassen, deshalb stritten sich die beiden Erfinder wegen des Patents oft vor Gericht. Schließlich einigten sich die beiden Streithähne dann doch noch und gründeten 1883 in London sogar eine gemeinsam betriebene Firma.

**Seit wann gibt es eigentlich den Schneemann? Und was kann ich tun, damit er nicht immer so schnell schmilzt?**
Antwort: (697)
Die Geschichte der Schneemänner ist noch gar nicht so alt, wie man vielleicht denken mag. Die ältesten Nachweise für Figuren aus Schnee gibt es zwar schon aus dem 16. Jahrhundert, etwa bei Shakespeare. So richtig „berühmt“ wurde jedoch der Schneemann erst im 18. Jahrhundert. Im Jahr 1770 wurde der Begriff Schneemann in einem Leipziger

Kinderliedbuch zum ersten Mal genannt. In einem Kupferstich von Daniel Chodowieki wird dieser jedoch in Übergröße, von recht bedrohlicher Gestalt und mit grimmiger Miene sowie drohend erhobenem Besen gezeigt. So also sollte der Schneemann den Winter repräsentieren. Ab dem 19. Jahrhundert veränderte sich aber die Einstellung zum Winter, der nun nicht mehr ganz so bedrohlich erschien, womit auch die Schneemänner ein wesentlich freundlicheres Erscheinungsbild erhielten. Schneemänner wurden nun immer öfter als Motive für Postkarten und Bilderbücher verwendet. Damit dein Schneemann beim nächsten Bauen länger stehen bleibt, ist es wichtig, dass der Schnee noch ein wenig feucht ist und es danach noch einmal friert, damit er mehr Stabilität erhält. Du kannst auch nachhelfen, indem du ihn vorsichtig mit kaltem Wasser übergießt. Viel Glück!

### Haben eigentlich alle Tiere ein Gehirn?

Antwort: (698)

Schon einfache Tiere haben ein Gehirn, wenn auch ein kleines. Bei den Insekten ist es ungefähr so groß wie ein Staubkorn. Das Gehirn der Wirbeltiere, zu denen ja auch die Menschen gehören, verarbeitet Sinneseindrücke und koordiniert komplexe Verhaltensweisen. Der Mensch besitzt, im Verhältnis zur Körpergröße, das größte Gehirn. Forscher sind sich auch heute noch nicht darüber einig, ob die Größe des Gehirns für den Grad der Intelligenz verantwortlich ist. Die einen meinen Ja, die anderen Wissenschaftler behaupten, dass Intelligenz nicht von der Größe des Gehirns abhängig ist, sondern von der Art und Weise, wie das Gehirn Daten verarbeitet. Vom Gehirn gehen fast alle Befehle an die Organe unseres Körpers: Nicht nur das Denken und die Steuerung der Lebensvorgänge wie Essen, Trinken und Schlafen haben hier ihren Sitz, sondern auch unsere Gefühle. Da das Gehirn das aktivste Organ des Menschen ist, braucht es auch sehr viel Energie: Jede Minute strömen 1,5 Liter Blut durch das Gehirn. Wenn nur vier Minuten kein frisches, sauerstoffreiches Blut nachkommt, werden die Nervenzellen des Gehirns unwiederbringlich zerstört.

### Wie entsteht der Sand? Und wie kommt er an den Strand?

Antwort: (699)

Der Sand kommt – vereinfacht ausgedrückt – aus den Bergen. Wenn man Sand nämlich einmal genauer anschaut, stellt man fest, dass er aus vielen bunten, klein geriebenen Steinchen besteht. Aber wie entsteht aus großen Bergfelsen am Ende dieser fein geriebene Sand? Die Felsen haben oft sehr viele Risse und Sprünge, in denen sich Wasser ansammelt, das dann im Winter gefriert. Das Eis dehnt sich aus, die Risse werden immer größer. Irgendwann brechen dann Felsbrocken heraus und rollen den Berg hinunter. Auf ihrem Weg ins Tal reiben sich die Felsbrocken und Steine aneinander und verkleinern sich so allmählich. Es entstehen Kieselsteine und daraus immer kleinere Körner. Regen, Schnee und Frost setzen den Steinen ebenfalls zu. Irgendwann landen die Körner in Seen und Flüssen, die dann irgendwann einmal in das Meer münden. Auf ihrer langen Reise werden die Körner immer kleiner – Sand entsteht. Bis allerdings aus einem Felsbrocken Sandkörner werden, vergehen mehrere Millionen Jahre.

**Warum kann man mit geöffneten Augen nicht schlafen?**
Antwort: (700)
Dafür gibt es vier Gründe. Erstens: Wir müssen tagsüber ständig unsere Augen befeuchten, also blinzeln, damit sie nicht austrocknen. Würden wir Menschen mit offenen Augen schlafen, müssten wir im Schlaf weiterhin ständig blinzeln, und das wäre natürlich ziemlich lästig. Zweitens: Unsere Augen reagieren, solange wir unsere Augen offen haben, auf äußere Reize. Wenn sich etwas vor unseren Augen bewegt, müssen wir hinsehen und können nicht abschalten. Wenn wir unsere Augen schließen, schalten wir automatisch diese Reize ab. Drittens: Wir schützen unsere Augen im Schlaf vor Fremdkörpern. Wenn uns zum Beispiel ein Sandkörnchen oder ein Fussel ins Auge fliegt, schließen wir sofort unsere Lider. Dafür sorgt dann ein Reflex. Und viertens: Die Produktion des Hormons Melatonin. Wir brauchen dieses besonders im Tiefschlaf. Melatonin wird, wenn es dunkel ist, in der Netzhaut des Auges gebildet. Wenn es hell ist, wird die Ausschüttung von Melatonin unterdrückt. Licht ist einfach der größte Störreiz beim Schlafen. Wenn wir die Augen schließen, dann kann der Körper in Ruhe sein Schlafhormon produzieren.

**Wie funktioniert der Farbwechsel bei Chamäleons?**
Antwort: (701)
Chamäleons gehören zur Familie der Eidechsen, und sie sind auch nicht die einzigen, die ihre Farbe wechseln können, auch wenn es bei dieser Art besonders auffallend ist. Dieser Farbwechsel dient den Chamäleons zwar auch als Tarnung, aber in erster Linie drücken die Tiere damit ihre Stimmung aus. Wenn sie sich beispielsweise bedroht fühlen, paarungsbereit sind oder sich − genau wie wir Menschen auch − über etwas ärgern, passen sie ihre Farben der jeweiligen Stimmung und Gemütslage an. Beeinflusst wird die „Auswahl" der Farben von Tageszeit, Temperatur, vom Gesundheits-, und, wie gerade erklärt, vor allem vom Gemütszustand. Auch das Alter spielt eine Rolle. Je älter die Tiere werden, desto blasser werden die Farben. Unter der Oberhaut liegen die drei für den Farbwechsel verantwortlichen optischen Hautzellentypen (Chromatophoren) in einigen Schichten übereinander. Melanophoren, Xanthophoren (bzw. Erythrophoren) und Guanophoren. Die oberste Schicht ist für die gelben und rötlichen Farbtöne zuständig. Darunter befindet sich eine Schicht von Zellen mit schwarzen Pigmenten. Die unterste Zellschicht kann das einfallende Licht brechen und dadurch die Farbe blau erzeugen.

**Warum sieht der Planet Mars so rot aus?**
Antwort: (702)
Darüber streiten sich die Wissenschaftler bis heute. Sicher ist jedenfalls, dass die rote Farbe durch Eisenoxid − also Rost − erzeugt wird. Ungeklärt ist jedoch, woher das Eisenoxyd stammt. Die einen sind davon überzeugt, dass Wasser das Eisen aus dem Marsgestein herausgespült hat, andere Astronomen, wie der Wissenschaftler Albert Yen von der NASA, sind der Überzeugung, dass das Eisenoxid von Meteoriten und kosmischem Staub stammt, der ständig auf den Planeten niederrieselt. Yen hat außerdem nachgewiesen, dass für den Oxydationsvorgang kein Wasser notwendig ist. In einem Laborversuch simulierte er die Marsatmosphäre und bestrahlte metallisches Eisen bei

Temperaturen von minus 60 Grad Celsius mit ultraviolettem Licht. Das verblüffende Ergebnis: Eisenoxid – also Rost. Für ihn ist das Ergebnis dieses Versuchs auch Beweis dafür, dass es auf dem Mars nie Wasser in solchen Mengen gegeben hat, als bisher angenommen. Der nach dem römischen Kriegsgott Mars benannte Himmelskörper wird auch oft als der Rote Planet bezeichnet. Er zählt zu den erdähnlichen (terrestrischen) Planeten und besitzt mit einem Durchmesser von 6794 km etwa den halben Durchmesser der Erde, ein Viertel ihrer Oberfläche und ein Zehntel ihrer Masse.

**Warum muss man sich beim Weinen die Nase putzen? Und gibt es einen Tipp, wie ich beim Zwiebelschneiden das Weinen vermeiden kann?**
Antwort: (703)
Deine erste Frage lässt sich so erklären: Die Tränenflüssigkeit, die wir zur Benetzung der Hornhaut sowie zur Befeuchtung unserer Augen brauchen, wird von der Nase in den Rachen transportiert. Zwischen dem Tränenkanal und der Nase gibt es eine Verbindung, damit die (überschüssige) Tränenflüssigkeit ablaufen kann. Das funktioniert gut, solange nicht zu viel Tränenflüssigkeit anfällt – wie z. B. beim Weinen. Dabei wird mehr Tränenflüssigkeit produziert und die Nase fängt an zu laufen. Wenn wir weinen, dann läuft die Nase quasi über und du musst sie putzen. – Das Abwehrsystem der Zwiebel sorgt dafür, dass uns beim Zwiebelschneiden einfach nur zum Heulen ist. So schützt sich die Pflanze erfolgreich vor Fressfeinden wie Wühlmäusen oder Ratten. Schwefelhaltige Aminosäuren und ein Eiweißenzym bilden zusammen eine Art Reizgas. Dieses Gas verflüchtigt sich, steigt uns in die Augen und reizt die Schleimhäute – die Tränendrüsen produzieren vermehrt Flüssigkeit. Unser Tipp beim Zwiebelschneiden: Die Zwiebel vor dem Schneiden in kaltes Wasser tauchen, dadurch wird die reizende Wirkung etwas abgemildert.

**Woher kommt eigentlich der Name Nobelpreis?**
Antwort: (704)
Jedes Jahr werden am 10. Dezember insgesamt sechs Nobelpreise verliehen. Der Nobelpreis ist die höchste wissenschaftliche Auszeichnung, die es auf der Welt gibt. Es gibt die Nobelpreise für Medizin, Physik, Chemie, Wirtschaftswissenschaft und Literatur, die in der schwedischen Hauptstadt Stockholm verliehen werden und den Friedens-nobelpreis, der in der norwegischen Hauptstadt Oslo überreicht wird. Der Stifter des Nobelpreises war der Erfinder und Großindustrielle Alfred Bernhard Nobel. Er wurde am 21. Oktober 1833 geboren und er starb am 10. Dezember 1896. Nobel ließ über 300 Erfindungen patentieren, darunter seine bekannteste – das Dynamit. Er verdiente sehr viel Geld mit der Entwicklung und Herstellung des Sprengstoffes. In seinem Testament verfügte Nobel, dass mit seinem Vermögen eine Stiftung gegründet werden soll, die jedes Jahr Menschen auszeichnet, die „Gutes für die Menschheit tun". Seit dem Jahre 1901, genau fünf Jahre nach seinem Tod, werden die Nobelpreise jedes Jahr verliehen. Berühmte Nobelpreisträger sind: Marie Curie und Albert Einstein. Im Jahr 2009 wurde unter anderem dem US-amerikanischen Präsidenten Barack Obama diese große Ehre zuteil – er erhielt den Friedensnobelpreis.

**Seit wann gibt es eigentlich Blitzableiter?**
Antwort: (705)
Früher glaubten die Menschen, dass Blitze und Donner Strafpredigten Gottes seien. Die Gläubigen versuchten sich durch das Läuten von Kirchenglocken und Gebeten vor Blitzeinschlägen zu schützen. Der amerikanische Politiker und Wissenschaftler Benjamin Franklin dagegen glaubte nicht an eine göttliche Botschaft. Er war davon überzeugt, dass es für diese Naturgewalt eine wissenschaftliche Erklärung geben muss. Benjamin Franklin wollte seine Theorie mit einem lebensgefährlichen Experiment beweisen. Während eines heftigen Gewitters im Sommer 1752 ließ er einen Drachen bis hoch in die Wolken steigen, an dessen Spitze er einen Metallnagel angebracht hatte. Am unteren Ende befestigte er einen Schlüssel. Und tatsächlich, sein Versuch funktionierte. Als schließlich ein Funke aus dem Schlüssel sprang, war das für Franklin der Beweis: Blitze sind sichtbar gewordene Elektrizität. Das erfolgreiche Experiment brachte Franklin auf eine Idee: Er stellte hohe Eisenstangen neben Gebäuden auf, in die der Blitz einschlagen konnte, ohne die Häuser zu beschädigen. Das waren die ersten Blitzableiter. Aber Achtung: Bitte auf gar keinen Fall nachmachen! Dieses Experiment ist wirklich lebensgefährlich und Benjamin Franklin hatte mehr Glück als Verstand.

**Wie werden eigentlich Luftballons gemacht?**
Antwort: (706)
Luftballons werden aus Gummi gemacht. Gummi ist ein Naturprodukt, das der Gummibaum liefert. Das Geheimnis liegt unter seiner Rinde. Um an den begehrten Rohstoff zu gelangen, muss man den Gummibaum nicht absägen sondern man melkt ihn, indem man in seine Rinde schneidet. Aus der „Wunde" tropft dann eine weiße Flüssigkeit – die Gummimilch. Diese wird aufgefangen und an die Fabrik geliefert, dort in große Kessel gefüllt und mit chemischen Stoffen angereichert. Stabilisierungsmittel sorgen für die Haltbarkeit und Vulkanisierungsmittel für die Elastizität der Masse. Zum Schluss kommen noch Farbstoffe dazu, denn weiße Luftballons wären ziemlich langweilig. Wenn die Rohgummimischung lange genug verrührt worden ist, werden kegelartige Formen, die zuvor in Salzwasser gebadet wurden, darin eingetaucht und langsam durch den Kessel gezogen. Der Rohgummi legt sich in einem dünnen Film über die Formen. Nun wird mit Hilfe von Bürsten der Rand etwa zwei Zentimeter nach unten gerollt – man nennt diesen Vorgang „Rändern". Danach kommen die Formen in einen heißen Ofen zum Vulkanisieren, damit die Luftballons elastisch und reißfest werden. Zum Schluss wird die dünne Gummischicht mit Druckluft von der Form gepustet. Fertig

**Warum darf man Batterien nicht in den Hausmüll werfen?**
Antwort: (707)
Die meisten Batterien enthalten neben Zink – das ist ein Metall – auch sehr giftige Inhaltsstoffe wie Blei, Cadmium und Quecksilber. Wenn die Batterien über den Haushalt entsorgt werden, gelangen die Giftstoffe wieder in die Umwelt. Deshalb müssen die Hersteller von Batterien alte und leere Batterien kostenlos zurücknehmen und sie umweltfreundlich recyceln, also die schädlichen Teile umweltgerecht entsorgen und die brauchbaren Teile wieder verwerten. In jedem Supermarkt stehen deshalb spezielle

Kartons, in die man die gebrauchten Batterien werfen kann. Wenn die Behälter voll sind, werden sie abgeholt und in Recyclingfirmen gebracht, die auf die Wiederverwertung von Altbatterien spezialisiert sind. Zuerst werden die Batterien mehrmals nach Größe, Gewicht und Inhaltsstoffen sortiert. Das geschieht teils mechanisch, teils mit der Hand, aber auch mit speziellen Lesegeräten, bis nur noch Zink-Kohle-Batterien übrig bleiben, die dann eingeschmolzen werden. Bei diesem Vorgang entsteht Schlacke, die nach dem Abkühlen auf den Müll kommt. Übrig bleibt flüssiges Zink, das in Formen abkühlen muss. Das Zink kann jetzt in der Industrie wieder verwendet werden, z. B. zur Herstellung von Dachrinnen, Messing, Tabletten, Salben, Sonnenschutzcremes und natürlich Batterien.

**Gibt es auch Menschen, die ihr Herz auf der rechten Seite haben?**
Antwort: (708)
Man glaubt es kaum, aber diese Laune der Natur gibt es tatsächlich. Normalerweise befindet sich das Herz in der linken und die Leber in der rechten Körperhälfte. Bei manchen Menschen ist das aber genau umgekehrt. Das Herz sitzt rechts und die Leber links. Dieses Phänomen nennen die Wissenschaftler „situs inversus", also umgedrehte Lage oder Seite. Warum das so ist, können die Forscher noch nicht erklären. Es gibt allerdings eine gängige Theorie, die erklärt, wie die Organe an eine bestimme Seite des Körpers kommen. Das geschieht ganz am Anfang der Schwangerschaft, während der frühen Embryonalentwicklung. Einige Zellen sind mit winzig kleinen Härchen versehen, mit deren Hilfe sie sich bevorzugt zu einer bestimmten Richtung drehen. In Deutschland wird etwa einer von 20 000 Säuglingen mit spiegelverkehrter Organanordnung geboren. Das ist eigentlich gar nicht so wenig, oder? Und da gibt es noch die Redewendung „Das Herz auf dem rechten Fleck haben", also gutmütig, hilfsbereit und freundlich zu sein. Aber was ist mit den Menschen, deren Herz sich am linken Fleck befindet? Natürlich sind sie deswegen keine schlechten Menschen. Die Redewendung hat nichts mit links oder rechts zu tun, sondern rechts kommt in diesem Fall ganz einfach von richtig, egal ob rechts oder links.

**Warum haben Menschen eigentlich zwei Augen?**
Antwort: (709)
Vieles in und an unserem Körper gibt es im Doppelpack: Arme, Beine, Ohren und eben auch die Augen. Das macht Sinn, denn mit einem Arm könnten wir nicht wirklich viel machen, mit nur einem Bein könnten wir nicht gehen und mit nur einem Ohr könnten wir zwar Geräusche wahrnehmen, aber nicht erkennen, aus welcher Richtung sie kommen. Genauso verhält es sich mit unseren Augen. Mit einem Auge kann man zwar alles sehen, aber keine Entfernungen abschätzen. Das räumliche Sehen mit nur einem Auge ist deshalb nicht möglich. Das liegt daran, dass jedes Auge dem Gehirn ein leicht verändertes Bild liefert. Unser Gehirn verarbeitet beide Sichtweisen und erzeugt dadurch ein einziges räumliches Bild. Ein einfacher Versuch macht das deutlich: Schließt ein Auge, haltet euren Arm vom Körper weg und „markiert" mit eurem Daumen einen bestimmten Gegenstand. Haltet den Daumen in dieser Position und macht nun das

Gleiche mit dem anderen Auge. Ihr werdet feststellen, dass jedes Auge den ausgewählten Gegenstand in einer unterschiedlichen Position wahrnimmt.

**Wie können Fliegen auf Glasscheiben herumkrabbeln, ohne runterzufallen?**
Antwort: (710)
Der Grund dafür ist eine physikalische Kraft, die man Adhäsionskraft nennt. Adhäsion kommt aus dem Lateinischen und bedeutet: das Aneinanderhaften von Stoffen und Körpern. An ihren sechs Beinen besitzt die Fliege Haftläppchen und Haenthärchen. Dort wird auch eine Flüssigkeit abgesondert, welche die Fliegenbeinchen mit der Glasoberfläche verbinden und der Fliege Halt geben. Wasser besteht nämlich aus Wassermolekülen und Glas aus Glasmolekülen. Durch die Adhäsionskraft ziehen sich beide Moleküle an und sorgen so für Haftung. Das kann man auch ganz einfach in einem kleinen Experiment selber ausprobieren. Füllt ein Glas randvoll mit Wasser und legt eine Postkarte so darauf, dass nur eine Seite über den Rand ragt. Dann legt eine Münze auf den überstehenden Teil der Karte. Ohne Wasser würde die Karte durch das Gewicht der Münze herunterfallen. Nicht aber in diesem Fall. Auch hier sorgt nämlich die Adhäsionskraft dafür, dass die Postkarte auf der Wasseroberfläche „klebt" und dadurch die Münze nicht runterfällt.

**Woraus gewinnt man eigentlich Vanille?**
Antwort: (711)
Die Vanilleschote ist die Frucht eines Orchideengewächses, das ursprünglich in Mexiko beheimatet war. Die Azteken und Inkas verwendeten das wohlschmeckende Aroma der Vanille bereits vor über 500 Jahren zum Verfeinern von Kakao und Schokolade. Die Ureinwohner Mexikos nannten das aromatische Gewürz „Tlilxochit" – schwarze Blume. Wegen der schwierigen Aussprache gaben ihm die Spanier jedoch den Namen „Vainilla", was „kleine Schote" bedeutet. Vanille wird in Plantagen angebaut und geübte Arbeiterinnen bestäuben die Blüten in mühseliger Handarbeit. Das ist deswegen so schwierig, weil die Blüten nur an einem einzigen Tag im Jahr für wenige Stunden aufblühen. Vanille wird deswegen nicht umsonst die „Königin der Nacht" genannt. Auch die Verarbeitung nach der Ernte ist äußerst aufwendig und nimmt viel Zeit und Sorgfalt in Anspruch. Das erklärt dann auch, warum Vanille, nach Safran, eines der teuersten Gewürze der Welt ist.

**Wie kann man eigentlich afrikanische Elefanten von ihren indischen Verwandten unterscheiden?**
Antwort: (712)
Afrikanische Elefanten werden etwa einen Meter größer als ihre asiatischen Verwandten. Auch die Stoßzähne sind viel größer. Sie wachsen das ganze Elefantenleben lang, deshalb haben auch die ältesten Elefanten die größten Stoßzähne. Bei einem alten afrikanischen Elefantenmännchen können sie bis zu dreieinhalb Meter lang und 120 Kilogramm schwer werden. Auch in der Größe der Ohren unterscheiden sich beide wesentlich, wobei die Ohren des afrikanischen Vertreters ebenfalls größer als die des indischen sind. Die riesigen Ohren dienen den Dickhäutern hauptsächlich zur Abkühlung. Ein weiteres

Unterscheidungsmerkmal ist die Spitze des Rüssels. Der Rüssel des afrikanischen Elefanten besitzt zwei biegsame Lippen, die des asiatischen dagegen nur eine. Der Rüssel dient beiden zur Nahrungs- und Wasseraufnahme. Er leistet aber auch gute Dienste bei der Körperpflege. Die Elefanten beider Kontinente saugen damit Wasser und Staub ein und bespritzen damit ihren Körper. Ebenso gerne suhlen sie sich in Schlammlöchern. Die getrocknete Schlammkruste schützt die empfindliche Haut der grauen Riesen vor Sonnenbrand und lästigen Mücken.

**Warum heilen Wunden, wenn man sich schneidet oder auf die Knie fällt?**
Antwort: (713)
Kleinere Blessuren wie Schürfwunden, Schnitte oder Risse kann der Körper von ganz alleine heilen. Bei größeren Verletzungen muss manchmal der Arzt nachhelfen und die Wunden nähen oder klammern. Der Heilungsprozess ist aber immer der gleiche. Der Schmerz alarmiert das Gehirn und meldet, dass etwas nicht stimmt. Daraufhin „kümmert" sich das Gehirn um alle notwendigen Schritte. Gerinnungsstoffe in unserem Blut sorgen dafür, dass die Wunde aufhört, zu bluten. Hautzellen bilden eine Art Schorf, der die Wunde erst einmal vor Verunreinigungen schützt. Unter dem Schutz dieser Kruste kümmern sich die weißen Blutkörperchen darum, dass Keime in der Wunde vernichtet werden und keine Entzündung entstehen kann. Sogenannte Granulationszellen haben die Aufgabe, das zerstörte Gewebe zu ersetzen, indem sie sich so lange teilen, bis die Wunde von innen nach außen verheilt ist. Wenn die Wunde irgendwann anfängt zu jucken, dann heißt das, dass der Heilungsprozess abgeschlossen ist und die schützende Kruste nicht mehr benötigt wird.

**Warum ist der Himmel am Morgen und am Abend manchmal rot?**
Antwort: (714)
Die blaue Farbe des Himmels, die weißen Wolken und auch das Abend- sowie das Morgenrot haben etwas mit der Wellenlänge von Licht zu tun. Das Licht der Sonne erscheint uns zwar gelblich-weiß, doch setzt es sich aus allen Farben des Regenbogens zusammen – von Violett über Blau, Grün, Gelb, Orange bis hin zu Rot. Jede dieser Farben hat eine bestimmte Wellenlänge. Diese Wellenlänge ist bei Blau am kürzesten, bei Rot am längsten. Auf dem Weg durch die Atmosphäre stößt das Licht mit Gasmolekülen zusammen und ändert dabei seine Richtung. In der Atmosphäre wird Licht nun um so stärker gestreut, je kleiner seine Wellenlänge ist. Blaues Licht wird daher stärker gestreut als rotes. Bei hohem Sonnenstand ist der Weg des Sonnenlichts durch die Atmosphäre recht kurz, es wird dabei hauptsächlich Blau gestreut, so dass uns der Himmel am Tag blau erscheint. Bei tiefem Sonnenstand ist der Weg des Lichts durch die Atmosphäre weit länger. Durch die Streuung vermindert sich der Blauanteil so stark, dass das Rot überhand nimmt. Daher ist der wolkenfreie Himmel tagsüber blau, und der Sonnenaufgang (Morgenrot) bzw. Sonnenuntergang (Abendrot) rot.

**Was versteht man eigentlich unter Bionik?**

Antwort: (715)

Bionik ist eine Technik, die sich an den Vorbildern der Natur orientiert. Der Begriff setzt sich aus den Wörtern Biologie und Technik zusammen. Biologische und chemische Vorgänge im Tier- und Pflanzenreich nutzt der Mensch, um neue Technologien und nützliche Produkte zu entwickeln. Das bekannteste Beispiel für Bionik ist die Nutzung des sogenannten Lotos-Effekts. An den Blättern der Lotosblume perlt Regenwasser einfach ab. Dieses Naturphänomen wird für schmutzabweisende Lacke und Farben verwendet. Aufgrund der Klebekraft von Geckofüßen haben Forscher beispielsweise einen neuen Klebstoff entwickelt und die Hautstruktur von Haifischen diente als Modell für die Treibstoff sparende Beschichtung von Flugzeugen. Auch der Klettverschluss wurde nach Vorbildern in der Natur entwickelt. Nach dem Haftprinzip der pflanzlichen Klette werden noch heute Verschlüsse für Schuhe, Taschen etc. hergestellt.

**Warum sind die Pizza-Schachteln eckig und nicht rund?**

Antwort: (716)

Das liegt hauptsächlich am Produktionsverfahren. Die Schachteln werden nämlich als flache geliefert und dann in den Pizzerien von Hand gefaltet. Einen runden Karton zu falten, wäre relativ schwierig. Für größere Pizzen gibt es aber auch achteckige Schachteln, die allerdings etwas mehr Arbeit beim Falten machen. Eckige Kartons gibt es übrigens auch für Torten. Natürlich aus demselben Grund. Zwei weitere Gründe, die für die eckige Form sprechen: Die viereckigen Schachteln eignen sich viel besser zum Verstauen, und billiger in der Produktion als runde Schachteln sind sie obendrein. Übrigens: Die erste Pizza, wie wir sie heute kennen, wurde 1889 in Neapel gebacken. Der Belag war in den italienischen Nationalfarben gehalten und bestand aus grünem Basilikum, weißem Mozzarella und roten Tomaten. Durch italienische Auswanderer verbreitete sich die Pizza gegen Ende des 19. Jahrhunderts auch in den USA. Nach dem Zweiten Weltkrieg wurde die Pizza auch in Europa bekannt und beliebt.

**Was bedeuten die Buchstaben C+M+B, die auf vielen Eingangstüren stehen?**

Antwort: (717)

Diese drei Buchstaben haben etwas mit dem Feiertag *Heilig Drei König* am 6. Januar zu tun. An diesem und an den Tagen davor gehen sogenannte Sternsinger von Haus zu Haus, schwenken Weihrauch, singen etwas oder tragen ein Gedicht vor und zum Schluss schreiben sie mit Kreide diese Buchstaben sowie die Jahreszahl an die Haustüre. Sternsinger sind meistens Kinder oder Jugendliche, welche die Heiligen Drei Könige verkörpern, die nach der Geburt von Jesus nach Bethlehem gekommen sind, um das Kind zu bewundern und ihm Geschenke zu bringen. Die drei heißen Caspar, Melchior und Balthasar und im übrigen waren sie gar keine Heiligen. In der Bibel ist nur die Rede von Magiern, die dem Jesuskind huldigten. Erst später machte man aus ihnen Könige, die durch ihre unterschiedlichen Hautfarben die ganze Menschheit repräsentieren sollten. Auch wenn die Namen der Könige mit den Buchstaben C+M+B beginnen, haben sie nichts damit zu tun. Die drei Buchstaben stehen für den lateinischen Satz „**c**hristus **m**ansionem **b**enedicat", was übersetzt heißt: Christus segne dieses Haus.

**Was genau ist eigentlich eine DNS?**
Antwort: (718)
DNS ist die Abkürzung für ein langes und kompliziertes Wort: Desoxyribonukleinsäure (die Abkürzung für die englische Bezeichnung lautet DANN, ist aber das Gleiche.) DNS ist ein Molekül, das aussieht wie eine sehr lange Doppelspirale und in jeder Zelle enthalten ist. Sie besteht aus langen Ketten von Zuckern und Phosphaten, die durch Paare chemischer Basen miteinander verbunden sind. Die Anordnung, in der diese Basen auftreten, bestimmt in Codeform die Anleitung für alle Zellaktivitäten und für den Lebensplan des gesamten Organismus. Diese Zellinformation ist bei jedem Menschen anders, genauso wie der Fingerabdruck. Man spricht deshalb auch vom genetischen Fingerabdruck. Die DNA-Analyse findet Verwendung bei Vaterschaftsbestimmungen und in der Verbrechensaufklärung. Dabei genügen winzige menschliche Zellen aus Haaren, Hautschuppen oder Speichel, um die DNA daraus zu isolieren und sie dann eindeutig einer bestimmten Person zuzuordnen.

**Gibt es eigentlich auch eine Frau auf Ampeln zu sehen?**
Antwort: (719)
Ja, das gibt es allerdings noch nicht allzu lange. Und auch nicht überall. Ende November 2004 wurde in Zwickau (Sachsen) die erste Fußgängerampel eingeführt, bei der ein Mädchen zu sehen ist. Dieses trägt ein Kleidchen und hat zwei Zöpfe. Bei Rot breitet es die Arme aus und bei Grün läuft die Kleine über die Straße. In immer mehr deutschen Städten erobern Ampelmädchen den Verkehr. In Dresden wurde 2005 die erste Ampel mit Ampelmädchen außerhalb Zwickaus aufgebaut. Und Köln lässt seit März 2009 die Ampelfrauen leuchten. Ein Grund für die weiblichen Figuren ist natürlich die Gleichberechtigung. Der zweite Grund ist die im Vergleich zum Ampelmännchen vergrößerte Leuchtfläche aufgrund des oberflächengrößeren Rocks. Es gibt weltweit die verschiedensten Ampeln. In Belgien gibt es zum Beispiel eine Fußgängerampel mit einem Ampelmännchen. In China weisen Zahlen darauf hin, wie viel Zeit noch zum Überqueren der Straße bleibt.

**Stimmt es eigentlich wirklich, dass man am Morgen größer als am Abend ist?**
Antwort: (720)
Klingt komisch, stimmt aber tatsächlich. Das liegt ganz einfach an dem physikalischen Gesetz der Schwerkraft, also der Kraft, die alles, was ein Gewicht hat, nach unten Richtung Erde zieht. Unser Körper wird durch unser Skelett gestützt. Vor allem die Wirbelsäule sorgt dafür, dass wir aufrecht gehen können und nicht wie ein nasser Sack zusammenfallen. In der Wirbelsäule gibt es die elastischen Bandscheiben. Die kannst du dir wie kleine Schwämmchen vorstellen. Sie sorgen dafür, dass wir uns bücken, strecken und den Oberkörper drehen können. Ohne sie wären wir steif und unbeweglich. Wenn wir in der Nacht liegen, saugen sich die Bandscheiben mit Flüssigkeit voll. Tagsüber, wenn wir sitzen, stehen oder gehen, werden die Bandscheiben durch die Schwerkraft und unser Gewicht zusammengedrückt, und es wird durch die Belastung und den Druck Flüssigkeit abgegeben. Ergebnis: Die Wirbelsäule wird zusammengedrückt und dadurch

kürzer. Probiert es mal selbst aus. Messt euch am Morgen und am Abend, und ihr werdet sehen, dass sich eure Körpergröße um ein bis zwei Zentimeter verändert hat.

**Wieso bringt es Glück, wenn sich Liebespaare unter einem Mistelzweig küssen?**
Antwort: (721)
Dieser Brauch ist schon sehr alt, denn er stammt aus der Zeit der nordischen Göttersagen. Die germanische Liebesgöttin Frigga bangte einst um ihren Sohn Balder, als der böse Gott Loki Frigga androhte, ihr Kind zu töten. Sie beschwor alle Tiere und Pflanzen, ihrem Sohn keinen Schaden zuzufügen. Doch leider vergaß sie eine einzige Pflanze, die Mistel. Aus ihrem Holz fertigte Loki einen Pfeil, mit dem er Balder tötete. Die Legende besagt, dass sich aus den Tränen Friggas die weißen Mistelbeeren gebildet hätten. Als es ihr jedoch nach drei Tagen gelang, ihren geliebten Sohn wieder ins Leben zurückzuholen, war sie darüber so glücklich, dass sie jeden, der unter den Mistelzweigen hindurchging, küsste. Die Misteln mussten ihr versprechen, von nun an niemandem mehr Schaden zuzufügen, sondern jedem, der unter ihnen stand, einen Kuss als Zeichen der Liebe zu schenken. Seitdem glauben die Menschen, dass es Glück bringt, wenn sich zwei Liebende in der Weihnachtszeit unter dem Mistelzweig, der meistens oben am Türrahmen angebracht ist, küssen.

**Was sind eigentlich Druiden?**
Antwort: (722)
Druiden waren keltische Priester und Gelehrte. Sie zählten bei ihren Stämmen zu den angesehensten und wichtigsten Personen, da sie nicht nur Priester, sondern auch Wahrsager, Heiler und Propheten waren. Druiden waren sehr kluge und weise Männer, die ihr Wissen stets nur an ausgewählte Nachfolger weitergaben. So eine „Druiden-Lehre" dauerte oft viele, viele Jahre. Da die Kelten keine Schrift in unserem Sinne kannten, mussten sich die Druiden alles merken. Die Druiden wurden in den großen Geheimnissen unterrichtet, die nur für eingeweihte Ohren bestimmt waren: die Kräfte der Natur, die Macht des Übersinnlichen, die Gesetze des Sternenhimmels und vieles mehr. Alles lernten sie auswendig und konnten es jederzeit fehlerfrei wiedergeben. Die Druiden waren also auch so etwas wie das Gedächtnis der Kelten, ihr Lexikon in allen Fragen des Lebens. Leider schrieben sie nichts auf und deswegen wissen wir nur wenig über ihre Geheimnisse.

**Hat es Graf Dracula eigentlich wirklich gegeben?**
Antwort: (723)
Den Grafen Dracula, den blutrünstigen Vampir, den du wahrscheinlich meinst, den hat es nie wirklich gegeben. Er ist lediglich eine Romanfigur des irischen Schriftstellers Bram Stoker. In vielen Verfilmungen dieses Romans ist Graf Dracula ein Untoter, der seit vierhundert Jahren in einem unheimlichen Schloss in Transsylvanien sein Unwesen treibt, sich in der Nacht vom Blut unschuldiger Opfer ernährt und tagsüber in einem Sarg schläft. Der Vampir Dracula liebt die Dunkelheit, hasst Knoblauch, Weihwasser und Kreuze und kann nur vernichtet werden, indem man ihm einen hölzernen Pflock ins Herz stößt. So viel zur Romanfigur. In Wirklichkeit lebte vor 500 Jahren in Transsylva-

nien/Rumänien aber tatsächlich ein grausamer und blutrünstiger Fürst mit einem ähnlichen Namen: Fürst Vladislav III. Dieser rumänische Herrscher erhielt den Beinamen Dracula, was so viel heißt wie „kleiner Teufel", weil er seine Gefangenen und Feinde bestialisch quälte und tötete.

### Was ist eigentlich Bleigießen?

Antwort: (724)

Bleigießen ist ein Brauchtum. In erster Linie soll dazu die Zukunft des Bleigießers vorausgesagt werden. Bleigießen war auch schon bei den alten Römern verbreitet. Noch heute machen manche auf Silvesterpartys sich den Spaß, Blei in einem Löffel über einer brennenden Kerze zu schmelzen. Wegen der niedrigen Schmelztemperatur von Blei dauert das Ganze nicht lange. Das geschmolzene Blei wird dann in ein Gefäß mit kaltem Wasser gegossen, in dem es sich sehr schnell wieder verhärtet. Die sich bildenden Figuren werden als Orakel angesehen, aus denen sich dann zukünftige Ereignisse im neuen Jahr ablesen lassen. Oft wird die Bleifigur in das brennende Kerzenlicht gehalten. Die Form des Schattens dient dabei als Hilfe für die Deutung der Figur und des Orakels. Ein Herz zum Beispiel bedeutet sich verlieben; Blumen eine neue Freundschaft und ein Ball, dass Glück heranrollt. Aber nicht alle Figuren verheißen Gutes. Ein Beil zum Beispiel bedeutet Enttäuschung in der Liebe. Dennoch darf nicht vergessen werden, dass Blei gefährlich ist. Beim Schmelzen entstehen nämlich giftige Bleidämpfe. Als Alternative kann Wachs genommen werden. Vorsicht ist hier natürlich auch geboten.

### Warum sind Schnecken immer so schleimig?

Antwort: (725)

Schnecken sind Weichtiere, denn sie besitzen keine Knochen, Sehnen oder Gelenke und schon gar keine Beine. Dafür besteht ihr Körper aus vielen Muskeln. Durch abwechselndes Zusammenziehen und Entspannen können sich die Tiere langsam fortbewegen. Damit sie sich dabei nicht an Steinen oder Ästen verletzen, bilden Schnecken einen eigenen „Straßenbelag". Dafür produzieren sie eine Art Gleitmittel, den Schneckenschleim. Die Produktion des Schleims ist für den Schneckenkörper sehr anstrengend, deswegen bewegen sie sich auch so langsam und gehen sehr sparsam mit der wertvollen Flüssigkeit um. Der glibberige Hautschutz hilft den Schnecken aber nicht nur bei der Fortbewegung; er dient auch dem Schutz vor Krankheiten. Das antibakterielle Gel besteht aus großen Zuckermolekülen, die mit Eiweißstoffen verbunden sind. Weil der Schleim sehr zäh ist und manchmal auch scheußlich schmeckt, verzichten die meisten Tiere darauf, die Schnecken zu fressen. Ihre Schnäbel könnten sonst leicht zusammenkleben. Schnecken bewegen sich nur, wenn es feucht genug ist, denn zur Schleimproduktion benötigen sie Wasser. Trockene Zeiten überstehen sie in der feuchten Erde oder im schattigen Schneckenhaus.

### Was ist eigentlich ein Tiefenrausch?

Antwort: (726)

Dieser Rauschzustand hat ganz und gar nichts mit Alkoholmissbrauch zu tun. Vielmehr handelt es sich dabei um eine lebensgefährliche Krankheit, die Taucher bekommen können, wenn sie tiefer als 30 Meter tauchen. In ihren Tauchflaschen befindet sich nämlich Atemluft, die neben Sauerstoff auch Stickstoff enthalten. Durch den erhöhten Druck, der unter Wasser herrscht, kann es passieren, dass die Taucher manchmal auch Stickstoff einatmen. Die Folge ist eine Stickstoffvergiftung, welche die Wahrnehmung der Taucher beeinflusst. Sie sind dann ganz euphorisch und befinden sich in einer Art Rauschzustand. Das Gehirn arbeitet nicht mehr so, wie es soll und die Taucher fühlen sich wie magisch vom Meeresgrund angezogen. Taucher im Tiefenrausch können ihr Verhalten nicht mehr kontrollieren und geraten dadurch in große Lebensgefahr. Deshalb sollten Taucher niemals alleine tauchen gehen, damit sie im Notfall ihrem Tauchpartner beim Auftauchen helfen können.

**Was ist der Unterschied zwischen einem Asteroiden und einem Meteoriten?**
Antwort: (727)
Neben unserer Sonne und verschiedenen Planeten tummeln sich auch noch andere Himmelskörper wie Asteroiden, Meteoriten und Kometen in unserem Sonnensystem. Das sind eigentlich nichts anderes als große und kleine Gesteinsbrocken. Da gibt es Asteroiden, die gerade einmal 30 Meter lang sind und andere, die eine Größe von mehreren hundert Kilometern haben können. Der Unterschied zwischen Meteoriten und Asteroiden besteht hauptsächlich darin, dass Meteoriten auf Kollisionskurs mit der Erde sind, während Asteroiden die Sonne umkreisen. Die meisten Meteoriten, die auf dem Weg Richtung Erde sind, verglühen allerdings beim Eintritt in die Erdatmosphäre. Durch Reibung an der Luft verbrennen die Gesteinsbrocken. Den dabei für uns sichtbaren Lichtstrahl nennen wir Sternschnuppen. Wenn du also mal das Glück hast, eine zu entdecken, weißt du sofort, dass das nur ein verglühter Meteor sein kann.

**Was sind eigentlich Elmsfeuer?**
Antwort: (728)
Elmsfeuer sind so etwas Ähnliches wie schwache Blitze. Sie entstehen vor oder während eines Gewitters, wenn die Luft sehr stark elektrisch aufgeladen ist. Diese seltenen Leuchterscheinungen treten ausschließlich an hochgelegenen Stellen wie Kirchturm-spitzen, Schiffsmasten oder Flugzeugen auf. Elmsfeuer leuchten blau oder bläulich weiß und können durchaus minutenlang zu sehen sein. Im Unterschied zu einem richtigen Blitz wird die Flamme dieses Leuchtphänomens nicht heiß, und sie verbrennt auch nichts. Der Name Elmsfeuer ist abgeleitet von St. Elmo, einem italienischen Heiligen, der in alten Zeiten als Schutzpatron der Besatzungen von Segelschiffen galt. Ihn riefen die Seefahrer um Hilfe an, wenn sie in stürmische See geraten sind und um ihr Leben bangen mussten. Wenn das Elmsfeuer erschien, waren sich die Seeleute sicher, dass St. Elmo ihre Gebete erhört hatte und der Höhepunkt des Gewitters überschritten war.

**Was ist eigentlich eine Delfinschule?**
Antwort: (729)
Delfine sind sehr gesellige und soziale Tiere, deshalb treten sie nie einzeln, sondern immer in Gruppen von manchmal bis zu 100 Tieren auf. Man spricht dann nicht von einer Herde oder einem Rudel, sondern von einer Schule. Die äußerst intelligenten

Meeressäuger machen fast alles gemeinsam. Sie gehen als Gruppe auf die Jagd, spielen gerne miteinander und sie helfen sich gegenseitig, wenn einer ihrer Artgenossen krank oder verletzt ist. In der Gruppe können sie sich auch besser gegen ihren Feind, den Schwertwal verteidigen. Das Motto der Delfine lautet also: Gemeinsam sind wir stark. Mit Vorliebe begleiten sie Schiffe und springen übermütig vor dem Schiffsbug aus dem Wasser heraus. Dabei können sie schon mal Geschwindigkeiten von 25 bis 80 Kilometer pro Stunde erreichen.

**Ist der Dodo eine Fabelfigur oder gibt es ihn wirklich?**
Antwort: (730)
Der Dodo (ein etwa ein Meter großer, flugunfähiger Vogel, der nur auf den Inseln Mauritius und Réunion im Indischen Ozean vorkam) ist leider bereits ausgestorben. Der vermutlich letzte Dodo wurde angeblich von einem spanischen Conquistador im Jahre 1681 erschlagen – zumindest berichtete der Engländer Benjamin Harry in diesem Jahr zum letzten Mal von einem Dodo auf Mauritius. Die neueste Forschung geht davon aus, dass das Tier um 1690 ausstarb. Hauptgrund für die Ausrottung der Art dürften eingeschleppte Ratten sowie eingebürgerte und verwilderte Haustiere gewesen sein, und hier vor allem Schweine und Affen, welche die Gelege des bodenbrütenden Vogels zerstörten. Da der Dodo ursprünglich keine Feinde besaß, verfügte er über kein Fluch- oder Verteidigungsverhalten. Die Furchtlosigkeit des Dodos vor dem Menschen, zusammen mit seiner Flugunfähigkeit, machten ihn zu einer leichten Beute für den Menschen.

**Was ist eigentlich eine Rote Liste?**
Antwort: (731)
Diese Liste gibt Auskunft darüber, welche Tierarten gefährdet oder sogar vom Aussterben bedroht sind. Bereits im Jahre 1850 haben Zoologen und Biologen erkannt, dass manche Tiere in bestimmten Gebieten immer seltener geworden sind. Um zu verhindern, dass diese gefährdeten Tierarten irgendwann ganz aussterben, haben Wissenschaftler und Naturschützer seitdem damit begonnen, die Tiere regelmäßig zu zählen. Wenn man dann feststellt, dass es von einer Tierart nicht mehr so viele Exemplare gibt, weiß man, dass man Maßnahmen zum Schutz dieser gefährdeten Art ergreifen muss, damit sie nicht ausstirbt. Etwa 450 Fachleute (Vogelkundler, Umweltforscher, Zoologen, Biologen etc.) arbeiten für die ständige Aktualisierung der Roten Liste, die in Abständen von zehn bis zwölf Jahren immer wieder erneuert wird. Wenn es diese Fachleute und die Rote Liste nicht gäbe, würden wir gar nicht bemerken, dass viele Tiere stark bedroht sind. Erst wenn man das weiß, kann man die Ursachen erforschen und etwas gegen das Artensterben tun.

**Beißen Wespen oder stechen sie auch?**
Antwort: (732)
Sie stechen. Die Idee, dass sie beißen, kommt wohl daher, dass man die gefräßigen Tiere manchmal richtig „knabbern" hören kann. Zum Beispiel am Zwetschgendatschi. Allerdings sind „unsere" Wespen keine Fleischfresser. Sie ernähren sich hauptsächlich

von Nektar, Pollen und Pflanzensaft. Wenn sich Wespen bedroht fühlen, stechen sie – im Gegensatz zur Biene sogar mehrfach! Und zusätzlich kann eine Wespe sogar beim Stechen Gift einspritzen. Unter dem Mikroskop betrachtet, ist der Wespenstachel ein richtiges kleines Kunstwerk der Natur. Er besteht aus drei Längsstellen, die beim Stich blitzartig gegeneinander verschoben werden, und hat Widerhaken wie eine Harpune. Damit arbeitet sich der Stachel regelrecht in die Haut hinein. Übrigens: Auch der Stachel einer toten Wespe ist noch gefährlich, zum Beispiel, wenn man darauf tretet.

**Stimmt es, dass die Wikinger Amerika entdeckt haben?**
Antwort: (733)
Na ja, offiziell gilt immer noch Christoph Kolumbus als Amerika-Entdecker, als er 1492 von Spanien aus immer nach Westen segelte und auf den Kontinent stieß, den er allerdings für Indien hielt. In der Tat gibt es aber Hinweise, dass sehr viele hundert Jahre vor den Spaniern bereits andere „Profi"-Entdecker dort waren: Der Aktionsradius der Wikinger reichte offenbar vom heutigen New York über Bagdad bis China, von Grönland bis Nordafrika und von der Küste der iberischen Estremadura bis zur Wolga! Der Wikinger Bjarne Herjolfsson geriet 985 mit einigen Schiffen vor Grönland in einen Sturm und wurde weit nach Westen abgetrieben. Er berichtete später von einem neuen Land (vermutlich die Küste von Labrador in Kanada), das er dort gesehen habe. Sieben Jahre später versuchte der Wikinger Leif Eriksson, dieses Land wiederzufinden. An der Küste von Neufundland landete der „rote Leif", wie er genannt wurde, mit 35 Männern und nannte dieses neue Land „Vinland". Erst 500 Jahre später kam Kolumbus.

**Warum wurden im Mittelalter eigentlich die Hexen verbrannt?**
Antwort: (734)
Hexenverfolgungen gab es im Gegensatz zur allgemeinen Auffassung nicht nur im Mittelalter, sondern bereits im Altertum oder auch bei den alten Germanen. Die Vorstellung einer vom Teufel geleiteten Verschwörung gegen das Christentum, um durch Magie und Zauber Schaden und Tod über Mensch und Vieh zu bringen, war dafür die Grundlage. Die meisten der etwa 40 000 bis 60 000 Opfer waren Frauen, aber sogar Kinder wurden angeklagt. Die Frage nach dem Warum ist allerdings schwierig zu beantworten: Es müssen weit verbreitete Ängste und Hysterien gewesen sein, die dahintersteckten. Vor allem alleinlebende, alte und schwache Frauen wurden Opfer. Bestimmt gab es auch persönliche Gründe wie Neid, Eifersucht oder Ähnliches, um jemanden als Hexe zu denunzieren (anzuzeigen), doch auch der weitverbreitete Aberglaube an die Macht der Hexen und die Angst vor ihnen darf nicht unterschätzt werden.

**Was haben die Prätoren bei den alten Römern gemacht?**
Antwort: (735)
Ein Prätor hatte eines der höheren Ämter in Rom inne. Prätoren wurden vom Volk für ein Jahr gewählt. In der Königszeit war der Prätor das höchste Amt unter dem König. In der Republik war es das zweithöchste Amt, der Konsul kam noch vor dem Prätor. Ab dem Jahr 367 v. Chr. war es die Aufgabe der Prätoren, den Konsuln die Aufgaben des

Gerichts abzunehmen. Somit waren die Prätoren die höchsten Richter des Staates und die Prätur daher ein begehrtes Amt. Mit der römischen Expansion wurde die Zahl der Prätoren erhöht, da man auch über die Provinzen eine richterliche Aufsicht benötigte, in der Zeit waren sechzehn Prätoren aktiv. Ein Prätor war dazu berechtigt, die Konsuln, etwa im Kriegsfall, zu vertreten und die Obergewalt des Staates zu übernehmen. Auf die Amtszeit als Prätor folgte oft eine Stadthalterschaft als Proprätor in einer der Provinzen. Unter Gaius Julius Cäsar und der Kaiserzeit stieg die Zahl der Prätoren noch weiter an. Allerdings verloren die Prätoren ihre Funktion in der Rechtsprechung zunehmend an den römischen Kaiser.

### Wer hat bei den Olympischen Spielen die meisten Medaillen gewonnen?
Antwort: (736)
Das kommt darauf an, ob man Länder oder Einzelpersonen meint. Medaillen wurden schon in Athen 1896 vergeben, allerdings in Silber für den Sieger und in Bronze für den Zweiten. Für den dritten Platz gab's noch nichts. Im ewigen Medaillenspiegel des Olympischen Komitees wurden bisher (2010) 16 066 vergebene Medaillen bei 46 Olympischen Spielen verzeichnet. Die verteilen sich auf 127 verschiedene Mannschaften. Platz 1 halten dabei die Vereinigten Staaten von Amerika mit 1019 mal Gold, 825 mal Silber, und 711 mal Bronze, macht zusammen 2555 Medaillen. Auf Platz zwei folgt Russland mit insgesamt 1754 Medaillen und dann schon als dritte Nation Deutschland mit 1619 Auszeichnungen. Bei Einzelathleten liegt Schwimmer Michael Phelbs (USA) vorn: Er gewann zwischen 2004 und 2008 insgesamt 14 mal Gold und zwei mal Bronze. Sogar noch mehr Medaillen hat die russische Kunstturnerin Larissa Latynina für die damalige Sowjetunion geholt: Es waren insgesamt 18 Stück zwischen 1956 und 1964, davon 9 mal Gold und 5 mal Silber.

### Wer waren die Diadochen und was haben sie gemacht?
Antwort: (737)
Die Diadochen (griechisch für Nachfolger, eigentlich die etwas für einen anderen übernehmen) waren Feldherren Alexanders des Großen und seinen Söhnen (auch als Epigonen bezeichnet), die nach dessen plötzlichem Tod 323 v. Chr. das Alexanderreich unter sich aufteilten und sich dann mit wechselnden Bündnissen in insgesamt sechs Diadochenkriegen bekämpften. Danach hatte sich ein Staatensystem etabliert, das bis zum Auftreten des Römischen Reiches im östlichen Mittelmeerraum im 2. Jahrhundert v. Chr. Bestand hatte und den Rahmen für die kulturelle Entfaltung des Hellenismus bot. Die Diadochenreiche waren durch zwei große Gegensätze geprägt: die Trennung in soziale Schichten und die Aufteilung in Nationalitäten. Der Adel spielte aber nur eine geringe Rolle. Dies lag auch im Interesse der Diadochenherrscher, deren Beamtenapparat darauf angewiesen war, dass Ämter nach Tüchtigkeit und nicht nach Geburt vergeben wurden. Deshalb waren vom König verliehene Ränge zunächst nicht erblich.

**Stimmt es, dass man die Chinesische Mauer sogar vom Mond aus sehen kann?**

Antwort: (738)

Obwohl das immer wieder behauptet wird, haben Astronauten bis heute dieses Gerücht nicht bestätigt. Trotzdem ist die Chinesische Mauer das größte Bauwerk, das je von Menschenhand errichtet wurde. Die Chinesen nennen sie auch „Unendlich lange Mauer". Mit einer Länge von fast 9000 Kilometern würde sie in Deutschland gar nicht reinpassen. Man müsste sie schon in neun Teile zerlegen, die sich dann jeweils von Nord nach Süd durchs ganze Land erstrecken würde. Kein Wunder also, dass dieses Monsterbauwerk 2007 zu einem der sieben neuen Weltwunder gewählt wurde und zum Weltkulturerbe der UNESCO gehört. Der Bau der Mauer dauerte mehrere Jahrhunderte, nämlich vom 3. bis zum 15. Jahrhundert nach Christus. Gerade einmal 513 Kilometer Mauer sind noch relativ gut erhalten. Der Rest verwittert und verkommt immer mehr, wenn nicht bald etwas gegen den Verfall unternommen wird.

**Gibt es auch bei uns Fledermäuse?**

Antwort: (739)

Von den etwa 950 verschiedenen Fledermausarten auf der Welt sind bei uns in Deutschland über 20 Arten heimisch. Deine Frage deutet darauf hin, dass du noch nie eine Fledermaus in der Natur gesehen hast, und das hat zwei Gründe: Erstens sind Fledermäuse nachtaktiv, das heißt, sie schlafen tagsüber in ihren Höhlen, und zweitens sind Fledermäuse leider stark gefährdet, das heißt, es gibt nicht mehr so viele von ihnen. Die kleinen fliegenden Säuger sind aber sehr nützlich, da sie Nachtinsekten jagen. Trotzdem haben die Fledermäuse nicht den besten Ruf. Viele Menschen gruseln sich vor Fledermäusen und finden die nächtlichen Jäger einfach nur unheimlich. Früher erzählte man sich die abenteuerlichsten Schauermärchen von blutrünstigen Vampiren, die sich im langen Haar von Jungfrauen verfangen. So ein Quatsch! Fledermäuse orientieren sich im Dunkeln über Echolot. Sie senden für uns unhörbare Rufe aus, deren Schallwellen an Gegenständen abprallen und als Echo von den Fledermausohren aufgefangen werden.

**Wie werden Mumien haltbar gemacht?**

Antwort: (740)

Wenn wir an Mumien denken, fallen uns zuerst die berühmten Mumien der Pharaonen ein. Die alten Ägypter glaubten nämlich an ein Leben nach dem Tod, für das ein gut erhaltener Körper unverzichtbar war. Sie trockneten die Leichname ihrer Toten zuerst mit Salz, entfernten alle weichen inneren Organe und füllten die Körper mit Harzen und Bienenwachs. Die aromatischen Harze sorgten dafür, dass die für den Verfall verantwortlichen Bakterien nicht überleben konnten. Anschließend wurden die so präparierten Körper in Tücher aus Baumwolle gewickelt. Dass es auch im 20. Jahrhundert Einbalsamierungen gab, wissen die wenigsten. Im Jahre 1920 wollte ein Vater aus Palermo/Sizilien nicht wahrhaben, dass er seine kleine Tochter Rosalie nach ihrem Tod nie mehr sehen würde. Er beauftragte deshalb den Chemiker Alfredo Salafia mit der Einbalsamierung. Dieser entwickelte eine Lösung aus Glycerin, Formalin, Zinksulfat und einigen anderen Zutaten. Der konservierte Leichnam des Kindes wurde in einen Glassarg gelegt und kann noch heute in der Kapuzinergruft von Palermo bestaunt werden.

**Wie entstehen eigentlich die Wolken?**
Antwort: (741)
Die Wolken entstehen durch Verdunstung. Unsere Erde besteht zum größten Teil aus
Wasser in Form von Ozeanen, Seen und Flüssen. Wenn die Sonne auf das Wasser scheint
und es erwärmt, verdunstet ein Teil und steigt in Form von winzig kleinen Wasser-
tröpfchen nach oben in den Himmel. Diesen Vorgang kann man deshalb nicht sehen, da
das Wasser nicht gleich kocht, wie in Mamas Nudeltopf. Trotzdem wandern die
Tröpfchen nach oben und umschließen auf ihrer Reise kleine Staub- und Salzkörnchen.
Je weiter nun die Wassertröpfchen in den Himmel wandern, desto mehr kühlen sie ab und
desto besser werden sie danach wieder sichtbar. Das nennt man dann Kondensation.
Wolken bestehen also aus vielen Millionen kleinster Wassertröpfchen und von unten
sehen sie manchmal wie große, weiche, weiße Wattebäusche aus.

**Was ist eigentlich dran am Fluch der Pharaonen?**
Antwort: (742)
Die alten Ägypter mumifizierten ihre Verstorbenen aus religiösen Gründen. Ihre Körper
sollten erhalten bleiben, damit sie im Reich des Todes weiterleben konnten. Da sich nur
wohlhabende Ägypter eine so aufwendige und teure Mumifizierung leisten konnten,
wurden auch allerhand wertvolle Gegenstände in die Gräber gelegt. Um Grabräuber
davon abzuhalten, die Totenruhe zu stören, wurden die Gräber mit einem Fluch belegt.
Jeder, der es wagen sollte, das Grab zu schänden, sollte einen grausamen Tod sterben –
so die Prophezeiung. Die Menschen früher glaubten an die Wirksamkeit solcher Flüche
und so blieben viele Gräber unangetastet. Der Fluch wirkte also. Erst als im Jahre 1922
der englische Archäologe Howard Carter das Grab von Tut ench Amun öffnete und kurz
danach einige seiner Mitarbeiter sowie sein Geldgeber unter mysteriösen Umständen
starben, erhielt das Gerücht vom „Fluch der Mumie" wieder neue Nahrung. Heute geht
man jedoch davon aus, dass die Todesfälle möglicherweise durch Schimmelpilze
verursacht worden sein könnten.

**Wie werden Blindenhunde ausgebildet?**
Antwort: (743)
Blindenhunde helfen blinden oder sehbehinderten Menschen, sich im Alltag und im
Straßenverkehr besser zurechtzufinden. Allerdings ist nicht jeder Hund für die
Ausbildung geeignet. Die Hundetrainer bevorzugen bestimmte Rassen wie Schäferhund,
Golden Retriever oder Labrador. Die Tiere müssen absolut gesund, intelligent,
nervenstark und lernfreudig sein. Die Ausbildung dauert sechs bis acht Monate und
beginnt, wenn der Hund etwa ein Jahr alt ist. Zuerst muss der zukünftige Blindenhund
lernen, am Geschirr zu gehen, und dann bringt ihm der Trainer etwa 30 bis 40 Befehle
bei. Ist die Ausbildung erfolgreich beendet, muss der zukünftige Besitzer diese Befehle
und den Umgang mit seinem neuen Begleiter ebenfalls lernen. Übrigens: Wenn ihr
einmal so einen Blindenhund mit seinem Herrchen oder Frauchen begegnet, sprecht ihn
nicht an und streichelt ihn bitte nicht. Er muss sich auf seine Arbeit konzentrieren und

darf nicht abgelenkt werden. Manchmal befindet sich am Hundegeschirr auch ein Schild auf dem steht: Bitte nicht streicheln, ich arbeite!

**Warum werfen Tannenbäume ihre Nadeln im Herbst nicht ab?**
Antwort: (744)
Die Blätter der Laubbäume sind nicht nur sehr dünn, sondern sie haben auch eine sehr große Oberfläche. Das hat den Vorteil, dass die Blätter im Sommer viel Sonnenlicht aufnehmen und in Energie umwandeln können. Im Winter dagegen würden die dünnen Blätter schnell erfrieren und der Baum gleich mit dazu. Aus diesem Grund werfen Laubbäume ihre Blätter im Herbst ab. Nadelbäume dagegen haben anstelle von feinen, großflächigen Blättern, kleine und wesentlich härtere Nadeln. Sie können zwar nicht so viel Sonnenenergie speichern, aber dafür sind sie robust und durch die kleine Oberfläche können sie der Kälte viel besser trotzen. Außerdem befindet sich im Inneren der Nadel eine Art Zucker, der bei starker Kälte wie ein Frostschutzmittel wirkt. Die lebensnotwendige Sonnenenergie können die Nadeln auch im Herbst und im Winter aufnehmen.

**Trinken Wale eigentlich Salzwasser?**
Antwort: (745)
Meerwasser ist für Wale genauso ungeeignet wie für Menschen, da es einfach viel zu viel Salz enthält. Aber natürlich brauchen auch Wale Süßwasser, um nicht zu verdursten. Da sie es nicht trinken können wie Landbewohner, decken sie ihren Flüssigkeitsbedarf aus ihrer Nahrung. Sie ernähren sich hauptsächlich von winzig kleinen Krebsen, denen sie beim Verdauungsvorgang das Wasser entziehen. Der sehr hohe Fettgehalt der Walmilch ermöglicht den Walen außerdem, einen Teil ihres Wasserbedarfs aus dem Fettstoffwechsel zu decken. Da sie nicht schwitzen und auch wenig hoch konzentrierten Urin produzieren, reicht ihnen das Wasser aus Nahrung und Fettstoffwechsel aus. Fische dagegen trinken das Salzwasser durch Mund, Schleimhaut und Kiemen. Durch spezielle Vorrichtungen in den Kiemen wird das Meerwasser entsalzt.

**Was genau ist eigentlich ein Regenmacher?**
Antwort: (746)
Der Regenmacher ist eine Art Rohr, das ungefähr 25 bis 150 Zentimeter lang und einen Durchmesser von rund vier bis zehn Zentimeter hat. Ursprünglich stammt es aus dem Norden Chiles. Der Ursprung des Regenmachers ist das sehr trockene Atacama-Gebiet, wo er erstmals von den Diaguitas-Indianern gebaut und für Regenzeremonien eingesetzt wurde. Hergestellt wird er aus einem Kaktus, dessen Dornen in das Innere des Kaktus getrieben werden. Dann wird der Regenmacher mit kleinen Kieseln gefüllt und an beiden Enden verschlossen. Dreht man nun das Instrument um, fallen die kleinen Kieselsteine von einem Stachel zum nächsten. Dadurch entsteht ein gleichmäßiges Geräusch, das an fließendes Wasser bzw. an das Rauschen dicker Regentropfen erinnert.

**Was ist eigentlich ein Axolotl?**
Antwort: (747)
Bei diesem Wesen mit dem schwer auszusprechenden Namen handelt es sich um ein
Tier, genauer gesagt um einen Lurch. Der Name Axolotl kommt aus der Sprache der
Azteken und heißt übersetzt Wassermonster. Tatsächlich schauen diese urigen Tiere mit
ihren baumartigen Auswüchsen an den Kiemen schon recht komisch aus. Sie erinnern ein
wenig an eine Mischung aus Kaulquappen, Molchen und Salamandern. Sie werden etwa
25 Zentimeter groß, verbringen ihr ganzes Leben im Wasser und kommen hauptsächlich
im See Xochimilco – der liegt in Mittelamerika – vor. Vereinzelt leben sie auch in
einigen Seen rund um Mexiko-Stadt. Bei günstigen Lebensbedingungen können Axolotls
bis zu 20 Jahre alt werden. Der Vergleich mit den Kaulquappen hat aber nicht nur etwas
mit ihrem Aussehen zu tun. Axolotls verbleiben ihr ganzes Leben im Larvenstadium, also
im Entwicklungsstadium einer Kaulquappe.

**Was ist eigentlich eine Pliniusexplosion?**
Antwort: (748)
Als Pliniusexplosion oder Plinianische Eruption bezeichnet man eine besondere Art, wie
ein Vulkan ausbricht. Dieses Phänomen zeichnet sich – wie ein Teil des Namens schon
sagt – durch eine riesige Explosion aus, bei der unvorstellbare Mengen an Lava und
Asche aus dem Vulkanschlot in die Höhe geschleudert werden. Durch gewaltige
Gasexplosionen im Inneren des Vukanschlots bilden die Aschewolken eine riesige Säule,
die sogar bis in die Stratosphäre reichen kann. Die Stratosphäre ist die zweite Schicht der
Erdatmosphäre. Sie beginnt etwa bei einer Höhe von 15 Kilometern und endet bei
ungefähr 50 Kilometern. Der erste Teil des Namens Pliniusexplosion leitet sich von
Plinius dem Jüngeren ab, der den Ausbruch des Vesuvs und den Untergang vom Pompeji
im Jahre 79 n. Chr. als Zeitzeuge beobachtet und das Erlebte niedergeschrieben hat. Sein
Onkel, Plinius der Ältere, kam damals bei dieser Katastrophe ums Leben.

**Sind Pfeilgiftfrösche wirklich so giftig?**
Antwort: (749)
Ja, das sind sie. Die verschiedenen Arten der Pfeilgiftfrösche leben im Amazonas und in
den Urwäldern von Zentral- und Mittelamerika. Ihren Namen haben sie daher, weil ihr
Hautschleim ein sehr starkes Gift enthält und die Indianer damit ihre Pfeilspitzen
präparieren, um bei der Jagd erfolgreicher zu sein. Aber eigentlich ist das Gift dafür
gedacht, die Frösche vor Fressfeinden zu schützen. Pfeilgiftfrösche sind meist sehr bunt
und auffällig gefärbt. Damit signalisieren sie ihren Feinden: Friss mich lieber nicht, denn
das wird dir nicht gut bekommen. Die bunten, kleinen Giftmischer nennt man auch
Baumsteigerfrösche, denn im Gegensatz zu ihren Froschverwandten leben sie nicht im
oder am Wasser, sondern im Laub des Urwaldes oder auf Bäumen. Sie legen ihre Eier auf
Blättern ab und benetzen sie ständig mit Wasser. Wenn die ersten Kaulquappen
schlüpfen, tragen sie ihre Brut zu den Bromelien; das sind Blumen, die auf Bäumen
wachsen und die in ihren großen Kelchen Wasser speichern. Die Froschbabys werden
von den Eltern so lange mit Futter versorgt, bis sie sich selbst ernähren können.

**Stimmt es wirklich, dass man etwas Warmes trinken soll, wenn man im Sommer schwitzt?**

Antwort: (750)

Das hört sich zwar im ersten Moment etwas seltsam an, aber es stimmt tatsächlich. Unser Körper produziert bei Hitze oder körperlicher Anstrengung Schweiß, der aus etwa drei Millionen kleinen Poren, die sich überall auf unserer Haut befinden, austritt. Das macht auch Sinn, denn dieses Wasser verdunstet auf der heißen Haut und kühlt auf diese Weise unseren Körper ab. Trinkt man nun etwas Kaltes, muss unser Körper Energie aufbringen, um die kalte Flüssigkeit im Körper zu erwärmen. Die Folge: Uns wird noch wärmer. Da wir bei großer Hitze aber eigentlich das Gegenteil wollen, nämlich eine schöne Abkühlung, ist es besser, lauwarme Getränke zu sich zu nehmen. Das hat den Vorteil, dass unser Körper sich nicht zusätzlich anstrengen muss und wir dadurch nicht noch mehr schwitzen. Außerdem sorgen warme Getränke dafür, dass sich unsere Blutgefäße und damit auch die Poren weiter ausdehnen. Dadurch kann mehr Schweiß austreten und unseren Körper zusätzlich abkühlen.

**Woher kommt der Kaugummi?**

Antwort: (751)

Angeblich haben schon unsere Vorfahren in der Steinzeit etwas ähnliches wie Kaugummi gekaut. Allerdings bestand dieser Kaugummi nicht wie heute aus Kunststoffen, vielmehr benutzten die Urzeitmenschen Baumharze. Unbekannt ist jedoch, ob die Leute damals aus Spaß kauten wie wir heute, oder ob sie auf den oft übel schmeckenden Harzen herumbissen, um diese aus irgendeinem Grund weich zu machen. Im alten Rom kauten die Bewohner dann bereits aus Leidenschaft: Das Harz des Mastixbaumes hatte es ihnen besonders angetan, da es viele ätherische Öle enthält. Dieses Harz dient bis heute als Grundlage für die Süßigkeit Lokum, die es bei uns oft in türkischen Läden zu kaufen gibt. Schließlich waren es jedoch einige US-Amerikaner im 19. Jahrhundert, die den Kaugummi wirklich berühmt machten. Auf Grundlage von Rezepten der Ureinwohner fertigten sie Kaustreifen und Kaukugeln an, zunächst geschmacklos, später dann mit Aroma. Am erfolgreichsten war William Wrigley aus Chicago. Seine Wrigley Company gibt es bis heute.

**Warum gibt es in Deutschland keinen König oder eine Königin?**

Antwort: (752)

Früher gab es auch auf dem Gebiet der heutigen Bundesrepublik Könige, allerdings keinen „König von Deutschland", weil „Deutschland" aus vielen kleinen Staaten bestand. Die Idee eines Nationalstaats, also eines Landes, das Menschen ähnlicher Kultur, gleicher Sprache und Herkunft politisch eint, kam im 18. Jahrhundert auf. Der deutsche Nationalstaat, das Deutsche Kaiserreich, wurde erst 1871 gegründet. Zuvor gab es auf seinem Gebiet einzelne Herzog- und Fürstentümer, Freie Städte und Königreiche (z. B. Preußen, Sachsen, Bayern). Die Herrscher der Königreiche waren z. B. Wilhelm I., König von Preußen, oder Ludwig II., König von Bayern. Als das Deutsche Reich entstand, wurde der preußische König zum Deutschen Kaiser ernannt, aber eben nicht zum Deutschen König. Das hätte keinen Sinn ergeben, denn er sollte ja hierarchisch über den anderen Königen stehen. Der letzte Deutsche Kaiser, Wilhelm II., wurde 1918 zum Abdanken gedrängt. Nach dem verheerenden Ersten Weltkrieg wollten deutsche Parteien wie die SPD, aber auch die siegreichen Amerikaner, dass Deutschland eine Republik wurde.

**Gibt es außer dem Schnabeltier eigentlich noch andere giftige Säugetiere?**
Antwort: (753)
Ja, die gibt es tatsächlich. Da wären einmal die nordamerikanische Zwergspitzmaus und die europäische Wasserspitzmaus. Beide haben zwar keinen giftigen Stachel wie das Schnabeltier, dafür aber enthält ihr Speichel ein giftiges Sekret, mit dem der kleine Nager seine Beute lähmt. Die Giftdrüse befindet sich unter der Zunge. Auch Skunks (Stinktiere) zählen im weitesten Sinn zu den giftigen Säugetieren. Sie produzieren in ihrer Analdrüse ein übelriechendes und ätzendes Sekret, das sie zur Verteidigung einsetzen. Gelangt diese Flüssigkeit ins Auge, kann eine vorübergehende Erblindung die Folge sein. Und dann gibt es noch die Plumploris, eine nachtaktive Primatenart, die hauptsächlich in Südostasien vorkommt. In einer Drüse am Arm produzieren sie ein Gift, das sie durch Abschlecken auf ihrem Fell verteilen. Auf diese Weise werden Fressfeinde abgeschreckt. Das Gift wird aber auch durch Bisse übertragen.

**Warum wird einem heiß, wenn man etwas Scharfes ist?**
Antwort: (754)
Bestimmt hast Du schon einmal einen Döner gegessen. Der besteht hauptsächlich aus einem Fladenbrot, in das geschnetzeltes Fleisch, Salat, Zwiebeln und eine weiße Joghurtsoße kommen. Im Dönerladen wird man dann immer gefragt: „Mit oder ohne Scharf?“ Wer sich für Scharf entscheidet, sollte aber aufpassen. Die unscheinbare rote Gewürzmischung, die man zusätzlich auf den Döner gestreut bekommt, hat es nämlich in sich. Sie besteht aus getrockneten und zerriebenen Chili- und Paprikaschoten und ist wirklich sehr scharf. Das liegt an dem in Chili und Paprika enthaltenen Stoff Capsaicin. Es regt die Wärmerezeptoren unseres Körpers an, uns wird heiß und wir schwitzen. Allerdings erhöht sich, wie beim Schwitzen bei großer Hitze, die Körpertemperatur nicht. Die Schärfe im Meerrettich lässt uns ebenfalls warm werden. Diese Wärme fühlen wir nicht nur, sondern unser Körper erhitzt sich dabei tatsächlich, weil der Blutkreislauf angeregt wird und unser Körper arbeitet.

**Wie pflanzen sich Farne fort?**
Antwort: (755)
Farne gibt es schon seit 300 Millionen Jahren. Damals waren sie allerdings viel größer als heute. Sie bildeten in Urzeiten riesige Farnwälder. Anders als die meisten Pflanzen, die irgendwann einmal blühen und dann Samen bilden, können Farne keine Blüten bilden. Selbst Gräser blühen, und ihre Samen werden dann vom Wind fortgetragen. Die Antwort findet man auf der Unterseite des Farnblattes. Dort sitzen dicht aneinandergereiht winzig kleine Kapseln, sogenannte Sporangien. Das sind Behälter, in denen sich die Sporen der Farne befinden. Sie reifen dort gut geschützt heran, bis die Kapseln eines Tages aufplatzen und die Sporen herausgeschleudert werden. Der Wind erledigt dann den Rest,

denn er verteilt die Sporen in alle Himmelsrichtungen. Wenn die Sporen dann irgendwo auf der Erde landen, wo sie ideale Lebensbedingungen vorfinden, entsteht eine neue Farnpflanze.

**Wie macht man eigentlich Glas?**
Antwort: (756)
Das ist ganz schön kompliziert – und gar nicht so leicht zu erklären. Um Glas herzustellen, benötigt man verschiedene Zutaten: Quarzsand, Pottasche, das Salz Natriumcarbonat, Feldspat, Kalk und Dolomit. Zu diesen Rohstoffen, dem sogenannten Gemenge, gibt man schließlich noch etwas Altglas. Das Gemenge wird anschließend bei Temperaturen von über 1400 Grad Celsius geschmolzen – für uns fast unvorstellbar, kommen wir doch schon bei 30 Grad im Schatten gehörig ins Schwitzen. Der Schmelzprozess erfolgt in mehreren Stufen. Noch im geschmolzenen Zustand erhält das Glas dann seine spätere Form – etwa die eines Trink- oder Fensterglases. Früher machten das die Glasbläser. Heute jedoch werden die meisten Gläser mit Hilfe von Maschinen gefertigt, sie walzen, rollen oder pressen das flüssige Glas. Glasbläser gibt es zwar auch noch – ihre Gläser aber gelten mittlerweile eher als Kunstwerk, denn als Gebrauchsgegenstand sind diese dementsprechend teuer.

**Wo hat man das Tennisspielen erfunden?**
Antwort: (757)
Viele Historiker meinen, eine Frühform des Tennis habe es bereits in Frankreich um das Jahr 1200 herum gegeben. Damals aber benutzten die Menschen noch keine Schläger, sie bewegten den Ball einfach mit der offenen Handfläche. Diese Form entwickelte sich über die Jahrhunderte weiter. Im Mittelalter spielten die Menschen das „Jeu de Paume" (französisch für „Spiel (mit) der Handinnenfläche") in Kreuzgängen, später stieg man auf Hallen um. Im Unterschied zum heutigen Tennis wurde der Ball allerdings nicht einfach übers Netz gespielt, sondern wie beim Squash gegen eine Wand. Jeu de Paume gibt es sogar heute noch, ist jedoch nicht besonders verbreitet. Um 1870 schließlich entwickelten der Brite Harry Gem und der Spanier Augurio Perera auf ihrem englischen Krocket-Rasen ein Rückschlagspiel, bei dem erstmals Schläger verwendet wurden. Ihnen sagt man auch nach, sie hätten gemeinsam mit Freunden im Jahr 1872 den allerersten Tennisklub der Welt gegründet.

**Stimmt es, dass Piranhas große Tiere innerhalb von Sekunden bis auf das Skelett auffressen können?**
Antwort: (758)
Nein, so verfressen und gefährlich sind die bis zu 40 Zentimeter großen Raubfische nun auch wieder nicht. In Abenteuer- oder Horrorfilmen werden Piranhas oft als kleine Monster mit rasiermesserscharfen Zähnen dargestellt, die jedes Lebewesen, das sich in den Fluss wagt, innerhalb von Sekunden auffressen, bis nur noch das Skelett übrig bleibt. Das mit den rasiermesserscharfen Zähnen stimmt zwar, und dadurch, dass Piranhas in großen Schwärmen auftreten, können sie tatsächlich größere Tiere ziemlich schnell auffressen, aber ein Mensch oder auch eine Kuh ohne Verletzung können gefahrlos ins

Wasser gehen. Die Räuber sind nämlich ziemlich feige und schwimmen in der Regel weg. Piranhas reagieren allerdings auf blutende oder wild zappelnde Lebewesen wie Fische, Vögel oder kleinere Säugetiere. Dann verfallen sie in einen wahren Blutrausch. Sie fressen aber auch im Wasser liegende Kadaver und erfüllen somit eine wichtige Aufgabe, damit sich keine Krankheiten ausbreiten.

**Welches Tier ist eigentlich das stärkste auf der Welt?**
Antwort: (759)
Denkt man an Kraft und Stärke, fallen einem zuerst einmal große Tiere wie Elefant, Tiger oder Löwe ein. Die sind natürlich auch ganz schön stark – keine Frage. Aber das allerstärkste Tier auf der Welt ist so klein, dass man es nur mit einem Mikroskop richtig erkennen kann. Klingt komisch, ist aber so. Die winzige Hornmilbe ist gerade einmal 0,8 Millimeter klein! Sie leben in den Tropen und ernähren sich von faulenden Organismen im Boden. Aber jetzt kommt das Entscheidende: Sie ist in der Lage, das 1200-fache ihres Körpergewichts zu tragen. Und genau das macht sie zum stärksten Tier der Welt. Bevor man die Stärken der Honigmilbe erforscht hat, galt der Rhinozeroskäfer als stärkstes Tier der Welt. Immerhin kann der Palmenschädling Sachen stemmen, die 850 Mal schwerer sind als er selbst. Das stärkste Insekt der Welt ist übrigens der Mistkäfer. Er kann das 1141-fache seine Körpergewichts ziehen! Das wäre das Gleiche, als würde ein erwachsener Mann sechs Doppeldeckerbusse mühelos hinter sich herziehen.

**Was sind Lorenzinische Ampullen?**
Antwort: (760)
Diese Ampullen haben nichts mit Medizin oder Medikamenten zu tun. Dafür spielen sie in der Tierwelt – genauer gesagt in der Welt der Haie und Rochen – eine ganz wichtige Rolle. Lorenzinische Ampullen sind Sinneszellen am Kopf der Haie, die es den Meeresräubern ermöglichen, ihre Beute aufzuspüren. Die empfindlichen Sinneszellen unter der Haut sind in der Lage, selbst allerkleinste elektrische Spannungen wahrzunehmen. Jedes Lebewesen, auch der Mensch, erzeugt elektrische Spannungen, die von den Muskeln ausgehen. Diese können Haie und Rochen durch dieses einzigartige Sinnesorgan wahrnehmen. Selbst Beutetiere, die sich zum Schutz vor ihren Fressfeinden im Sand vergraben, können problemlos aufgespürt werden. Ein Lebewesen sendet selbst im absoluten Ruhezustand allein durch den Herzschlag noch elektrische Signale aus. Die Lorenzinischen Ampullen dienen den Haien auch zur Orientierung. Sie finden sich so auch bei Dunkelheit im Meer zurecht, indem sie elektrische Magnetfelder der Erde wahrnehmen. Benannt wurden die Sinnesorgane übrigens nach ihrem Entdecker, dem italienischen Art Stefano Lorenzini, der im 17. Jahrhundert lebte.

**Warum waren Katzen im alten Ägypten so heilig?**
Antwort: (761)
Für die Menschen in Ägypten war die Katze ein sehr heiliges Tier. Sie hielt die Felder sauber, schließlich fing sie die Ratten und Mäuse und hielt auch die Vögel vom Getreide fern. Die Katze war eine kleinere Form des Löwen, nur viel freundlicher und leichter zu halten. Gerne wurden Katzen damals als Haustier gehalten. Wer im alten Ägypten eine

Katze tötete, beging ein schweres Verbrechen. Für die Menschen war die Katze so etwas wie der Beschützer des Hauses. Wenn einmal eine Katze starb, trauerte das ganze Haus. Obwohl die Katze gerne bei Nacht jagt, bezeichnete man sie als Sonnentier. Auf Wandmalereien, zum Beispiel in Pyramiden, sind die dort abgebildeten Katzen immer mit einem Symbol für die Sonne auf dem Kopf oder auf der Brust abgebildet.

**Was machten die Indianer mit ihren Toten? Hatten die Friedhöfe so wie wir?**
Antwort: (762)
Die Art und Weise wie die amerikanischen Ureinwohner ihre Toten bestattet haben, hing von den Gebräuchen der jeweiligen Indianerstämme ab. Die Prärie- und Plainsstämme zum Beispiel glaubten daran, dass der Mensch mehrere Seelen besitzt, die nach dem Tod in einem anderen Körper weiterleben. Aus diesem Grund statteten sie die Verstorbenen mit Kleidung, Nahrung, Decken und Waffen aus. Die Mandan, auch Prärieindianer, gaben ihren Toten zusätzlich noch eine Friedenspfeife mit. Die Leichname wurden auch nicht einfach in ein Grab gelegt, sondern auf Gerüsten oder Bäumen bestattet. Später wurden dann nur noch die gesäuberten Knochen begraben. Die Mandan glaubten nämlich, dass auch diese weiterlebten. Wieder andere Völker verbrannten die Toten und all ihren Besitz, aus Angst, die Seele würde weiterleben. So unterschiedlich, wie die verschiedenen Stämme lebten, so unterschiedlich waren sie also auch in ihren Gebräuchen sowie im Glauben an ein Leben nach dem Tod.

**Oft wird der Weiße Hai als Bestie bezeichnet, weil er manchmal Menschen angreift. Ist er wirklich so blutrünstig und böse?**
Antwort: (763)
Der Hai greift Menschen nicht an, weil er sie so schmackhaft findet. Eine der Hauptursachen für Haiangriffe sind schlicht und einfach Verwechslungen. Wenn sich jemand mit seinem Surfbrett auf dem Wasser bewegt, sieht das von unten für den Hai wie eine Robbe oder ein Seelöwe aus. Diese Meeressäuger stehen beim Hai ganz oben auf der Nahrungsliste. Bei solch einem Angriff steigt der Hai aus dem Wasser auf und beißt ein Stück des Surfbretts raus. Meist spuckt er es dann wieder aus und sucht das Weite. Doch gelegentlich kommt es vor, dass er den Menschen dabei erwischt. Ein Biss ins Bein oder in den Arm ist dabei leider oft die Folge. Viele Taucher, die dem Weißen Hai im offenen Meer begegnet sind, berichten, dass der Hai zwar neugierig an sie herangeschwommen wäre, sie aber nicht angegriffen hätte.

**Warum haben Kamele Höcker?**
Antwort: (764)
Bei den Kamelen unterscheidet man zwischen den Kamelen aus Asien, die zwei Höcker besitzen und den sogenannten Dromedaren aus Nordafrika und Arabien mit nur einem Höcker. Oft wird vermutet, dass diese Höcker als Wasserspeicher funktionieren; in Wirklichkeit aber handelt es sich hierbei um Fettspeicher. Dieser weit verbreitete Irrtum kommt daher, dass Kamele unheimlich viel Wasser zu sich nehmen können und es dann extrem lange aushalten, ohne zu trinken. In der Wüste finden Kamele oft tagelang keine Nahrung, geschweige denn Wasser. Dann zehren die Kamele von ihren Fettreserven in

ihren Höckern. Die Höcker schützen die Wüstenschiffe im übrigen auch vor der prallen Mittagssonne und vor den recht kalten Temperaturen in der Nacht.

**Sagen die Punkte des Marienkäfers sein Alter? Oder wofür sind die Punkte da?**
Antwort: (765)
Alle Marienkäfer haben von Anfang an so viele Punkte, wie es ihrer Art entspricht. Die Anzahl verändert sich ihr ganzes Leben lang auch nicht mehr. Also haben die Punkte gar nichts mit dem Alter eines Marienkäfers zu tun. Die Anzahl der Punkte gibt Aufschluss darüber, um welche Marienkäferart es sich handelt. So gibt es zum Beispiel den Zweipunkt-Marienkäfer oder auch den Vierzehnpunkt-Marienkäfer. Marienkäfer gibt es übrigens auch in anderen Farben. Nicht nur in Rot mit schwarzen Punkten, sondern auch in Gelb und sogar in Schwarz. Auf der ganzen Welt gibt es über 4000 verschiedene Arten, davon leben etwa 80 in Deutschland. Übrigens: Marienkäfer sind nicht nur hübsch anzuschauen, sie sind darüber hinaus auch sehr nützlich. Sie fressen mit Vorliebe Blattläuse, die den Blumen und Bäumen schaden. Und dass Marienkäfer natürlich auch Glück bringen, das weiß schließlich jeder!

**Stimmt es, dass das Schnabeltier giftig ist?**
Antwort: (766)
Das Schnabeltier legt zwar Eier, ist aber ein Säugetier. Somit gehört es zu den wenigen Säugetieren, die eine Giftdrüse besitzen, was man normalerweise nur von Schlangen, Insekten oder Amphibien kennt. Das Schnabeltier besitzt an jedem Gelenk seiner Hinterbeine jeweils einen Giftstachel, die Giftdrüsen sitzen an den Oberschenkeln. So ein Stich ist für den Menschen zwar nicht tödlich, aber er ruft schmerzhafte Wunden hervor. Ein Tier von der Größe eines Hundes kann aber durchaus an dem Stich des Schnabeltiers sterben. Allerdings besitzen nur die Männchen solch eine Waffe, bei den Weibchen ist der Dorn verkümmert. Darum vermuten Wissenschaftler, dass der Giftstachel weniger zur Verteidigung gegen Feinde dient, sondern eher im Kampf mit Rivalen eingesetzt wird.

**Immer, wenn ich dringend bieseln muss und das Klo besetzt ist, muss ich hin und her hüpfen. Warum ist das so?**
Antwort: (767)
Wenn sich die Blase genug mit Flüssigkeit gefüllt hat und voll ist, sendet das Gehirn einen Reiz, der dem Körper mitteilt, den Schließmuskel zu öffnen. Ansonsten würde der immer stärker werdende Druck die Blase zum Platzen bringen. Damit das aber nicht passiert, gibt es diesen Reflex, den man nicht bewusst beeinflussen kann. Man kann den Drang schon eine gewisse Zeit kontrollieren, weil vielleicht gerade keine Toilette in der Nähe ist, aber das funktioniert natürlich auch nicht endlos. Eine Möglichkeit, den Drang hinauszuzögern, ist das angeborene Zappeln. Mit dieser Bewegung wirkt man dem Nervensystem entgegen, das für den Reiz des Wasserlassens zuständig ist. Das Nervensystem wird durch andere Reize abgelenkt, sodass der Harndrangreiz erst einmal nicht mehr im Vordergrund steht. Das Gehirn lässt aber nicht ewig austricksen. Irgendwann

hilft auch das Zappeln nichts mehr und man muss Wasser lassen. Also besser rechtzeitig gehen und nicht immer bis zur letzten Sekunde warten.

**Wer hat die Schultüte erfunden?**
Antwort: (768)
Das ist ein Brauch, der vor allem in Ostdeutschland um das Jahr 1800 aufkam. In Jena, Dresden und Leipzig haben die Eltern den Kindern auch das Märchen vom „Schultütenbaum" erzählt. Im Garten des Schullehrers solle es einen Baum geben, an dem die Zuckertüten wachsen, und wenn sie reif sind, so erzählten die Eltern, fange das Schulleben an. Und alle Kinder bekamen an diesem Tag dann ihre prall gefüllten Schultüten. Wahrscheinlich ist die süße Idee aber schon viel älter. Denn in den jüdischen Gemeinden gab es schon lange den Brauch, dass man den Kindern zu Beginn ihres Schullebens süßes Gebäck schenkte (meist in Buchstabenform) – als Erinnerung an den Psalmenvers aus der Bibel: „Dein Wort ist in meinem Munde süßer als Honig." Erstaunlich ist, dass es diesen Schultütenbrauch meist nur im deutschsprachigen Bereich gibt.

**Wozu sind eigentlich Tränen gut?**
Antwort: (769)
Die Tränenflüssigkeit erfüllt eine sehr wichtige Aufgabe, sie schützt nämlich unsere empfindlichen Augen vor Verletzungen durch Staubkörnchen oder andere winzige Partikel. Unser Auge ist ständig von einem feinen Tränenfilm überzogen, der in speziellen Drüsen unter dem Oberlid produziert wird. Diese Flüssigkeit, die zum größten Teil aus Elektrolyten und Eiweißverbindungen besteht, schützt das Auge auch vor dem Austrocknen. Damit die Hornhaut auch stets gleichmäßig benetzt bleibt, fungieren unsere Augenlider wie Scheibenwischer, indem sie sich blitzschnell immer wieder schließen und öffnen. Das geschieht ganz automatisch und wir merken das gar nicht mehr. Versuch einmal, ganz bewusst, die Lider geöffnet zu halten. Bald wirst du merken, dass du das nicht lange schaffst. Schon bald wird das Auge durch die Luft trocken und der Scheibenwischer schaltet sich automatisch ein. Dadurch werden auch Fremdkörper, die ins Auge gelangt sind, weggewischt bzw. aus dem Auge geschwemmt.

**Sind Tintenfische wirklich so intelligent, wie man immer hört?**
Antwort: (770)
Tintenfische sind eigentlich keine Fische. Die Kopffüßler sind näher mit Muscheln und Schnecken verwandt. Tatsächlich scheint an der Intelligenz der Tintenfische etwas dran zu sein. Wissenschaftler haben herausgefunden, dass sie die Intelligenz eines zweijährigen Kindes besitzen. Sie sind in der Lage zu spielen und vorausschauend zu handeln. Versuche haben gezeigt, dass Tintenfische sogar in der Lage sind, die Schraubdeckel von Gläsern aufzudrehen, um an ihre Lieblingsspeise – Muscheln – heranzukommen. In der freien Natur schleppen sie manchmal sogar Kokosnusshälften mit sich herum, um sich bei drohender Gefahr blitzschnell in der einen Hälfte zu verstecken und die andere Schale als Deckel zu benutzen. Na, wenn das nicht intelligent ist? Sicher kennst du Paul, den zurzeit wohl berühmtesten Tintenfisch aus dem Sealife-Aquarium in Oberhausen. Er hat alle Siege und Niederlagen der deutschen Nationalelf bei der WM richtig „vorhergesagt".

**Sind die Artikelbezeichnungen bei Ikea einfach erfunden, oder gibt es die Begriffe auch in Wirklichkeit?**

Antwort: (771)

Anstelle von ewig langen Artikelnummern verwendet das schwedische Möbelhaus Ikea für jeden Artikel einen anderen Namen, was nicht nur die Computereingaben für die Mitarbeiter vereinfacht, sondern auch den Kunden viele Vorteile bietet. Namen merkt man sich halt einfach besser als Zahlen. Ikea-Möbelhäuser gibt es mittlerweile fast schon in jedem Land auf der ganzen Welt, aber die Bezeichnungen sind überall die gleichen. Die vielen Produktnamen hören sich nicht nur skandinavisch an, es gibt sie auch tatsächlich. Bestimmte Mitarbeiter der Ikea-Zentrale sind ausschließlich damit beschäftigt, neue Namen für neue Produkte zu finden. Dabei gibt es durchaus ein gewisses System. Sessel und Sofas beispielsweise werden meist nach schwedischen Ortsnamen benannt (Göteborg, Lund), Badezimmerartikel tragen Namen von Gewässern. Küchenartikel werden oft nach ihrer Funktion benannt. So heißt etwa ein Schneidebrett Lämplig, was auf Deutsch so viel wie zweckmäßig heißt.

**Kümmern sich Haie eigentlich um ihre Babys?**

Antwort: (772)

Der Nachwuchs der Haie hat es nicht leicht. Alles, was die neugeborenen Haibabys zum Überleben brauchen, ist ihnen angeboren. Haimütter kümmern sich nach der Geburt nicht mehr um ihre Kinder. Der Hammerhai bildet jedoch eine Ausnahme. Immerhin sucht das trächtige Haiweibchen kurz vor der Geburt eine weniger gefährliche Bucht, um ihren Jungen wenigstens auf diese Art einen leichteren Start ins Leben zu ermöglichen. Im offenen Meer lauern viele Gefahren, während die hohen Riffspalten in Küstennähe den Jungen eher Schutz bieten. Übrigens: Haie legen in der Regel Eier, die von einer sehr festen und widerstandsfähigen Hülle umgeben sind. Es gibt aber auch einige Haiarten, die ihre Jungen lebend gebären. Haie werden erst im Alter von ca. 30 Jahren geschlechtsreif.

**Stimmt es, dass wir Menschen früher auch so behaart waren wie die Affen?**

Antwort: (773)

Das stimmt, auch wenn diese Zeit schon sehr lange vorbei ist. Die Urmenschen brauchten die Haare als Schutz vor der Kälte – wie wir heute unsere Bekleidung. Nur mithilfe ihres dichten Pelzes konnten unsere Vorfahren ihre Körpertemperatur stabil halten. Die Behaarung wurde mit in Maße weniger, wie sich die Urmenschen am Feuer wärmen konnten und je besser ihre Behausungen wurden. Im Lauf der Entwicklung brauchten sie den klimaausgleichenden Pelz immer weniger. So ließ die Körperbehaarung immer mehr nach, bis sie schließlich kaum noch vorhanden war. Die Haare, die wir Menschen heute haben, erfüllen aber immer noch wichtige Aufgaben: Sie verhindern, dass unser Körper Wärme verliert, indem sie eine warme Luftschicht an der Haut festhalten. Besonders nützlich sind die Haare auf dem Kopf, dort würden wir sonst viel Wärme verlieren. Außerdem schützen sie die Kopfhaut vor der Sonnenstrahlung. Die Härchen in der Nase beispielsweise filtern Staub- und Schmutzpartikel aus der Luft.

**Machen Bären auch einen Winterschlaf?**
Antwort: (774)
Bären machen keinen Winterschlaf sondern sie halten eine Winterruhe. Asiatische und amerikanische Schwarz- sowie Braunbären, die im hohen Norden leben, wo es ganz besonders kalt wird, verbringen dann die meiste Zeit des Winters in ihren warmen Höhlen, da es während der langen Wintermonate kaum etwas zu fressen gibt. Im Frühling und im Sommer futtern sie sich einen richtigen Körperspeck an, von dem sie während der Winterruhe zehren können. Sie fressen dabei fast alles – von Beeren, Gräsern, Insekten bis hin zu kleinen und größeren Säugetieren und Fischen. Aber auch Aas verschmähen sie nicht. Während sie in ihren Höhlen das Ende der kalten Jahreszeit abwarten, verändert sich ihre Körpertemperatur kaum und sie wachen bei der geringsten Störung auf. Manchmal bringen Bärenweibchen in dieser Zeit sogar ihre Jungen zur Welt. Im Gegensatz zur Winterruhe sinkt die Körpertemperatur bei Tieren, die einen Winterschlaf machen, sehr stark. Und jetzt rate mal, ob die Eisbären auch einen Winterschlaf machen?

**Was versteht man eigentlich unter einem Wildwechsel?**
Antwort: (775)
Wildtiere sind genauso beweglich wie wir Menschen. Bei ihren weiten Wanderungen in ihren Gebieten treten sie eigene Wege aus, die sogenannten Wechsel. Manche Archäologen behaupten, dass viele unserer alten Straßen einstmals Wildwechsel gewesen seien. Unsere modernen Fernstraßen durchschneiden allerdings sehr oft diese uralten Wanderwege der Tiere, viele können nicht mehr so wandern wie früher oder kommen auf den Straßen um, wenn sie instinktiv die einstigen Wanderrouten benutzen. Heute wird häufig darauf Rücksicht genommen: In der Schweiz beispielsweise werden Grünbrücken über viel befahrene Straßen gebaut, sodass frühere Wanderwege für Hirsch und Wildsau wieder gefahrlos zugänglich sind.

**Warum schminken sich Frauen, aber die Männer nicht?**
Antwort: (776)
Puder und Lippenstift waren nicht immer nur Schönheitsmittelchen der Frauen. In der Geschichte findet man immer wieder mal Epochen, in denen auch Männer zur Puderquaste griffen. Im vorchristlichen Ägypten z. B. wollten vor allem die Pharaonen durch einen kunstvollen Lidstrich überirdisch schön und gottgleich wirken. Diese Sitte verbreitete sich bald überall im Vorderen Orient: Meist waren es die Männer der Oberschicht, die in die Farbtöpfe griffen. In Mitteleuropa schminkte sich der vornehme Mann während der Zeit des Rokoko (um 1720 bis 1780). Gepuderte Haare, riesige Perücken, vornehme Blässe durch Farbe und Schönheitspflaster waren Attribute dieser Zeit. Mit der Französischen Revolution 1789 hörte das alles abrupt auf.

**Wer hat eigentlich das Pustefix erfunden?**
Antwort: (777)
Bereits vor über 5000 Jahren haben die Sumerer im Alten Orient die Seife erfunden. Seitdem faszinieren Seifenblasen die Menschen auf der ganzen Welt. In der Malerei werden Seifenblasen schon seit Hunderten von Jahren als Kinderspiel, aber auch als

Symbol der Zerbrechlichkeit und Vergänglichkeit dargestellt. Form, Farbe und Bewegung von Seifenblasen haben die Menschen schon immer begeistert. Doch nun zum Pustefix: Nach dem Zweiten Weltkrieg gab es in Deutschland sehr wenig zu kaufen. Auch Lebensmittel waren sehr rar. 1948 arbeitete der Chemiker Dr. Rolf Hein an einem neuartigen Waschmittel, das er bei den Bauern gegen Lebensmittel tauschen wollte. Heraus kam eine Flüssigkeit, die überhaupt nicht zum Wäschewaschen taugte, aber unglaublich viele Seifenblasen entstehen ließ. Hein ergriff die Chance. Er entwickelte ein Spielzeug, das „fix und fertig zum Pusten ist" – das „Pustefix" war geboren.

**Warum haben eigentlich nicht alle Schulkinder gleichzeitig Ferien?**
Antwort: (778)
Das liegt an den unterschiedlichen Bundesländern. In Deutschland ist es so geregelt, dass die Kultusministerkonferenz (das ist ein Treffen aller Minister, die sich mit Kulturangelegenheiten beschäftigen, und dazu gehören auch Schulfragen) die Ferienzeiten festlegt. Hintergrund für die unterschiedlichen Ferienzeiten ist hauptsächlich, dass man so den Auto- und Flugreiseverkehr entzerren will. Sonst würden ja alle gleichzeitig auf der Autobahn oder am Flughafen stehen. Und dann ginge gar nichts mehr. Es gibt aber auch einige Länder, in denen die Ferien landesweit einheitlich geregelt sind. In Großbritannien beispielsweise ist im ganzen Land gleichzeitig frei. Ob die Engländer Staus mehr lieben als wir – oder einfach weniger verreisen, sei jetzt mal dahingestellt. Auf jeden Fall scheint es da reibungsloser zu klappen ... Auch in Italien haben die Kinder ziemlich einheitlich frei, von Anfang Juni bis Anfang/Mitte September. Aber die brauchen auch nicht wirklich in Urlaub fahren, weil es da immer schön ist.

**Ich mag gerne Camembert-Käse. Jetzt will ich mal wissen, was das eigentlich heißt?**
Antwort: (779)
Camembert heißt eigentlich gar nichts. Beziehungsweise ist es nur der Name einer französischen Gemeinde im Département Orne in der Normandie. Das Dorf wurde bekannt, eben weil dort der berühmte Weichkäse Camembert entstanden sein soll. Eine Bäuerin namens Marie Harel soll ihn im Jahre 1791 erfunden haben. Ein Priester aus Brie (einer ebenfalls berühmten Käseregion) bei Paris soll während der Französischen Revolution bei ihr Unterschlupf gefunden haben und ihr die Käseherstellung beigebracht haben. Tatsächlich aber gab es in der Region auch schon lange vorher ähnliche Käse. Zum Durchbruch verhalf der Camembert übrigens der Kaiser Napoleon III.; es war seine Leibspeise. Der Name Camembert für die Ortschaft stammt übrigens aus dem Mittelalter und bedeutet so viel wie das Feld (französisch „camp" des Mambert. Wer dieser Herr Mambert genau war (wahrscheinlich auch ein Bauer), ist aber nicht überliefert.

**Warum haben die Römer ihre berühmten Römerstraßen gebaut?**
Antwort: (780)
Die römischen Fernstraßen wurden neben Händlern vor allem von den Soldaten genutzt, die zwischen Rom und ihren Dienststellen in den Provinzen hin und her reisten, und von den kaiserlichen Kurieren, die Botschaften und Briefe transportierten (Cursus publicus). Sie waren ein Netz von Verkehrswegen, welches das ganze Römische Reich umspannte.

Sie wurden aus politischen und militärischen Gründen erbaut, um Provinzen und andere dem Reich angegliederte Gebiete schnell und leicht erreichbar zu machen. Der darauffolgende Ausbau des Straßennetzes zu Handelszwecken verlief recht parallel zum Wachstum des gesamten Reiches. Bis gegen Ende des 4. Jahrhunderts vor Christus bestanden die meisten Römerstraßen aus nicht befestigten Wegen. Erst später begann man, sie zu befestigen, da sie als Heereswege die Voraussetzung für die militärische Ausdehnung des Reiches bildeten.

**Wie funktioniert eigentlich ein Barometer?**
Antwort: (781)
Ein Barometer ist ein Gerät, mit dem sich der Luftdruck messen lässt. Der Luftdruck hängt von Wetterlage, aber auch von der Höhe, in der wir ihn messen, ab. Je höher wir sind, desto niedriger wird der Luftdruck. Die Luft „wird dünner". Die gängigste Art Barometer ist das Dosenbarometer aus einer fast luftleeren Metalldose, die einen Wellblechdeckel hat und mit einer Feder verbunden ist. Der Wellblechdeckel wird durch den veränderlichen Luftdruck eingedrückt. Diese geringe Bewegung wird durch einen Hebel verstärkt und auf einen Zeiger übertragen. Da diese Bewegung nicht dauernd erfolgt, muss man ein Dosenbarometer vor dem Ablesen vorsichtig mehrmals antippen. Dabei wird man sehen, wie der Zeiger wandert. Kommt er zum Stillstand, kann man den Wert ablesen. Viele Barometer haben einen zweiten Zeiger, der als Erinnerung bei der nächsten Messung dient, mit der man den Unterschied feststellen kann.

**Wo kommt Steno eigentlich her und wie lernt man das?**
Antwort: (782)
Die wenigsten Leute können heute noch „Stenografie", weil sie jetzt nicht mehr in der Schule gelehrt wird. Der Name kommt von den griechischen Wörtern Stenos (eng) und Graphein (schreiben). Man nennt die Schrift auch Eilschrift, Engschrift, Schnellschrift der „shorthand". Sie wurde erfunden, um gesprochene Sprache ganz schnell mitschreiben zu können. Und zwar lange, bevor es Mikrofone und Tonbänder gab. Die erste solche Schrift hatten schon die alten Römer: Marcus Tullius Tiro, ein freigelassener Sklave, der Sekretär des berühmten Staatsmannes Cicero war, hat sie erfunden. Diese „Tironischen Noten" waren bis ins Mittelalter gebräuchlich. Später haben viele europäische Länder ihre eigenen Kurzschriftsysteme entwickelt. Heute wird die Schrift aber fast nur noch in den einzelnen Landtagen oder im Deutschen Bundestag verwendet, um dort die Reden unserer Politiker mitzuprotokollieren.

**Was gab es eigentlich vor den Briefmarken?**
Antwort: (783)
Der Grundidee der Erfindung der Briefmarke war ja, die Beförderung des Briefes nicht mehr vom Empfänger bezahlen zu lassen, sondern vom Absender. Die erste staatliche Briefmarke wurde 1840 in England aufgeklebt. Vorher gab es auch schon erste Versuche, ähnliche Systeme einzuführen. In der Stadt Paris gab es zum Beispiel bereits 1653 das „Billet de port payé", einen Papierstreifen, der an den Brief genäht wurde. Und auch in London gab es die „Penny Post", das waren kleine Dreiecke, die am Brief angebracht

wurden und für die Beförderung innerhalb Londons galten. Weil diese Idee aber von zwei Privatleuten stammte und der Staat sein Postmonopol nicht aufgeben wollte, mussten die Herrschaften ihr einträgliches Geschäft nach kurzer Zeit wieder aufgeben. Heute kann man Briefmarken sogar aus dem Internet heraus auf den Brief anbringen oder den Brief per Handy bezahlen. Und sogar das gab es vor ein paar Jahren schon mal: Eine Sonderauflage duftender Briefmarken, die nach Obst rochen ...

**Woher kommt der Ausdruck „Da beißt die Maus keinen Faden ab"?**
Antwort: (784)
Wie bei den meisten Sprichwörtern gibt es da nicht eine Erklärung, sondern mehrere. Der Spruch bedeutet in etwa „Das ist halt so! Das kann man halt nicht ändern!" Eine Deutung sagt, dass früher in den Vorratskammern der Bauern der Speck mit Nagel und Faden an der Decke befestigt wurde, damit die Mäuse ihn nicht auffraßen. Eine andere Auslegung ist, dass die Blätter in den Gesetzesbüchern früher nicht geklebt oder geklammert, sondern mit Fäden verbunden waren. Hatten Mäuse diese Fäden zerfressen, geriet alles in Unordnung, die Seiten fehlten bald, und man konnte sich dann vortrefflich über den Inhalt und das, was jetzt wirklich gilt, streiten! Noch eine Deutung kommt aus der Landwirtschaft: Im Frühjahr war es Zeit anzupflanzen und die Spindel – als Symbol für die Heimarbeit im Winter – aus der Hand legen. Tat man das nicht, konnte einem die Maus einen Faden abbeißen.

**Wieso stinkt man so, wenn man Knoblauch gegessen hat?**
Antwort: (785)
Frischer Knoblauch riecht sehr intensiv. Aber auch getrockneter Knoblauch und Knoblauchpulver haben es in sich. Und zwar das sogenannte Alliin, um genauer zu sein. Das ist der Verursacher das typischen Knoblauchgeruchs. Dabei handelt es sich um eine schwefelhaltige Verbindung in der Knollenpflanze. Der Witz ist, dass Knoblauch an sich geruchlos ist. Erst wenn das Fruchtfleisch wie beim Hacken oder Zerschneiden verletzt wird, wird auch dieses Alliin freigesetzt, genauer: Es wird durch das Enzym Alliinase in Aromastoffe umgewandelt. Dass sich der typische Knoblauchgeruch noch lange hartnäckig hält, liegt daran, dass seine Bestandteile besonders stabil sind. Auch im Körper werden sie nur schwer in geruchsneutrale Stoffe verwandelt. Der Versuch, den Geruch mit Bonbons oder Milch zu überdecken, hilft nicht wirklich. Man kann nur abwarten, bis der Verarbeitungsprozess im Körper fertig ist.

**Muss man von Lachgas wirklich lachen?**
Antwort: (786)
Nein, das ist nicht wirklich so. Das Lachgas ist ein Betäubungsmittel, das früher häufiger, heute seltener oder mit Beimischungen bei Operationsnarkosen eingesetzt wird. Zahnärzte verwenden es auch heutzutage noch relativ häufig als verlässliches schmerzstillendes Mittel. Beim Zahnarzt zu sitzen und sich vor Lachen auszuschütten, das wäre allerdings nicht wirklich praktisch, weil der Arzt dann nicht mehr bohren kann. Die Vorstellung, dass man von Lachgas lachen muss, stammt wohl daher, dass es eine gewisse euphorisierende Wirkung haben und ein gewisses Wohlgefühl auslösen kann.

Und dann wirkt der Patient ein wenig „groggy" oder „high". Früher, so im 18. und 19. Jahrhundert, hat man diese Wirkung an Leuten im Zirkus und auf Jahrmärkten ausprobiert und mit den Armen dann allerlei Schindluder getrieben. Die einzigen, die dabei wirklich toll zum Lachen gekommen sind, waren die Leute im zahlenden Publikum.

**Was ist denn bitteschön ein Pascha?**
Antwort: (787)
Das ist ein türkischer Herrschaftstitel. Pascha (türkisch „pasa") war im osmanischen Reich (also der Sultan-Dynastie der Osmanen von etwa 1299 bis 1923) der Titel der höchsten Beamten und Militärs. Er wurde seit dem 15. Jahrhundert verliehen. Übrigens auch im osmanischen Vizekönigreich Ägypten. Der Titel Pascha heißt so viel wie „Hauptherr" oder „Oberchef". Bis 1867 war der Pascha der Stadthalter einer osmanischen Großprovinz. Ihm unterstanden oft mehrere Gouverneure. Diese Leute hießen dann Beys. Eine Sonderstellung nahmen die osmanischen Gebiete Algier, Tunis und Tripolis ein, wo die Paschas eine große politische Unabhängigkeit genossen. Ein Pascha hatte also sehr viel Macht. Umgangssprachlich nennt man darum heute noch jemanden einen Pascha, der anderen immer anschafft und sich wichtig tut. Und dann gibt's da noch den Norbert Pascha, das ist aber ein deutscher Eishockeytorwart ...

**Wir fanden einen Igel und wollen ihn überwintern lassen. Wie macht man das?**
Antwort: (788)
Nichts übertreiben! Jetzt ist ja noch gar nicht einmal die Zeit zum Überwintern. Es ist ja noch nicht mal richtig Herbst (zum Glück)! Und außerdem braucht nicht jeder Igel Hilfe. Nur verletzte, kranke oder verwaiste (Jung-) Igel sind wirklich auf menschliche Hilfe angewiesen. Oder Igel, die nach Wintereinbruch bei Eis und Schnee sichtlich herumirren. Gefundene Igel würde ich im Übrigen immer zunächst zum Tierarzt bringen oder zu einer sogenannten Igelstation. Die Experten können euch Tipps geben, was genau zu tun ist und ob dieser spezielle Igel überhaupt Hilfe braucht. Zum Überwintern so eines Tieres gehört nämlich schon weit mehr als nur eine Flasche Milch und eine warme Decke. Detaillierte Tipps, wie man einen Igel gut über den Winter bringt, gibt es unter anderem auf der Homepage des Vereins Pro-Igel unter der Internetadresse pro-igel.de.

**Was bedeutet eigentlich das Wort Angora und woher kommt es?**
Antwort: (789)
Es gibt Angorakatzen, Angoraziegen und Angorakaninchen. Diese Tiere haben jedoch nichts weiter gemeinsam als die Herkunft ihres Namens: Angora ist nämlich der alte Name der türkischen Hauptstadt Ankara. Die türkischen Ziegen mit den langen Haaren wurden deshalb Angoraziegen genannt. Das Kaninchen und die Katze tragen den Namen Angora, weil ihr seidiges Fell dem der türkischen Angoraziegen gleicht. Unsere kuscheligen Angorapullis werden allerdings weder aus dem Haar von Angorakatzen noch aus der flauschigen Wolle der Angoraziegen hergestellt. Nur das luftig leichte Haar des Angorakaninchens darf heute als Angorawolle verkauft werden. Die Angorafasern sind wegen ihrer schweißabsorbierenden und warmhaltenden Eigenschaft sehr beliebt. Die

Haare der Angoraziege werden zu der ebenfalls begehrten Mohairwolle verarbeitet. Das wird oft verwechselt.

**Tragen bei den Seepferdchen wirklich die Männchen die Eier aus?**
Antwort: (790)
Hippocampi oder Pferderaupen, wie Seepferdchen mit wissenschaftlichem Namen heißen, unterscheiden sich stark von ihren großen Namensvettern, den Pferden. Und das nicht nur, weil sie zu den Fischen gehören und im Wasser leben, sondern weil bei Seepferdchen nicht die Weibchen, sondern die Männchen trächtig werden! Zwar produziert das Weibchen die Eier, allerdings „brütet" das Männchen den Nachwuchs aus. Während des Balztanzes spritzt das weibliche Seepferdchen sein Gelege in die Bauchtasche des Männchens, wo die Eier auch befruchtet werden. Häufig trägt das Männchen Eier von mehreren Weibchen gleichzeitig aus. Nach zehn bis zwölf Tagen gebärt das Seepferdchen-Männchen die kleinen Fische im Seegras. Die Jungtiere sind nach der Geburt sofort auf sich gestellt und ernähren sich von Plankton.

**Wie funktioniert eigentlich die Blindenschrift?**
Antwort: (791)
Da schwer Sehbehinderte und Blinde nicht lesen können, benutzen sie statt ihrer Augen andere Hilfsmittel: Den Tastsinn der Finger. Inzwischen gibt es verschiedene Arten von Blindenschriften. Allerdings hat sich das System, das 1825 von dem Franzosen Louis Braille entwickelt wurde, am besten bewährt. Der Erfinder war selbst blind und experimentierte lange, bis er die optimale Lösung fand: Menschen können mit einer Fingerspitze maximal sechs Punkte ertasten, deshalb bildet diese Anzahl die Grundform. Wie bei einem Würfel sind die sechs Punkte in zwei senkrechten Reihen mit jeweils drei Punkten angeordnet. So ergeben sich 64 Kombinationsmöglichkeiten, wodurch alle Buchstaben der europäischen Alphabete (inklusive Leerzeichen) dargestellt werden können. Zahlen werden mit den Zeichen für die Buchstaben „a" bis „j" angezeigt. Am Computer können Blinde mit der Braille-Zeile arbeiten: Sie funktioniert ähnlich wie eine Tastatur und wird an den PC angeschlossen. Sie stellt mit je acht Punkten die Zeichen auf dem Bildschirm dar.

**Wie entstehen eigentlich Sternschnuppen?**
Antwort: (792)
Der Volksmund sagt, man dürfe sich was wünschen, wenn man eine Sternschnuppe sieht. Damit der Wunsch aber auch in Erfüllung geht, darf man ihn nicht laut aussprechen. Weit verbreitet ist die Ansicht, dass es sich bei einer Sternschnuppe um einen fallenden Stern handelt, der einen leuchtenden Schweif hinter sich herzieht. Doch die wissenschaftliche Erklärung dieses Phänomens ist nicht so ganz romantisch. Denn in der Astronomie bezeichnet man mit Sternschnuppe ein kleines Teilchen aus dem Weltall, das mit ungefähr 30 bis 70 Kilometern pro Sekunde auf die Erdatmosphäre trifft. In rund 100 Kilometern Höhe verglüht es und leuchtet etwa eine Sekunde lang auf. Dabei ist ein Teilchen meist nicht größer als ein bis zehn Millimeter. Allerdings stammen diese

kleinen Partikel nicht unbedingt von Kometen, sondern haben sich häufig von Satelliten oder anderen Raumobjekten gelöst.

**Stimmt es, dass man Lebensmittel mit Salz haltbar machen kann?**
Antwort: (793)
Diese Art der Konservierung, also Haltbarmachung von Lebensmitteln, kannten schon die alten Sumerer und Babylonier, das haben Wissenschaftler durch archäologische Funde entdeckt. Nur so war es möglich, mit Salzfleisch und Salzfischen Handel zu treiben. Auch die Seefahrer bedienten sich dieser einfachen, aber sehr effektiven Art der Konservierung. Sie brauchten für ihre oft monatelangen Seereisen reichlich Vorräte, die ohne Haltbarmachung schnell verdarben. Eine dauerhafte Kühlung verderblicher Lebensmittel mit Eis war ebenfalls nicht möglich, da die Eisblöcke in den Lagerräumen der Schiffe mit der Zeit weggeschmolzen wären. Salz dagegen ist unbegrenzt haltbar und hat die Eigenschaft, den Lebensmitteln Wasser zu entziehen. Die Bakterien, die fürs Verderben der Speisen verantwortlich sind, brauchen nämlich Wasser zum Überleben. Manche Mikroorganismen benötigen zur Vermehrung Sauerstoff. Auch diesen Keimen rückt das Salz zu Leibe, da sich Sauerstoff in salzhaltigem Wasser schwerer auflöst.

**Warum verbrennt die Erde nicht, wenn es im Inneren doch so heiß ist?**
Antwort: (794)
Der Erdkern unterteilt sich in einen festen inneren und einen flüssigen äußeren Teil. Der feste innere Kern hat einen Durchmesser von 2700 Kilometern. Er besteht aus Eisen und Nickel und ist über 5000 Grad heiß. Normalerweise schmelzen Metalle bei solch hohen Temperaturen, doch der enorme Druck der aufliegenden Schichten ist dermaßen stark, dass der Kern fest bleibt. Diesen inneren festen Kern umgibt eine über 200 Kilometer starke flüssige Außenschicht. Sie besteht vor allem aus Eisen, zum Teil in Verbindung mit Sauerstoff und Schwefel. Auch diese Schicht ist mit Temperaturen bis 4600 Grad noch außerordentlich heiß. Dieser Erdkern wird vom 2900 Kilometer dicken Erdmantel, der in einen unteren und oberen Teil gegliedert ist, bedeckt. Der untere Teil bildet eine Masse von etwa drei Trilliarden Tonnen. Durch den gewaltigen Druck bleibt auch dieses Gestein trotz hoher Temperaturen fest und das Erdinnere kann nicht verbrennen.

**Seit wann gibt es eigentlich schon Gartenzwerge?**
Antwort: (795)
Mysteriöse Fabelwesen wie Zwerge oder Gnome haben die Menschheit seit jeher fasziniert. Es gibt kaum ein Märchen oder eine Fantasiegeschichte, in der nicht eine dieser Gestalten vorkommt. Warum sie also nicht auch in den Vorgarten stellen? Man vermutet, dass die ersten Gartenzwerge aus Ton um das Jahr 1870 in Thüringen hergestellt wurden. Nur wenige Jahre später begann man mit der Serienproduktion und 1898 wurden sie auf der Leipziger Messe einem breiten Publikum vorgestellt. Der Siegeszug der bunten Gesellen war nun nicht mehr aufzuhalten und nach dem Zweiten Weltkrieg brach ein regelrechter Gartenzwerg-Boom aus. Jeder Gartenbesitzer, der etwas auf sich hielt, verzierte seine Grünoase mit einem oder mehreren Gartenzwergen. Man schätzt, dass sich heute etwa 25 Millionen Gartenzwerge in deutschen Gärten befinden.

Wenn man Menschen auf der ganzen Welt danach befragt, was sie für typisch Deutsch halten, wird nach der Kuckucksuhr gleich der Gartenzwerg genannt.

**Seit wann gibt es Sicherheitsnadeln, und wer hat sie erfunden?**
Antwort: (796)
Laut der Patentschrift von 1849 gilt der Amerikaner Walter Hunt als Erfinder der gebogenen Nadel. Das Konstruktionsprinzip war jedoch schon seit der Antike bekannt. Bereits die Römer benutzten Spangen und Nadeln zum Zusammenheften ihrer Gewänder. Sie nannten sie Fibula und befestigten ihre Kleidungsstücke damit oberhalb der Schulter bzw. der Ellbogen. Die älteste Fibel fand man in der Türkei; sie ist über 4000 Jahre alt. In Europa gab es erste Sicherheitsnadeln schon um 1400 v. Chr. Übrigens: Walter Hunt verkaufte die Rechte an seinem Patent kurz nach der Erteilung für 400 US-Dollar; das wären heute etwa 10 000 Euro. Er musste dringend seine Schulden bei einem Freund begleichen – damals konnte er ja nicht ahnen, dass der neue Inhaber des Patents mit der industriellen Herstellung von Sicherheitsnadeln zum Millionär werden würde.

**Wer hat eigentlich den Kaffeefilter erfunden?**
Antwort: (797)
Früher hat man einfach das kochende Wasser über das Kaffeepulver gegossen. Wenn sich der Kaffeesatz dann auf dem Boden der Kanne oder der Tasse abgesetzt hat, konnte man ihn trinken. Natürlich musste man den Kaffee vorsichtig aus der Kanne schütten, damit nicht allzu viel Kaffeesatz in die Tasse kam. Ganz konnte man das natürlich nicht verhindern. Die Dresdner Hausfrau Melitta Bentz wollte aber keine Krümel mehr in ihrem Kaffee haben und so kam ihr im Jahre 1908 eine sensationelle Idee: Sie schlug kleine Löcher in einen Messingtopf, legte ein Blatt Löschpapier hinein, schüttete das Kaffeepulver darauf und übergoss das Ganze mit heißem Wasser – fertig war der erste Kaffeefilter. Die Erfindung kam so gut bei den Freundinnen und Nachbarinnen von Frau Bentz an, dass die findige Hausfrau beschloss, zusammen mit ihrem Mann Hugo eine Firma zur Herstellung von Kaffeefiltern zu gründen. Der kleine Fertigungsbetrieb bestand aus nur einem Zimmer und hieß anfangs Fa. M. Bentz. Im Jahre 1909 verkaufte der kleine Familienbetrieb auf der Leipziger Messe bereits 1200 „Filtertöpfe“. Filter in Tütenform, so wie wir sie heute kennen, kamen erst im Jahre 1937 auf den Markt. Inzwischen wurde das Unternehmen in „Melitta“ umbenannt und beschäftigt heute mehr als 4000 Mitarbeiter.

**Stimmt es, dass man sterben kann, wenn man destilliertes Wasser trinkt?**
Antwort: (798)
Nein, das stimmt nicht. In normalen Trinkmengen richtet dieses Wasser keinen gesundheitlichen Schaden an. Vor übermäßigem Genuss raten Ärzte allerdings ab, denn bei einseitiger Ernährung kann es im Körper zu einer Unterversorgung mit Elektrolyten kommen. Destilliertes Wasser ist eigentlich nichts anderes als ganz normales Trink- bzw. Leitungswasser, das keine Mineralien, Salze und Mikroorganismen mehr enthält. Wie der Name schon sagt, entsteht destilliertes Wasser durch Destillation, das heißt, das Trinkwasser wird zuerst verdampft und anschließend kondensiert. Destilliertes Wasser

verwendet man hauptsächlich als Lösungs- und Reinigungsmittel in der Medizin, in der Pharmaindustrie und für chemische Experimente. Im alltäglichen Gebrauch findet das reine Wasser Anwendung bei Dampfbügeleisen und Autobatterien.

**Stimmt es, dass eine Biene sterben muss, wenn sie einmal gestochen hat?**
Antwort: (799)
Ja, das stimmt leider. Ein Bienenstachel besteht aus zwei gezahnten, stilettförmigen Teilen, die beim Stechen beide abwechselnd auf einer Führungsschiene verschoben werden. In der Mitte dieser Teile liegt der Giftkanal. Die kleinen Zähne dieser Stilette wirken wie Widerhaken. Wenn nun Bienen einen Menschen stechen, bleibt der Stachel in der weichen und elastischen Haut stecken. Beim instinktiven Versuch, die Angreiferin nach dem schmerzhaften Stich loszuwerden, reißt man meist den gesamten Stechapparat samt Giftdrüse aus dem Hinterleib der Biene, und an dieser Verletzung stirbt das kleine Tier. Ganz anders dagegen ergeht es den Wespen. Sie können so oft stechen, wie sie wollen.

**Wie entsteht Lava, und worin besteht der Unterschied zwischen Magma und Lava?**
Antwort: (800)
Normalerweise ist die Erde, also die Felsen und das Gestein, auf der wir stehen, ja fest. Aber je tiefer man ins Erdinnere kommt, desto heißer wird es da. Deshalb wird das Gestein ganz tief unten (so etwa zwei bis 50 Kilometer tief) in der Erde flüssig, eine dickbreiige, heiße Soße. Diese zähe Gesteinssuppe nennt man Magma. Normalerweise bleibt es auch dort unten. Wenn sich aber irgendwo im Erdinneren der Druck ändert, weil sich etwa ein Kontinent wie Afrika ein bisschen verschiebt oder die Temperatur sich ändert, wird das Magma verdrängt. Es sucht sich einen Weg durch Spalten und wird manchmal so bis an die Erdoberfläche gequetscht. Wenn es dort rausspritzt, wird es Lava (das kommt aus dem Italienischen und heißt „Regenbach") genannt. So ein Lavastrom kann etwa 700 bis 11 000 Grad heiß werden.

**Warum sind manche Tomaten erst grün und später dann rot?**
Antwort: (801)
Dass manche Gemüsesorten verschiedene Farben haben, liegt an den unterschiedlichen Reifestufen: Unreife Tomaten sind beispielsweise zunächst grün, weil sie – wie alle Früchte – aus umgewandelten Blättern entstehen. Und die Blätter sind grün, weil sie den Farbstoff Chlorophyll enthalten. Während des Reifeprozesses baut sich das Chlorophyll ab und die verschiedenen Farbstoffe der Früchte werden aufgebaut. Rot wird die Tomate also erst dann, wenn sie reif ist. So sollen die Tiere angelockt werden, die sie fressen und die Samen weiter verteilen. Von einer unauffälligen, bitter schmeckenden grünen Tomate soll die Tierwelt noch nicht angezogen werden; erst wenn die Früchte auffällige Farben annehmen und einen besseren Geschmack aufweisen, erscheinen sie für die Tierwelt attraktiv.

**Stimmt es, dass es eine Bananensorte gibt, die so hart ist, dass man sie nur gekocht genießen kann?**

Antwort: (802)

Bananen, so wie wir sie kennen, sind sehr weich und man kann sie sowohl roh als auch gebraten essen. Bananen wachsen nicht auf Bäumen, sondern an Stauden. Der harte Stamm der Stauden ist eigentlich kein richtiger, denn er besteht lediglich aus dicht aneinanderliegenden Blättern. Von den Bananen gibt es sehr viele verschiedene Sorten, sogar ungenießbare sind darunter. Aber im Großen und Ganzen unterscheidet man die bei uns bekannten süßen Bananen und eben die Kochbananen. Diese enthalten sehr viel Stärke und erinnern vom Geschmack und der Beschaffenheit des Fruchtfleisches an Kartoffeln. Genau wie die Kartoffeln, müssen auch die Kochbananen vor dem Verzehr weichgekocht werden. Übrigens: Bananenstauden tragen nur ein einziges Mal Früchte. Nach der Ernte sterben die Pflanzen ab.

**Stimmt es, dass der Mount Everest immer höher wird?**

Antwort: (803)

Der Mount Everest im Himalaja ist mit seinen zurzeit 8850 Metern der höchste Berg der Welt. Und doch wächst er tatsächlich immer noch weiter in die Höhe. Das hört sich zwar komisch an, liegt aber an der Erdgeschichte: Vor vielen Jahrmillionen driftete der indische Subkontinent durch das Meer und stieß dort mit der asiatischen Platte eigentlich ganz sanft zusammen. Doch im Lauf der Zeit bauten sich ungeheure Kräfte auf, die das Gebirge des Himalaja entstehen ließen. Man muss sich das wie einen Teppich vorstellen, den man von zwei Seiten zusammenschiebt. Dabei entstehen in der Mitte Falten. Die Bewegung erfolgt natürlich ganz langsam, aber der Mount Everest wächst durch diese Kräfte jedes Jahr weiter in die Höhe – allerdings nur um einige Millimeter.

**Können Vögel von Geburt an schon singen oder müssen sie das erst lernen?**

Antwort: (804)

Der Vogelgesang hat grundsätzlich zwei Hauptfunktionen: zum einen die Revierverteidigung, zum anderen die Balz. Verschiedene Vogelarten haben zum Teil sehr unterschiedliche Gesänge. Ein Singvogel reagiert fast ausschließlich auf den spezifischen Gesang der eigenen Art. Es gibt sogar innerhalb der eigenen Art ganz individuelle Gesangsunterschiede, an denen beispielsweise ein Weibchen seinen Brutpartner erkennt. Die Frage, ob den Vögeln das Singen bereits angeboren ist oder nicht, muss mit „jein" beantwortet werden. Das grobe Gesangsmuster der eigenen Art ist den Vögeln angeboren, andere Gesangsmerkmale müssen wiederum erlernt werden. Daher gibt es auch sogenannte Gesangsdialekte bei Vögeln. Vögel einer Gattung, die gleichzeitig in Europa und auf den Kanarischen Inseln vorkommen, singen grundlegend anders als ihre Artgenossen auf dem Festland.

**Wie atmen Fische eigentlich?**

Antwort: (805)

Die meisten Fische halten es nicht lange ohne Wasser aus. Sie schnappen und zappeln, und wenn man sie nicht innerhalb kurzer Zeit wieder ins Wasser gibt, sterben sie. Aber auch Fische brauchen Luft zum Atmen. Denn Fische haben Kiemen und holen sich damit den Sauerstoff aus dem Wasser, indem sie Wasser durch den Mund zu ihren Kiemen „schlucken". Die dünnen Kiemenblättchen können dann den Sauerstoff aus dem Wasser „rausfiltern". Der geht dann sofort ins Blut. Es gibt aber auch Fische ohne Kiemen, die zum Atmen an die Oberfläche schwimmen. Bei uns Menschen wäre das Atmen unter Wasser nicht möglich, wir würden nach einigen Minuten ersticken. Denn wir Menschen haben keine Kiemen, sondern eine Lunge. Und eine Lunge kann mit Wasser nichts anfangen, um den lebenswichtigen Sauerstoff zu gewinnen.

**Wer hat eigentlich die Jeans erfunden?**
Antwort: (806)
Erfunden wurde die Erfolgshose von einem deutschen Schneider namens Levi Strauss. Er kam Anfang der 1840er-Jahre, der Zeit des großen Goldrausches, nach Kalifornien. Dort nähte er für die Goldsucher Arbeitshosen aus Zeltstoff, die zwar steif, aber sehr haltbar waren. Strauss machte damit hervorragende Geschäfte. Nach einigen Jahren ersetzte er den Zeltstoff durch ein Baumwollgewebe, das er aus dem italienischen Hafen Genua importierte und nach dem französischen Namen dieser Stadt (Génes), englisch ausgesprochen „Jeans", benannte. Strauss ließ den Stoff mit indigoblau färben, weil so Schmutz darauf weniger auffällt. Die Nähte verstärkte er mit Kupfernieten, um sie strapazierfähiger zu machen. Im Jahre 1873 meldete Strauss seine Blue Denim Jeans zum Patent an.

**Was versteht man eigentlich unter Weltraumschrott?**
Antwort: (807)
Wir Menschen produzieren auf der Erde schon ganz schön viel Müll und es wird von Jahr zu Jahr mehr. Zwar kann man durch Mülltrennung, -wiederverwertung und vor allem Müllvermeidung etwas gegen die Umweltverschmutzung tun, aber Tatsache ist, dass die Forscher nach immer neueren Methoden der Müllverwertung suchen und die Menschen verstärkt dazu aufgefordert werden, nicht so viel Abfall zu produzieren und anfallenden Müll für die Wiederverwertung zu trennen. Doch nicht nur auf der Erde, sondern auch im All gibt es jede Menge Dreck. Und der ist – wie kann es anders sein – auch von den Menschen verursacht. Bei jeder Raumfahrt-Mission entsteht Abfall (abgeplatzte Raketenteile, verlorener Raketentreibstoff und Satelliten, die nicht mehr gebraucht werden). Dieser Weltraummüll schwirrt wegen der Erdanziehungskraft also ständig im All umher. Das Schlimme daran ist, dass der Schrott mit Geschwindigkeiten bis zu 28 000 km/h unsere Erde umkreist und dabei Raketen oder Satelliten treffen können. Deshalb werden die Teile von Wissenschaftlern ständig mit Radar geortet. So können Astronauten gewarnt werden und mit ihren Raketen der Gefahr frühzeitig ausweichen.

**Stimmt es, dass der Kolibri rückwärts fliegen kann?**
Antwort: (808)
Normalerweise können Vögel nicht rückwärts fliegen. Wozu sollten sie den Rückwärtsgang auch brauchen? Es gibt allerdings eine Ausnahme: der Kolibri. Der Kolibri ist nicht nur der kleinste Vogel der Welt, sondern er verfügt auch über eine

einzigartige Flugtechnik. Mit seinen besonders beweglichen Flügeln kann der kleine Vogel wie ein Hubschrauber vorwärts, rückwärts und seitwärts fliegen. Er kann sogar in der Luft stehen bleiben. Seine Flügel bewegen sich so schnell, dass man die einzelnen Flügelschläge mit bloßem Auge gar nicht sehen kann – kein Wunder bei 40 bis 50 Flügelschlägen pro Sekunde. Der Kolibri ernährt sich vom Nektar der Blüten, den er mit seinem langen Schnabel herausholt. Er fliegt vor eine Blüte und steckt seinen Schnabel tief bis zum Blütenboden hinein. Mit seiner langen Zunge saugt er den Blütennektar wie mit einem Strohhalm aus. Übrigens: Es gibt etwa 330 Kolibriarten. Der kleinste Kolibri heißt *Bienenelfe*, und die ist gerade mal sechs Zentimeter groß.

### Was machen Blattschneiderameisen mit den Blättern?

Antwort: (809)

Die kleinen Blattstücke, welche die fleißigen Arbeiterinnen der Blattschneiderameisen aus den Blättern heraussägen, werden von den Insekten nicht gefressen, sondern massenweise in den Bau transportiert. Dort wird das Grünzeug zu einem Brei zerkaut, auf dem dann ein bestimmter Pilz wächst. Und von diesem Pilz ernähren sich die Ameisen. Diese Pilzgärten werden von den kleinsten Arbeiterinnen gehegt und gepflegt. Sie entfernen Sporen von anderen Pilzen und legen neue Kulturen an. Biologen vermuten sogar, dass die Ameisen über spezielle Bakterien verfügen, die als Dünger für den Futterplatz dienen. Der Pilz bildet aufgrund der sorgfältigen Pflege durch die „Gärtnerinnen" am Ende seiner Pilzfäden knöllchenartige Wucherungen, die man „Ameisenkohlrabi" nennt. Das ist dann das Futter, von dem die Blattschneiderameisen leben. Unter all den vielen Arbeiterinnen und wenigen Männchen gibt es übrigens nur eine Königin. Sie ist das einzige fruchtbare Tier im ganzen Ameisenstaat.

### Warum schlafen die Beine manchmal ein?

Antwort: (810)

Das passiert immer dann, wenn wir beispielsweise die Beine längere Zeit übereinandergeschlagen haben oder ganz einfach nur ungünstig sitzen oder liegen. Dabei wird das Bein oder der Fuß nicht mehr genügend durchblutet. Die Sauerstoffzufuhr in den Gefäßen und Nervenzellen wird dadurch unterbrochen. Die Nerven melden dieses „Problem" umgehend dem Gehirn, und die Folge ist das typische Kribbeln oder Brennen. Und das ist auch gut so. Dieses Warnsignal ist für uns sehr unangenehm und wir reagieren deshalb sofort, indem wir das Bein massieren oder uns bewegen. Nach kurzer Zeit, wenn die Durchblutung wieder normal funktioniert, hört auch das lästige Kribbeln auf. Wir würden jedoch gar nichts spüren, würden die Gefäße unserer Gliedmaßen viel zu lang nicht durchblutet werden, und das wäre sehr gefährlich. Das ist wie bei Schmerzen aller Art. Dadurch signalisiert uns das Gehirn: Warnung! Irgendetwas stimmt nicht.

### Stimmt es, dass Astronautenanzüge kein Heiz-, sondern ein Kühlsystem besitzen?

Antwort: (811)

Ja, das stimmt tatsächlich. Im Weltraum herrschen extreme Temperaturen. Einerseits die große Kälte im Vakuum des Raums und andererseits starke Hitze bei Sonneneinstrahlung. Damit die Astronauten also nicht an Unterkühlung sterben bzw. einen

Hitzeschlag erleiden, tragen sie spezielle Hightech-Raumanzüge. Die Isolierung der Anzüge ist so aufgebaut, dass Kälte und Hitze von außen nicht eindringen können. Gleichzeitig verhindert das Material, dass Körperwärme entweicht. Der menschliche Körper gleicht einem Bioheizkraftwerk. Ohne Kühlung und die Möglichkeit, Körperwärme abzugeben, würden die Körper der Astronauten lebensgefährlich überhitzen. Aus diesem Grund wird ein Wasserkühlsystem in die Anzüge eingebaut. Das besteht aus vielen kleinen Schläuchen, durch die das Wasser zirkuliert.

**Woher wissen die Fernsehsender, wie viele Zuschauer ihr Programm anschauen?**
Antwort: (812)
Die sogenannten Einschaltquoten geben Aufschluss darüber, wie viele Menschen eine bestimmte Sendung angeschaut haben. Wenn eine Sendung eine niedrige Einschaltquote hat, wissen die Verantwortlichen in den Sendern, dass der Film, die Show oder die Dokumentation den Fernsehzuschauern nicht gefallen hat. Die Sendung wird dann aus dem Programm genommen. Die Zuschauerzahlen werden von der GfK, der Gesellschaft für Konsum, Markt und Absatzforschung, ermittelt. Natürlich können die nicht alle Einwohner Deutschlands fragen, welche Sendung ihnen gefallen hat und welche nicht. Deshalb machen sie Stichproben. Insgesamt machen ungefähr 5000 Haushalte stellvertretend für alle Fernsehzuschauer bei der Befragung mit. Sie haben von der GfK spezielle Fernbedienungen bekommen, die an einen Computer angeschlossen sind. Jedes Ein-, Um-, oder Ausschalten zeichnet der Computer auf und sendet diese Informationen an die GfK. Daraus wird dann errechnet, wie viele Menschen eine bestimmte Sendung gesehen haben.

**Sind im Hausstaub wirklich lauter kleine Tierchen drin?**
Antwort: (813)
Ja, das stimmt, nämlich sogenannte Hausstaubmilben. Täglich bilden sich etwa sechs Milligramm Staub pro Quadratmeter. Hausstaub setzt sich aus allen möglichen organischen und anorganischen Bestandteilen zusammen. Wir verlieren abgestorbene Hautzellen, Haare und Schuppen, da sich unsere Haut ständig erneuert. Die Kleidung verliert kleinste Faserteile durch Reibung an Möbeln, wenn wir uns irgendwo hinsetzen. Abgase und Blütenpollen dringen durch das geöffnete Fenster in die Wohnung. In diesem Sammelsurium von „Nährstoffen" fühlt sich die Hausstaubmilbe ganz besonders wohl. Das nur einen Bruchteil eines Millimeters große Spinnentier ernährt sich von Hausstaub und seine Exkremente können bei empfindlichen Menschen Allergien, die sogenannte Hausstauballergie, auslösen. Durch häufiges Staubwischen und Staubsaugen kann man das Staubaufkommen zwar eindämmen – ganz staubfrei dagegen bekommt man Wohnräume nie.

**Seit wann ist der Hund schon der beste Freund des Menschen?**
Antwort: (814)
Bislang war man der Meinung, dass der Mensch vor rund 14 000 Jahren begann, Hunde zu halten. Nach neueren Untersuchungen soll die Freundschaft zwischen Hund und Mensch aber schon vor 100 000 Jahren entstanden sein. Damals war der Mensch noch

längst nicht so intelligent wie heute und vermutlich gar nicht in der Lage, Tiere zu züchten oder gar zu dressieren. Deswegen geht man heute davon aus, dass der Wolf dem Menschen zuerst als Parasit folgte und sich den Zweibeinern freiwillig anschloss, weil er dadurch viele Vorteile hatte. Vielleicht machte er sich auch durch Kläffen und Jaulen oder das Aufspüren von Beutetieren nützlich und erhielt dafür immer etwas von der Jagdbeute. So profitierten beide voneinander, und so wurde der Hund im Laufe der Zeit der beste Freund des Menschen.

**Woher hat die Kiwi eigentlich ihren Namen?**
Antwort: (815)
Ursprünglich stammt die Kiwi aus China, daher nannte man sie auch chinesische Stachelbeere. Sie ist die Frucht des sogenannten chinesischen Strahlengriffels, eines wärmeliebenden, grünen Strauches mit großen, behaarten Blättern, der bis zu acht Meter hoch ranken und klettern kann. Ein ausgewachsener Strauch kann bis zu 1000 Früchte tragen. Seit einigen Jahren werden Kiwis aber auch in Kalifornien, Frankreich und vor allem in Neuseeland produziert. Den Namen Kiwi erhielt die süße Frucht von den Neuseeländern, welche die chinesische Stachelbeere um 1900 aus dem Reich der Mitte einführten. Ihr Wappentier, der flugunfähige Kiwi, ist überall in der Welt bekannt, denn er kommt nur in Neuseeland vor. Die Neuseeländer wollten ihr neues Exportprodukt weltweit bekannt machen und deshalb nannten sie die Frucht Kiwi. Übrigens: Die Neuseeländer sind so eng mit dem Namen Kiwi verbunden, dass sie sich sogar selbst scherzhaft Kiwis nennen.

**Gab es Atlantis nun wirklich oder ist es nur eine Legende?**
Antwort: (816)
Der Mythos um die versunkene Welt von Atlantis entstand, als der griechische Philosoph Platon vor 2500 Jahren in einer Erzählung darüber berichtete. Demnach sollen die Bewohner von Atlantis in großem Reichtum und in Eintracht gelebt haben. Erst als Neid und Missgunst in diesem Paradies Einzug hielten, war es dem Untergang geweiht und versank. Seitdem wurden unzählige Expeditionen unternommen, um das sagenumwobene Reich zu finden. Man vermutete Atlantis schon an den unterschiedlichsten Orten. Neue Ausgrabungen auf der ganzen Welt ließen die Hoffnung immer wieder aufflammen – bis heute ohne Erfolg. Die meisten Forscher glauben deshalb, dass Platon diese Geschichte wie ein Märchen einfach nur erfunden hat, um die Menschen zu ermahnen, dass Hochmut, Neid und Gier am Ende immer zum Untergang führen.

**Woher kommt der Ausdruck „Ich bin doch kein Krösus"?**
Antwort: (817)
Diese Redewendung wird verwendet, wenn man zum Ausdruck bringen will, dass man sich etwas nicht leisten kann. Krösus war ein sagenumwobener Herrscher im Königreich Lydien/Kleinasien. Während seiner Herrschaft von 560 bis 547 v. Chr. eroberte er zahlreiche griechische Städte und forderte von der besiegten Bevölkerung Steuergelder ein. Nicht nur die hohen Steuereinnahmen, sondern auch die Weiterentwicklung der Münzprägung, die zu dieser Zeit noch nicht ausgereift war, verhalfen König Krösus zu

unermesslichem Reichtum. Damit ihm auch die Götter wohlgesonnen blieben, opferte er ihnen großzügig Gold und Juwelen – denn das konnte er sich schließlich leisten. Eines Tages prophezeite ihm das Orakel von Delphi, er werde ein großes Reich zerstören, wenn er gegen die Perser in den Krieg ziehen würde. Der selbstbewusste Krösus dachte natürlich an die Zerstörung des großen Perserreiches, aber es sollte anders kommen. Seine Armee unterlag, und das große Reich, das zerstört werden sollte, war nicht Persien, sondern sein eigenes.

**Wann war die erste Fernsehübertragung?**
Antwort: (818)
Die erste regelmäßige Fernsehübertragung erfolgte im Jahre 1935. Ab 22. März 1935 wurde an drei Abenden pro Woche jeweils von 20.30 Uhr bis 22 Uhr ein Unterhaltungsprogramm gesendet. Die Sendungen hießen unter anderem *Der Aktuelle Bildbericht* und *Künstler stellen sich vor*. Außerdem konnten sich die Fernsehzuschauer über Ausschnitte aus Ton- und Kulturfilmen freuen. Etwa ein Jahr später, im Jahr 1936, wurden die Olympischen Spiele sogar live übertragen. Mit einem für die damalige Zeit revolutionären Zwischenfilmverfahren und einem Großangebot an Fernsehkameras gelang es den Fernsehleuten, die Sportveranstaltungen nahezu in Echtzeit in die Fernsehstuben zu übertragen. Die Verzögerung betrug nur etwa zwei Minuten. Als das Fernsehen noch in den Kinderschuhen steckte, waren die Fernsehgeräte so teuer, dass sich die Anschaffung fast niemand leisten konnte. Dafür gab es aber die öffentlichen Fernsehstuben.

**Was versteht man unter dem Ei des Kolumbus?**
Antwort: (819)
Unter dem Ei des Kolumbus versteht man eine Redensart, die für ein unlösbar erscheinendes Problem eine verblüffend einfache Lösung beschreibt. Und das kam so: Nach der Entdeckung Amerikas durch Christoph Kolumbus behauptete Kardinal Mendoza, die Entdeckung der Neuen Welt sei gar keine große Leistung gewesen – das hätte jeder andere auch geschafft. Daraufhin bat Kolumbus den neunmalklugen Kardinal, ein Ei auf der Spitze aufzustellen. Er probierte es immer wieder, aber es gelang ihm einfach nicht. Da nahm Kolumbus das Ei, schlug es leicht auf den Tisch, so dass es leicht eingedrückt wurde und siehe da, das Ei stand auf der Spitze. Mendoza protestierte natürlich mit der Begründung, dass er das auch gekonnt hätte und Kolumbus erwiderte: „Der Unterschied ist, dass Sie es hätten tun können, ich hingegen habe es getan!"

**Was ist größer: die Sonne oder der Mond? Und was ist näher an der Erde?**
Antwort: (820)
Das ist ziemlich einfach zu beantworten: Die Sonne ist der Stern im Zentrum des Sonnensystems. Ihr Durchmesser beträgt 1,3914 x 10 hoch 6 Kilometer (10 hoch 6 – das steht für 10 000 000! Auf Deutsch: das ist riesig!). Trotz ihrer Entfernung von Durchschnittlich 150 Millionen Kilometern zur Erde ist die Sonne für unser Leben hier von wichtiger Bedeutung. Viele wichtige Prozesse auf der Erdoberfläche, wie das Klima und das Leben selbst, werden durch die Strahlungsenergie der Sonne angetrieben. Im Vergleich dazu ist der Mond eher klein: Sein mittlerer Durchmesser beträgt „läppische" 3476 Kilometer.

Seine Entfernung zur Erde beträgt etwa (immer abhängig davon, wo er sich gerade befindet) „nur" 405 500 Kilometer. Er ist also rund dreihundertmal näher an der Erde dran als die Sonne. Deswegen haben es die Menschen auch vor etwa 40 Jahren tatsächlich geschafft, zu ihm hinzufliegen. Ein alter Menschheitstraum wurde wahr.

**Wieso ist der Haifisch eigentlich kein Fisch?**
Antwort: (821)
Naja, das ist er eigentlich doch. Er gehört zur Gattung der Knorpelfische (wie der Rochen). Es gibt eierlegende Haie und lebend gebärende Haie. Im Gegensatz zu uns Säugetieren sind diese Haibabys dann aber sofort voll entwickelt und auch ab dem Zeitpunkt der Geburt auf sich selbst gestellt. Vielleicht hast du mal in einer Tierdoku die Geburt so eines lebenden Haibabys gesehen und meinst jetzt, es wäre auch ein Säugetier. Aber es stimmt schon, nicht alle Meeresbewohner sind Fische. Es gibt eben auch Säugetiere, die sich im Laufe der Jahrmillionen der Entwicklungsgeschichte der Arten so ans Überleben in ihrer jeweiligen Umwelt angepasst haben, dass sie ähnliche körperliche Formen angenommen haben, wie zum Beispiel Fische. Der Delfin oder der Walfisch sind gute Beispiele für diese „Meeressäuger" genannten Tiere.

**Wer hat eigentlich das Radio erfunden?**
Antwort: (822)
Da waren gleich mehrere Leute beteiligt, kein einzelner. Die Umwandlung von akustischen Schallwellen in elektrische Impulse, ist eigentlich das Prinzip, das hinter (Hör-)funk steckt. Das gelang erstmals in der zweiten Hälfte des 19. Jahrhunderts mit der Erfindung der ersten Mikrofone durch Leute wie Philipp Reis und Alexander Graham Bell. Für die eigentliche Übertragung dieser Impulse musste aber erst mal das magnetische Telefon erfunden sein. Hier gibt es zahlreiche parallele Entwickler und Erfinder; die beste Lösung gelang 1876 Alexander Graham Bell. Das Telefon setzte jedoch noch einen Draht als Leiter voraus. Der drahtlose Rundfunk basiert auf der Entdeckung der elektromagnetischen Wellen durch Heinrich Hertz im Jahre 1886. Guglielmo Marconi übertrug diese Entdeckung auf die Übertragung telegrafischer Nachrichten: Im Jahre 1897 gelang ihm erstmals drahtloses Funken (über fünf Kilometer Entfernung). 1901 funkte er schon über den Atlantik.

**Warum nennt man Rom die „ewige Stadt"?**
Antwort: (823)
Vielleicht aus Übermut? Oder Arroganz? Jedenfalls tauchte schon in der römischen Kaiserzeit der Begriff auf. Der römische Geschichtsschreiber Virgil (70-19 v. Chr.) schrieb die „Äneis", eine Erzählung der Vorgeschichte und Bedeutung Roms, das Nationalepos der Römer. Darin lässt er den Gott Jupiter prophezeien, dass Rom (als Herrscherin der Welt) ewig bestehen wird. Nun, das römische Reich ist, wie wir wissen, untergegangen ... Die Stadt Rom gibt's zwar heute noch, aber ob das auch in alle Ewigkeit so sein wird, bleibt abzuwarten. Der Geschichtsschreiber Ammianus Marcellinus hat (im vierten Jahrhundert nach Christus) den Spruch ein wenig abgeschwächt. Rom werde nach ihm wenigstens solange bestehen, wie Menschen leben.

Und Aurelius Prudentius Clemens (auch viertes Jahrhundert) verglich die Idee des ewigen Rom mit der Idee des christlichen Rom. Das römische Reich habe, so Prudentius, die Menge der Völker geeint und mit seinem Frieden den Christen den Weg bereitet.

**Was sind eigentlich die Inseln über dem Winde? Gibt es die wirklich?**
Antwort: (824)
Auch wenn der Name so klingen mag, handelt es sich bei diesen Inseln nicht um die Erfindung eines Romanautors. Es gibt sie nämlich tatsächlich, und zwar in der Karibik. Zusammen mit den Inseln *Unter dem Winde*, die sich vor der Küste Venezuelas hinziehen, bilden sie die sogenannten Kleinen Antillen, ein Bogen kleiner Inseln, der die Karibik im Osten vom Atlantischen Ozean trennt. Zu den Inseln *Unter dem Winde* gehören beispielsweise Martinique und Grenada – die Insel, die durch die Invasion amerikanischer Streitkräfte 1986 in die Schlagzeilen geraten war. Von diesem karibischen Inselstaat stammt übrigens ein Viertel der Weltproduktion an Muskatnüssen. Sogar in der Flagge ist eine dieser Nüsse abgebildet.

**In dem James-Bond Film *Goldfinger* stirbt eine Frau, weil ihr Körper komplett mit goldener Farbe bemalt wurde. Kann das wirklich passieren?**
Antwort: (825)
Der Mythos der „goldenen Frau", die zu Beginn des Filmklassikers aus dem Jahre 1964 dadurch getötet wird, dass ihr ganzer Körper mit Gold überzogen wird, ist wohl allen James-Bond-Fans bekannt. Dahinter steht die Idee, dass die Frau durch eine Unterbrechung der Hautatmung stirbt. Weniger bekannt ist jedoch, dass es sich hierbei in der Tat um einen Mythos handelt: Der Mensch atmet natürlich über die Lunge. Wenn die Haut mit Farbe überzogen und so die Hautatmung unterbunden wird, werden lediglich die Schweißproduktion und die Wärmeabgabe beeinträchtigt. Dadurch kann es zu einer Erhöhung der Körperkerntemperatur und eventuell zu einem Hitzschlag kommen.

**Frieren die Pinguine eigentlich, wenn sie dauernd auf dem Eis stehen?**
Antwort: (826)
Pinguine gehören zwar zu den Seevögeln, sie können allerdings nicht fliegen. Mit ihrem Körperbau sind sie in besonderem Maß an das Leben im Meer und an das Leben in extremen Kältezonen der Erde angepasst. Der Grund, warum Pinguine selbst auf eiskaltem Boden nicht festfrieren: Die Seevögel können die Durchblutung in ihren Füßen bis auf wenige Grad über dem Gefrierpunkt reduzieren. Dadurch geht wenig Wärme verloren und Erfrierungen werden vermieden. Da die Füße so kalt sind, taut das Eis, auf dem die Tiere stehen, nicht an. Wenn es nicht taut, kann es also auch nicht wieder gefrieren – und damit können es auch die Füße der Pinguine nicht. Die brütenden Pinguine berühren das Eis sogar nur mit den Fersen, um die Kontaktfläche mit dem Eis möglichst gering zu halten und einem Einfrieren ihrer Füße vorzubeugen.

**Was ist eigentlich ein Blasloch?**
Antwort: (827)
Als Blasloch bezeichnet man bei den Walen das Gegenstück zu den Nasenlöchern anderer Tiere. Sie dienen dem Tier zur Atmung. Die Wale stoßen die Atemluft durch das Blasloch aus, wobei der Atem kondensiert und bei größeren Walen eine Wolke bildet, durch die sich sogar einzelne Arten unterscheiden lassen. Bartenwale besitzen zwei, Zahnwale ein Blasloch. Im Deutschen wird das Blasloch oft fälschlich als Spritzloch bezeichnet, bei welchen es sich jedoch um eine Körperöffnung bei Knorpelfischen handelt. Ebenfalls als Blasloch wird ein Loch im Schnee bezeichnet, welches durch warme Luft, die aus dem Boden unter dem Schnee strömt, erzeugt wird. Die warme Luft stammt meist aus unterirdischen Höhlensystemen. Schon in kleineren Höhlen herrscht eine sehr stabile Lufttemperatur. Wenn im Winter die Außenlufttemperatur unter den Temperaturwert der Höhle fällt, beginnt die wärmere Höhlenluft nach oben zu drängen, wo sie dann durch eine zugeschneite Felsritze oder einen Höhleneingang an die Erdoberfläche trifft und so den auf der Öffnung liegenden Schnee auftaut.

**Warum hechelt ein Hund, wenn es heiß ist?**
Antwort: (828)
Damit zeigt der Hund, dass er schwitzt. Der menschliche Körper ist fast überall mit Schweißdrüsen ausgestattet, über die der Schweiß abgesondert wird, bei großer Hitze mehr, bei kühlem Wetter weniger. Der Schweiß verdunstet und regelt so die Körpertemperatur. Hunde verfügen aber nur über sehr wenig Schweißdrüsen. Diese befinden sich an den Pfotenballen. Sie produzieren also kaum Schweiß und können deshalb nicht über die Haut schwitzen. Aus diesem Grund lassen sie die feuchte Zunge heraushängen und hecheln dabei. Der Speichel verdunstet und reguliert so die Körpertemperatur unserer Hausgenossen. Natürlich muss diese Feuchtigkeit schnell ersetzt werden, das heißt, gerade bei großer Hitze müssen Hunde viel Wasser trinken.

**Sind Komodowarane wirklich giftig?**
Antwort: (829)
Neueste Forschungen haben ergeben, dass Komodowarane über Giftdrüsen im Mund verfügen. Das Gift wird allerdings nicht zum Töten der Beute benutzt, sondern zum Verdauen der erlegten Tiere. Was du wahrscheinlich mit „giftig" meinst, ist die Tatsache, dass Komodowarane ihre Opfer beißen und in aller Ruhe abwarten, bis das verletzte Tier verendet. Ihr Speichel ist nämlich voll von infektiösen Bakterien, die dafür sorgen, dass die gebissenen Beutetiere innerhalb weniger Tage an einer Infektion – ähnlich wie bei einer Blutvergiftung – sterben. Die Warane haben nämlich kein starkes Gebiss und könnten große Beutetiere, wie zum Beispiel Wasserbüffel, nicht erlegen. Durch den bakteriell verseuchten Speichel genügt schon ein Biss, um die Beute zu erlegen. Die Komodowarane haben einen sehr guten Geruchssinn. Mit ihrer gespaltenen Zunge können sie Aasgeruch aus einer Entfernung von bis zu 1,6 Kilometern wahrnehmen.

**Was ist der Unterschied zwischen einem Hurrikan und einem Taifun?**

Antwort: (830)

Sowohl bei einem Hurrikan als auch bei einem Taifun handelt es sich zunächst einmal um tropische Wirbelstürme. Ein Sturm wird dann als Hurrikan oder Taifun bezeichnet, wenn die Windgeschwindigkeit Orkanstärke (über 117 km/h) erreicht. Was einen Hurrikan von einem Taifun unterscheidet, ist nur der Ort, an dem der Wirbelsturm auftritt. Von Hurrikan spricht man, wenn sich der Sturm im Atlantik, im östlichen Nordpazifik oder im östlichen Südpazifik entwickelt. Von einem Taifun ist dann die Rede, wenn der Tropensturm in Ost- oder Südostasien oder im nordöstlichen Teil des Pazifiks auftritt. Abgesehen davon gibt es auch Tropenstürme namens Zyklone. So heißen die Orkanstürme im indischen Ozean. Seit 1953 erhalten Hurrikane sogar Namen. Anfangs nur weibliche, ab 1979 auch männliche Vornamen.

**Was ist eigentlich ein Bindi?**

Antwort: (831)

Bindi kommt aus der indischen Sprache Hindi und bedeutet so viel wie Tropfen oder Punkt. Bei einem Bindi handelt es sich um einen aufgemalten oder aufgeklebten Punkt in der Stirnmitte zwischen den Augenbrauen. An dieser Stelle wird auch das energetische dritte Auge vermutet. Ursprünglich mussten sich verheiratete indische Frauen einen roten Punkt auf die Stirn malen. Heutzutage tragen aber auch unverheiratete Frauen und sogar Kinder manchmal so einen Punkt. Sie tun das allerdings freiwillig, weil es ihnen gefällt. Verheiratete Hindu-Frauen dagegen müssen auch heute noch zwingend ein Bindi tragen. Erst wenn sie verwitwet sind, können sie darauf verzichten, wenn sie wollen. Mittlerweile finden immer mehr indische Frauen an den Stirnmalen Gefallen. Es gibt sie in allen möglichen Farben und Formen, und man kann sie auch wie Schmuckstücke aufkleben und immer wieder verwenden.

**Stimmt es, dass es in Japan heute noch Frauen gibt, die ohne Sauerstoff nach Muscheln tauchen?**

Antwort: (832)

Ja, trotz moderner Möglichkeiten wird in Japan die jahrhundertealte Tradition der Ama-Frauen aufrechterhalten. Ama ist japanisch und bedeutet so viel wie Meerfrauen. Die Frauen tragen weiße Badekleider, Kopftücher und Taucherbrillen – mehr nicht. Keine Neoprenanzüge, die vor der Kälte schützen, und keine Sauerstoffflaschen. So primitiv ausgerüstet fahren sie mit ihren Booten aufs Meer und tauchen dort nach Muscheln, Seeigeln und vor allem nach Awabi, sogenannten Seeohrschnecken, eine besondere Delikatesse in Japan, für die Feinschmecker in den Restaurants sehr viel Geld bezahlen. Oft hat das Meer eine Temperatur von gerade mal zwölf Grad, aber diese Frauen sind abgehärtet und durch langjährige Erfahrung daran gewöhnt. Nicht selten tauchen Amas auch noch im hohen Alter von 70 Jahren. Eine der ältesten Frauen ist sogar schon über 80, und sie denkt noch immer nicht ans Aufhören.

**Auf welchem Kontinent leben die giftigsten Tiere?**
Antwort: (833)
Auf jedem Kontinent der Erde gibt es giftige Tiere, aber die allermeisten kommen eindeutig in Australien vor. Dort lebt auch das einzige giftige Säugetier der Welt: das Schnabeltier. Die Männchen verfügen über je einen Giftdorn an den Hinterbeinen. Sein Gift ist zwar nicht tödlich, dafür verursacht es extrem starke Schmerzen. In Australien lebt auch die Sidney-Trichternetzspinne, die giftigste Spinne der Welt. Inzwischen gibt es aber Gott sei Dank ein wirksames Gegengift, sodass nur noch wenige Menschen an einem Biss sterben. In den heißen Wüstengegenden Australiens ist auch die giftigste Schlange der Welt zu Hause: der Inlandtaipan. Sein Gift ist etwa 50-mal so stark wie das der indischen Kobra und 800-mal giftiger als das der Diamantklapperschlange. Allerdings ist diese Schlange nicht aggressiv, sondern sehr scheu. Sie beißt nur zu, wenn sie sich bedroht fühlt.

**Ist der Borkenkäfer eigentlich schädlich oder nützlich?**
Antwort: (834)
Diese Frage ist gar nicht leicht zu beantworten, denn genaugenommen kann der Borkenkäfer auch nützlich sein. Borkenkäfer leben – wie der Name schon sagt – zwischen der Rinde und dem Stamm von Bäumen. Dort bohren sie sich ihre Gänge und zerstören somit die Wasserleitungen des Baumes. Die Folge: Der Baum kann das Wasser nicht mehr vom Boden in die Äste leiten und stirbt. Normalerweise befallen Borkenkäfer nur kranke und umgestürzte Bäume. Sie befreien den Wald sozusagen von den kranken Bäumen – so wird Platz für neue, junge Bäume geschaffen. Ein gesunder Baum kann sich in der Regel gegen die Bohrattacken des  Borkenkäfers wehren, indem er die Löcher sofort mit Harz verklebt. Treten die Insekten allerdings massenhaft auf, haben auch gesunde Bäume keine Chance, sich dagegen zu wehren. So werden Borkenkäfer schnell zu Schädlingen und zur Plage für den Wald.

**Seit wann spielt man eigentlich schon Fußball?**
Antwort: (835)
Das moderne Fußballspiel, so wie wir es kennen, wurde ungefähr vor 150 Jahren erfunden – und zwar in England. Der dabei verwendete Ball war allerdings noch nicht so ausgereift wie die heutigen Hightech-Bälle. Nicht mal richtig rund waren sie, denn sie bestanden aus einer luftgefüllten Schweinsblase, die mit Lederriemen umwickelt war. Seit 1958 gibt man den Weltmeisterschaftsbällen sogar Namen. Der erste hieß Telstar und es folgten weitere mit so klangvollen Namen wie Azteka oder Teamgeist. Der Ball, mit dem während der Weltmeisterschaft 2010 in Südafrika gekickt wurde, hieß Jabulani. Übrigens: Die Menschheit hat schon lange, bevor das Fußballspiel populär wurde, Spaß an Ballspielen gehabt. Den ersten Ball haben die Chinesen vor über 2000 Jahren erfunden. Dieser war etwa faustgroß und bestand aus einer Lederhülle, die mit Tierhaaren gefüllt war.

**Seit wann gibt es Nylonstrümpfe?**
Antwort: (836)
Nylonfasern gibt es seit dem Jahr 1935. Der Chemiker Wallace Hume Carothers, der für den US-Chemiekonzern DuPont arbeitete, entwickelte die erste Nylonfaser aus Kohle, Luft und Wasser. Einige Jahre später kam man auf die Idee, aus dieser Wunderfaser Damenstrümpfe zu fertigen. Die Frauen rissen sich förmlich danach. Am 15. Mai 1940 verkaufte DuPont innerhalb einiger Stunden fünf Millionen Paar Nylonstrümpfe in den ganzen USA. Anfangs war die Fertigungstechnik noch nicht so ausgereift, dass man Strümpfe ohne Naht produzieren konnte. Die Nylonbahnen wurden einfach zusammengenäht. Die Naht konnte man zwar von der Ferse bis zur Wade sehen, aber dafür machte der Nahtstrich ein schlankes Bein und die modebewussten Damen fanden das todchic. Später dann wurde die Technik weiterentwickelt, und es gelang, Strümpfe wie Schläuche, also ohne Naht, herzustellen.

**Was ist eigentlich ein Murmeltiertag?**
Antwort: (837)
Jedes Jahr am 2. Februar wird seit der Mitte des 19. Jahrhunderts in vielen Staaten Nordamerikas der Tag des Murmeltiers – der sogenannte Groundhogday – begangen. An diesem Tag soll sich herausstellen, wie lange der Winter wohl noch dauern wird. Nach einem alten Mythos, den es schon seit der Keltenzeit gibt, sollen Murmeltiere in der Lage sein, den Menschen zu zeigen, ob der Frühling bald kommt oder der Winter noch länger anhält. Zu diesem Zweck werden am 2. Februar Murmeltiere aus dem Winterschlaf geweckt und aus ihrem Bau gelockt. Die Legende besagt nun folgendes: Wenn das Murmeltier ins Freie krabbelt und seinen Schatten sieht, also wenn die Sonne scheint und der Tag sehr klar ist, verkriecht es sich wieder in seine Höhle und verschläft die nächsten sechs Wochen, das heißt, der Winter dauert noch länger. Wenn es keinen Schatten wirft, der Tag also bedeckt ist, steht angeblich der Frühling vor der Tür. Das berühmteste Murmeltier heißt Phil und lebt in Punxsutawney/Pennsylvania. Jedes Jahr pilgern viele Amerikaner dorthin und beobachten, wie Phil reagiert.

**Kann man wirklich seinen Wunschzettel an das Christkind schicken?**
Antwort: (838)
Ja, das kann man. Es gibt einige Weihnachtspostämter, die während der Vorweihnachtszeit unzählige Briefe an das Christkind oder den Weihnachtsmann beantworten. Das wohl berühmteste Weihnachtspostamt existiert seit 1950 in dem kleinen oberösterreichischen Ort Christkindl. Die Adresse lautet: Postamt Christkindl, Christkindlweg 6, A-4411 Christkindl. Aber nicht nur Kinder schreiben an die Weihnachtspostämter und warten sehnsüchtig auf Antwort. Auch Briefmarkenfreunde und Sammler von Sonderstempeln freuen sich auf Post vom Christkind, denn oftmals werden die Briefe mit speziellen Weihnachtsbriefmarken und/ oder Sonderstempeln versehen. Wenn man an den Weihnachtsmann in Himmelsthür, 31137 Hildesheim schreibt, soll man sogar einen handschriftlich adressierten Antwortbrief mit Sonderstempel bekommen. Wer es ganz ausgefallen liebt, kann seine Post auch an den Nordpol schicken: Santa Claus, Nordpolen, Julemandes Postkontor, DK-3900 Nuuk.

**Woher kommen eigentlich die Wolken?**
Antwort: (839)
Die Erde ist ja bekanntlich ein Planet. Aus dem Weltall sieht die Erde aus wie eine runde Kugel. Die Oberfläche der Erde ist zum Großteil mit den großen Meeren bedeckt, in denen die Kontinente wie kleine Inseln aussehen. Wenn die Sonne auf diese Wasserflächen scheint, wird das Wasser erwärmt und ein Teil verdunstet. Überall auf der Erde schwirren winzige Staubteilchen und Salzkörnchen herum, die sich mit den verdampften Wasserteilchen verbinden, sie halten sich förmlich an ihnen fest. Und wenn nun diese Tröpfchen aus Staub, Salz und Wasser in die Höhe steigen, kühlen sie mehr und mehr ab. Je kälter es wird, desto sichtbarer werden die kleinen Tröpfchen. In der Kälte kondensiert das Wasser. Das, was am Himmel als weiße Wolke zu sehen ist, sind also Milliarden von winzigen Wassertröpfchen. Die Wolkengebilde sehen dann wie riesengroße Wattebällchen aus.

**Warum verlieren die Bäume im Herbst eigentlich ihre Blätter?**
Antwort: (840)
Wenn um diese Jahreszeit die Tage kürzer werden und die Sonne seltener scheint, wird es auch langsam kälter. Für Laubbäume wird es nun Zeit, sich auf den Winter vorzubereiten. Mit zunehmender Kälte wird es immer schwieriger, über die Wurzeln Flüssigkeit aufzunehmen. Beim ersten Frost stagniert die Wasseraufnahme sogar völlig. Auch der Farbstoff Chlorophyll, der für die Grünfärbung verantwortlich ist, wird langsam abgebaut. Deshalb färben sich die Blätter vor dem Abfallen auch rot und gelb. Durch eine Korkschicht am Schaft der Blätter wird die Verbindung zu den Ästen getrennt und die Blätter fallen ab. Müsste der Baum im Winter auch noch seine Blätter mit Wasser versorgen, würde er verdursten. Es ist also ein Schutzmechanismus des Baumes, um den Winter zu überstehen.

**Warum haben Hunde fast immer eine feuchte Nase?**
Antwort: (841)
Es ist ähnlich wie beim Menschen. Nase und Augen sind sowohl bei uns als auch beim Hund eng mit dem Tränenkanal verbunden. Wenn wir weinen, dann läuft nicht selten auch die Nase. Wenn also zu viel Tränenflüssigkeit vorhanden ist, läuft diese wie bei einem Schnupfen aus der Nase. Die Nase läuft aber auch, wenn wir von draußen ins Warme kommen. Wir Menschen putzen uns dann einfach die Nase. Der Hund benutzt zum Putzen seine Zunge, indem er sich über die Schnauze schleckt. Das macht er recht häufig und hat deshalb oft eine kalte, nasse Nase. Außerdem können Hunde nicht wie wir Menschen über die Haut schwitzen, sondern nur über Zunge, Nase und Füße Körperwärme abgeben. Der Mythos, dass Hunde mit warmen und trockenen Nasen krank sind, ist nicht richtig. Ein Hund leckt sich ja nicht andauernd über sein Riechorgan. Wenn ein Hund zum Beispiel schläft, dann bleibt seine Nase meistens trocken und warm.

**Warum gibt es den Weihnachtsbaum? Und was bedeutet der Adventskranz?**
Antwort: (842)
Der Weihnachtsbaum ist eine urdeutsche Erfindung. Man erzählt sich, dass diese Tradition ihren Ursprung beim Kirchenreformer Martin Luther hat. Als dieser in einer Weihnachtsnacht nach Hause kam, bestaunte er voller Begeisterung die Sterne am Himmel durch die Äste eines Baumes. Dieser Anblick gefiel Luther so gut, dass er kurzerhand eine kleine Tanne fällte und mit nach Hause nahm, um sie mit Kerzen zu dekorieren. Vielleicht ist das nur eine Legende, sicher ist jedoch, dass der Brauch vor etwa 400 Jahren entstand und sich dann über die ganze Welt verbreitete. Und was ist mit dem Adventskranz? Dieser ist ein sehr christliches Symbol. Die vier Kerzen stehen für das Licht, das Jesus Christus auf die Welt gebracht hat. Der erste Adventskranz wurde 1839 von einem evangelischen Theologen in einem Haus für arme Kinder aufgehängt. Dieser hatte 19 kleine Kerzen für die Werktage und vier große Kerzen für die Adventssonntage. Ursprünglich war der Kranz aus Holz und viel größer als der, den wir heute im Wohnzimmer haben.

**Wer hat eigentlich das Kaleidoskop erfunden?**
Antwort: (843)
Schon die alten Griechen kannten das Kaleidoskop. Der Name kommt aus dem Altgriechischen und bedeutet so viel wie „Schöne Formen sehen". Tatsächlich kann man mit dem Kaleidoskop, das meistens aus einem Rohr mit Guckloch am einen Ende und einer verspiegelten doppelten Glasplatte mit bunten Glassplittern darin am anderen Ende besteht, wunderbare farbenfrohe Muster erkennen. Mit jeder Bewegung des Kaleidoskops ändern sich Muster und Farben, und die Bilder wiederholen sich nie. Im Laufe der Jahrhunderte geriet das optische Gerät bis zu seiner Wiederentdeckung durch den schottischen Physiker David Brewster etwas in Vergessenheit. Brewster wollte eigentlich nur die Polarisation doppelbrechender Kristalle untersuchen und entdeckte dabei das Kaleidoskop neu. Übrigens: Das größte Kaleidoskop der Welt, der sogenannte Erdturm, stand bis 2005 auf der Expo in Japan. Es war 47 Meter hoch und die Glaskuppel hatte einen Durchmesser von 40 Metern.

**Warum ist es im Keller immer kühl?**
Antwort: (844)
Kühle Luft sammelt sich immer unten. Kühle Luft hat nämlich eine höhere „Dichte" als warme. Das bedeutet, dass bei gleichem Volumen kühle Luft mehr wiegt als warme und deshalb nach unten sinkt. Außerdem gelangt selbst im Sommer die Wärme meist nicht bis in die Keller, um die Luft dort anzuwärmen. Schließlich reichen Keller oft tief in den Boden. Und der ist bei uns in einigen Metern Tiefe nur etwa acht bis 10 Grad warm, weil die Sonnenwärme nur die obersten Schichten des Bodens erreicht. Als es noch keine Kühlschränke gab, wurden alle verderblichen Lebensmittel deshalb im Keller aufbewahrt. Früher wurden sogar eigens für die Aufbewahrung von Eisblöcken zur Kühlung sogenannte Eiskeller errichtet. Bis ins 18. Jahrhundert konnten sich allerdings nur wohlhabende Menschen so einen Eiskeller leisten. Die ärmere Bevölkerung musste

mit dem Kartoffelkeller vorlieb nehmen. Anfang des 20. Jahrhunderts wurden die ersten Kühlgeräte entwickelt und die Eiskeller verschwanden Stück für Stück.

**Ist es wahr, dass Delfine schon Seeleuten geholfen und Ertrinkende gerettet haben?**
Antwort: (845)
Das stimmt tatsächlich. Delfine sind sehr intelligente und soziale Tiere. Immer wieder wird berichtet, dass Delfine Menschen vor dem Ertrinken gerettet haben. Warum sie das tun, haben Forscher allerdings noch nicht herausgefunden. Sie vermuten, dass die Delfine den Ertrinkenden für ein neugeborenes Delfinbaby halten könnten, das die erwachsenen Tiere zu Luftholen an die Wasseroberfläche tragen. Der Delfin Filippo zum Beispiel hat vor der Küste der süditalienischen Stadt Manfredonia im Jahr 2000 einem 14-jährigen Jungen das Leben gerettet, als dieser aus einem Boot ins Meer gefallen war. Filippo hat den Jungen mit sanften Stupsern zum Boot zurückgebracht. Der Rundkopfdelfin Pelorus Jack wurde Ende des 19. Jahrhunderts berühmt, weil er Schiffe durch die Cook-Straße, einer Wasserstraße vor Neuseeland mit heimtückischen Strudeln und gefährlichen Untiefen, lotste.

**Gibt es eigentlich auch Schmetterlinge, die giftig sind?**
Antwort: (846)
Ja, die gibt es. Eine der giftigsten Schmetterlingsarten in Europa ist der Jakobskrautbär, auch Blutbär genannt. Die Hinterflügel sind leuchtend rot und die Vorderflügel schwarz gefärbt. Mit dieser auffallenden Farbe signalisiert der Falter möglichen Fressfeinden unmissverständlich: Lasst mich in Ruhe, denn ich bin sehr giftig! Im Raupenstadium ernährt sich der signalrote Falter hauptsächlich von giftigen Pflanzen wie Jakobsgreiskraut, Huflattich und Pestwurz. Das ist auch der Grund für die Giftigkeit der Insekten. Den Schmetterlingen selbst kann die Substanz nichts anhaben, denn ihr Körper produziert ein Gegengift. Die Raupen sind ebenfalls auffällig gefärbt. Mit ihrem schwarz-gelb geringelten Körper imitieren sie die Warnfarbe von Wespen und werden aus diesem Grund nicht gefressen.

**Es soll angeblich eine Eidechsenart geben, die drei Augen hat. Stimmt das?**
Antwort: (847)
Die gibt es tatsächlich. Es handelt sich dabei um die sogenannte Tuatara Brückenechse, die es nur in Neuseeland gibt. Diese Echsenart gibt es schon sehr lange, genauer gesagt seit 200 Millionen Jahren. Sie ist somit das älteste Reptil auf der Welt. Tuataras werden bis zu 75 Zentimeter lang, etwa ein Kilo schwer, und sie können 100 Jahre alt werden. Eine weitere Besonderheit dieses seltenen Reptils ist das besagte dritte Auge, das sich an der Stirn zwischen den anderen beiden Augen befindet. Allerdings sieht man dieses Auge nur, so lange die Echsen jung sind. Mit zunehmendem Alter wird dieses Auge von einer Schuppenschicht überdeckt. Bis heute haben die Forscher noch nicht herausgefunden, welchem Zweck dieses zusätzliche Auge bei den Jungtieren dient.

**Wo ist der Unterschied zwischen dem Hochhaus und dem Wolkenkratzer?**
Antwort: (848)
Diese Frage ist nicht ganz eindeutig zu beantworten, weil es nämlich keine genaue
Festlegung gibt, ab wann ein Hochhaus schon ein Wolkenkratzer ist und wann nicht.
Heutzutage gilt aber üblicherweise eine Höhenangabe von 150 Metern – Türme und
Sendemasten zählen übrigens nicht dazu, weil sie keine Wohn- bzw. Büroräume
aufweisen. Ein Hochhaus wiederum gilt dann als Hochhaus, wenn es eine Höhe von mehr
als 40 Metern oder mehr als 12 Stockwerken hat. Der erste Wolkenkratzer mit einer Höhe
von über 150 Metern – das 186 Meter hohe Singer-Building – wurde 1908 in New York
fertiggestellt. Das bisher höchste Gebäude der Welt ist das Burj Khalifa in Dubai. Es ist
828 Meter hoch und hat 162 Etagen. An zweiter Stelle folgt das 509 Meter hohe Taipei
Financial Center mit 101 Etagen. Der Taipei 101, wie der Wolkenkratzer auch genannt
wird, befindet sich in Taipeh, der Hauptstadt von Taiwan.

**Was sind eigentlich 1000-jährige Eier, und kann man die wirklich essen?**
Antwort: (849)
Man legt ein paar Enten- oder Hühnereier mit der Schale in ein Loch im Boden, in das
zuvor eine Mischung aus Holzasche, Salz und ungelöstem Kalk gefüllt wurde. Natürlich
liegen die Eier keine 100 und schon gar keine 1000 Jahre in der Erde. Nach 50 bis 100
Tagen holt man die Eier wieder aus dem Erdloch. Durch die basische Umgebung sind sie
gar und haltbar geworden. Die chinesische Spezialität mag aber nicht unbedingt jeder.
Für uns Europäer stinken die Eier als wären sie schon verfault. Das gallertartige Innere
mit seiner graugrünen Färbung ist ebenfalls für unser Auge nicht gerade appetitanregend.
Für die Chinesen sind die gammeligen Eier jedoch eine wahre Delikatesse, die zusammen
mit Sojasoße und Ingwer als Vorspeise serviert werden. Außerdem sollen sie vor
Krebserkrankungen schützen.

**Was versteht man unter Geocaching?**
Antwort: (850)
Geocaching ist eine Art moderne Schnitzeljagd. Geo kommt aus dem Griechischen und
bedeutet Erde, Cache ist englisch und heißt übersetzt Behälter. Beim Geocaching
versteckt jemand irgendwo einen Behälter, der mit einem oder mehreren Tauschgegen-
ständen gefüllt ist. Das kann alles Mögliche sein, z. B. ein Buch, eine Figur, ein
Schmuckstück, eine Flasche, ein Golfball, was auch immer. Derjenige, der etwas
versteckt, gibt im Internet bekannt, dass er etwas versteckt hat. Dazu veröffentlicht er die
Koordinaten der Stelle, wo der Behälter zu finden ist. Jeder, der das liest und Lust hat,
auf die Schnitzeljagd zu gehen, gibt diese Koordinaten in ein GPS-fähiges Handy ein,
und dann kann die Suche losgehen. Wenn man das Versteck gefunden hat, darf man den
Inhalt der Dose oder Kiste behalten; aber nur, wenn man dafür wieder einen gleich-
wertigen Gegenstand hineinlegt. Der Finder veröffentlicht seine erfolgreiche Suche dann
ebenfalls im Internet. Weltweit gibt es mittlerweile eine Internet-Community von über
einer Million Menschen, die sich mehr oder weniger regelmäßig an solchen Schatzsuchen
beteiligen.

**Was genau ist ein Rauschgoldengel?**

Antwort: (851)

Der Rauschgoldengel ist eine Figur, die man zur Weihnachtszeit aufstellt. In früheren Zeiten gehörte ein Rauschgoldengel genauso zur Adventszeit und zum Weihnachtsfest wie der geschmückte Christbaum. Die Flügel des Rauschgoldengels wurden aus sogenanntem Rauschgold gefertigt. Das sind sehr dünne Folien aus gewalztem Messing, die in Nürnberg erfunden wurden. Dort entstand auch der erste Rauschgoldengel. Wer ihn erschaffen hat, ist nicht bekannt, aber es gibt eine wunderschöne Legende. Einem Nürnberger Handwerksmeister starb sein einziges Kind. Da er den Tod seiner geliebten Tochter nicht verwinden konnte, verfiel er in tiefe Traurigkeit und wachte jede Nacht am leeren Bettchen seines Kindes. Eines Tages erschien ihm ein Engel mit goldenen Flügeln, der aussah wie seine Tochter. Er flüsterte ihm zu, dass er sich keine Sorgen machen solle – der Tochter gehe es gut im Himmel. Danach fand der Vater wieder neuen Mut und fing an, Engel mit dem Gesicht seiner Tochter und mit Flügeln aus Rauschgold zu schnitzen. Die Engelsfiguren wurden sehr beliebt und bekannt in aller Welt.

**Vanille soll auf einer Orchidee wachsen. Stimmt das?**

Antwort: (852)

Ja, das stimmt fast. Die Vanilleschote ist die Frucht eines Orchideengewächses, das ursprünglich in Mexiko beheimatet war. Die Azteken und Inkas verwendeten das wohlschmeckende Aroma der Vanille bereits vor über 500 Jahren zum Verfeinern von Kakao und Schokolade. Die Ureinwohner Mexikos nannten das aromatische Gewürz „Tlilxochit" – schwarze Blume. Wegen der schwierigen Aussprache gaben ihm die Spanier jedoch den Namen „Vainilla", was „kleine Schote" bedeutet. Vanille wird in Plantagen angebaut und geübte Arbeiterinnen bestäuben die Blüten in mühseliger Handarbeit. Das ist deswegen so schwierig, weil die Blüten nur an einem einzigen Tag im Jahr für wenige Stunden aufblühen. Vanille wird deswegen nicht umsonst die „Königin der Nacht" genannt. Auch die Verarbeitung nach der Ernte ist äußerst aufwendig und nimmt viel Zeit und Sorgfalt in Anspruch. Das erklärt dann auch, warum Vanille, nach Safran, eines der teuersten Gewürze auf der ganzen Welt ist.

**Wie können wir eigentlich schmecken?**

Antwort: (853)

Hauptsächlich auf unserer Zunge, aber auch in der Wangenschleimhaut und im Rachen befinden sich über 2000 geschmacksempfindliche Zellen, die man Papillen nennt. Jede dieser Papillen verfügt über etwa fünf bis zehn Geschmacksknospen. Jede der Geschmacksknospen enthält wiederum 40 bis 60 Sinneszellen. Bis Anfang des 20. Jhdts. ging man davon aus, dass der menschliche Geschmackssinn vier Geschmacksrichtungen unterscheiden kann: süß, salzig, sauer und bitter. Wissenschaftler haben aber noch einen fünften Sinn entdeckt: umami. (fleischig, herzhaft) Die in manchen Speisen enthaltene Glutaminsäure löst diesen Geschmack aus. Es gibt jedoch keine Geschmacksknospe, die nur eine dieser fünf Richtungen wahrnehmen kann. Eigentlich können alle Sinneszellen alles gleichzeitig wahrnehmen, nur in unterschiedlicher Intensität. Übrigens: Der

Geschmackssinn unterscheidet sich je nach Lebensweise. Fleischesser und Pflanzenesser etwa empfinden dieselbe Speise als unterschiedlich salzig.

**Stimmt es, dass es eine Kaffeesorte gibt, die aus dem Kot von Tieren gemacht wird?**
Antwort: (854)
Das stimmt nicht so ganz, aber du meinst wahrscheinlich den sogenannten Kopi-Luwak, den teuersten Kaffee der Welt. Diese Kaffeesorte wird nicht direkt aus dem Kot von Tieren gemacht, aber sie hat schon etwas mit dem Verdauungstrakt zu tun. Auf den Philippinen, Java und in Indonesien lebt die Zibetkatze, die zur Familie der Schleichkatzen gehört. Sie frisst mit Vorliebe reife und süße Kaffeekirschen. Das Fruchtfleisch wird verdaut, und der Kern, also die Kaffeebohne, wird mit dem Kot ausgeschieden. Im Magen- und Darmtrakt der Schleichkatze kommen die Bohnen mit Verdauungssäften und Enzymen in Berührung, die den Kaffeebohnen Säure entziehen und den Geschmack dadurch vorteilhaft verändern. Die ausgeschiedenen Bohnen werden mühsam eingesammelt und anschließend wie normaler Kaffee geröstet. Feinschmecker lassen sich ein Kilo Kopi-Luwak-Kaffee schon mal 1000 Euro und mehr kosten!

**Die höchsten Berge heißen Achttausender, oder? Wie viele gibt es davon?**
Antwort: (855)
Der höchste und zugleich bekannteste Berg der Welt ist der Mount Everest. Der 8850 Meter hohe Berg, der auch das Dach der Welt genannt wird, befindet sich im Himalaya-Gebirge. Der Neuseeländer Edmund Hillary und der einheimische Sherpa Tenzing Norgay haben am 29. Mai 1953 als erstes den Gipfel des Mount Everest bestiegen. Insgesamt gibt es 14 Berge, die über 8000 Meter hoch sind. Sie befinden sich alle in Asien. Neben dem Mount Everest zählen noch der K2, der Nanga Parbat und der Annapurna zu den bekannteren Gipfeln der insgesamt 14 Achttausender. Übrigens: Der bekannte Bergsteiger Reinhold Messner war der erste Mensch, dem es gelang, alle Achttausender ohne zusätzlichen Sauerstoff zu besteigen.

**Stimmt es, dass Lachse nur einmal im Leben Eier legen und dann sterben?**
Antwort: (856)
So allgemein kann man das nicht sagen, denn es gibt verschiedene Lachsarten, die man grob in atlantische und pazifische Lachse unterteilt. Beide Arten verbringen die ersten Lebensjahre im Meer. Wenn sie geschlechtsreif werden, wandern die Fische vom Meer zurück in die Quellgebiete der Flüsse, in denen sie einst geschlüpft sind. Diese Laichwanderungen fordern den Fischen sehr viel Kraft und Energie ab, denn sie müssen sich nicht nur vom Salzwasser auf das Süßwasser umstellen, sondern auf ihrer langen Reise gegen den Strom oft viele Hindernisse wie Wasserfälle und Stromschnellen überwinden. Wenn sie ihr Ziel dann endlich erreicht haben, nehmen sie keine Nahrung mehr zu sich. Die Lachshochzeit kann durchaus mehrere Tage dauern und schwächt die Tiere zusätzlich. Bei den atlantischen Lachsen sterben zwar die meisten an Entkräftung, aber ein paar wenige schaffen es doch, lebend ins Meer zurückzukehren. Die Pazifiklachse dagegen laichen grundsätzlich nur einmal in ihrem Leben und sterben alle nach der Eiablage.

**Haben die alten Römer italienisch oder lateinisch gesprochen?**
Antwort: (857)
Das große römische Reich breitete sich um das Jahr 117 über die britischen Inseln bis nach Afrika aus und reichte von der Iberischen Halbinsel bis in den nahen Osten. Die Bewohner des Imperiums sprachen tatsächlich Latein. Dabei unterschied man aber zwischen dem gesprochenen Latein des einfachen Bürgers, dem „Vulgärlatein" und dem Schriftlatein der gebildeten Oberschicht und der Philosophen und Dichter. Beim gesprochenen Latein gab es auch Dialekte, die sich von Provinz zu Provinz unterschieden. So entwickelte sich eine nordafrikanische, eine spanische und eine gallische Form. Die Kinder der römischen Oberschicht, die von Lehrern und Philosophen unterrichtet wurde, lernten neben Schriftlatein aber auch Griechisch. Das gesprochene Latein wurde über die Jahrhunderte von Generation zu Generation weitergegeben, und es entwickelten sich daraus die romanischen Sprachen wie Italienisch, Französisch, Spanisch und Rumänisch.

**Seit wann gibt es schon Scotland Yard?**
Antwort: (858)
Englands Hauptstadt London war schon vor 200 Jahren eine Großstadt. Aufgrund der großen Unterschiede zwischen Arm und Reich ereigneten sich in dieser Zeit extrem viele Gewaltverbrechen. Die Kriminellen konnten in der Anonymität der Millionenstadt besonders leicht untertauchen und so wurden auch die wenigsten Verbrechen aufgeklärt. Hinzu kam, dass die Londoner keine staatliche Polizei für die Verbrechensaufklärung wollten, da sie fürchteten, der König könnte die Beamten für seine eigenen Interessen nutzen und die Rechte der Bürger noch mehr einschränken. Lediglich Bürgerwehren sollten für Recht und Ordnung sorgen, was jedoch selten gelang. Der englische Staatssekretär Sir Robert Peel wollte dem nicht mehr tatenlos zusehen und gründete 1829 eine unbestechliche Polizeieinheit, die ihr Hauptquartier in einem Gebäude bezog, in welchen früher schon schottische Könige residierten. Daher kommt der Name dieser angesehenen und weltberühmten Londoner Polizei.

**Was bedeuten die drei Affen, die ihre Augen, ihren Mund und ihre Ohren mit den Händen zuhalten?**
Antwort: (859)
Dieses berühmte Sinnbild hat seinen Ursprung im Buddhismus Japans im 8. Jahrhundert. Es stellt drei nebeneinander sitzende Affen dar. Einer hält seine Hände vor die Augen, einer hält sich den Mund und ein weiterer die Ohren zu. Damit soll ausgedrückt werden: Man soll über Böses, das man sieht oder hört, weise hinwegsehen. Im Mittelalter erhielten die drei Affen aber eine etwas andere Bedeutung: Nichts sehen, nichts sagen, nichts hören. Und das wiederum geht auf ein mittelalterliches lateinisches Sprichwort zurück: „Audi, vide, tace, si tu vis vivere pace" (auf deutsch: Höre, sieh und schweige, wenn du in Frieden leben willst). In dieser Zeit war es sehr gefährlich, seine Meinung zu sagen oder sich gar über Ungerechtigkeiten zu beschweren. Man wurde für Zivilcourage und den Mut, seine Meinung zu äußern, oft in den Kerker geworfen oder gar hingerichtet.

**Wurden Baggy Pants wirklich zuerst in amerikanischen Gefängnissen getragen?**
Antwort: (860)
Der englische Begriff Baggy Pants bedeutet: sackartig ausgebeulte Hosen. Gemeint sind damit Hosen, die absichtlich so getragen werden, als würden sie jeden Moment runter in die Kniekehlen rutschen. Sie sitzen weit unter der Hüfte, sodass man sogar die Unterwäsche sehen kann. Diese Hosenmode, die bevorzugt von Jugendlichen getragen wird, hat ihren Ursprung tatsächlich in US-amerikanischen Gefängnissen. Gefangene dürfen dort aus Sicherheitsgründen keine Gürtel tragen – die Hosen waren aber oft zu weit und rutschten deshalb nach unten. Nach der Entlassung haben die Ex-Sträflinge ihre Hosen auch weiterhin auf diese Weise getragen. So gelangte dieser Modetrend Anfang der 1990er-Jahre über die Hip-Hop- und Rapperszene auch in die Kleiderschränke der Jugendlichen.

**Wieso können Knochen immer wieder zusammenwachsen?**
Antwort: (861)
Die Knochen bilden zusammen mit den Knorpeln das Skelett des Menschen. Knochen sind kein totes Gebilde, sondern sie bestehen aus lebendigem Gewebe und Knochenzellen, in die das Salz Kalziumphosphat eingelagert ist. Im Knochen befinden sich Eiweißfasern, die dafür sorgen, dass der Knochen elastisch und auf eine Art biegsam ist. Knochen sind extrem stabil und belastbar, aber auch sehr leicht. Wenn ein Knochen bricht, sorgt der Körper automatisch dafür, dass neues Knochenmaterial, sogenannter Kallus, gebildet wird. Voraussetzung dafür ist natürlich, dass die Bruchstelle ganz ruhig gestellt wird. Das geschieht, indem man den Knochen eingipst. Nach und nach wird der Kallus von sogenannten Knochenzerstörerzellen, die Osteoklasten heißen, wieder abgebaut, sodass der Knochen seine ursprüngliche Form zurückerhält. Der Körper bildet aber nicht einfach wahllos Knochensubstanz, sondern nur da, wo sie benötigt wird. Alles überflüssige Material wird danach einfach wieder abgebaut und zurückgebildet.

**Sind Seepocken Tiere oder Pflanzen?**
Antwort: (862)
Obwohl sie gar nicht so ausschauen, sind Seepocken Tiere. Sie gehören zur Gruppe der Krebse und man findet sie massenhaft an Hafenmolen, Schiffsrümpfen und Felsen. An Miesmuscheln haften sie besonders gerne, weil sie vom Filtrationsstrom der Muscheln profitieren. Auch die Seepocken filtrieren mit ihren Fangarmen, die sie aus ihrem Gehäuse herausstrecken können, Schwebepartikel aus dem Wasser. Ihr Gehäuse aus weißen Kalkschalen schützt die Pocken vor Hitze bei Ebbe und vor Kälte. Die Larven der kleinen Krebse schwimmen mehrere Wochen frei im Meer umher und suchen sich dabei ein geeignetes Plätzchen, an dem sie als erwachsene Tiere ihr ganzes Leben unbeweglich verbringen werden. Sie bevorzugen dabei Plätze, wo besonders viele Seepocken angesiedelt sind, damit sie sich später fortpflanzen können.

**Zu welcher Pflanzenart gehört Bambus?**

Antwort: (863)

Obwohl Bambus durchaus baumähnliche Dimensionen erreichen kann, ist er dennoch kein Baum, sondern ein Gras. Genauer gesagt, gehört der Bambus zur Familie der Süßgräser. Es gibt ungefähr 1200 verschiedene Arten, die hauptsächlich in Asien wachsen. Manche Sorten erreichen eine Höhe von 38 Metern. Trotzdem ist es kaum vorstellbar, dass man aus diesem Gras sogar Möbel herstellen kann. Bambus hat gegenüber Holz nämlich sehr viele Vorteile. Es wächst sehr schnell – manche Arten können bis zu einen Meter am Tag wachsen – es ist äußerst stabil und widerstandsfähig, bleibt dabei aber immer elastisch. Sogar Gerüste zum Bau von Wolkenkratzern in großen asiatischen Städten (Hongkong, Shanghai) werden auch heute noch traditionell aus Bambusstangen gefertigt. Sogar Textilfasern werden aus Bambus hergestellt, aber auch Gebrauchsgegenstände wie Musikinstrumente, Waffen, Körbe und Vorhänge. Die jungen Schösslinge des Bambus (Bambussprossen) kann man auch essen. Sie sind sehr schmackhaft und gesund. Dieses vielseitige Gras hat in Asien nicht nur praktische Bedeutung. In China steht der Bambus als Symbol für ein langes Leben, in Japan symbolisiert er die Reinheit und in Indien ist der Bambus ein Freundschaftssymbol.

**Was hat der Ohrenhöhler mit den Ohren zu tun?**

Antwort: (864)

Die Ohrwürmer gehören zu den Fluginsekten und haben trotz ihres Namens nicht viel mit Ohren zu tun. In der Antike sollen die Insekten getrocknet und in pulverisierter Form als Heilmittel gegen Ohrenkrankheiten verabreicht worden sein – daher auch der lateinische Name „auricula" (von auris; zu Deutsch Ohr). Im Laufe der Zeit geriet diese Behandlungsmethode in Vergessenheit, so dass man den Namen nicht mehr zuordnen konnte. Also nahm man an, dass diese Tierchen des Nachts ahnungslose Menschen im Schlaf heimsuchen, um in deren Ohren zu kriechen. Das stimmt aber nicht, und man tut den kleinen Tierchen auch noch Unrecht, denn als Allesfresser sind sie äußerst nützlich in unseren Gärten. Von den 2000 Arten leben bei uns in Deutschland lediglich acht. Diese aber vertilgen mit Vorliebe Blattläuse und Schmetterlingsraupen.

**Was ist eigentlich die UNO?**

Antwort: (865)

Die drei Buchstaben stehen für „United Nations Organisations". Die „Vereinten Nationen" sind eine Organisation, der inzwischen fast alle Länder der Erde angehören. Ihr wichtigstes Ziel ist, dass alle Menschen in Frieden miteinander leben, genug zu essen haben und die Freiheit besitzen, selbst über ihr Leben zu bestimmen. Um dieses schwierige Ziel zu erreichen, hat die UNO viele Unterorganisationen, die sich immer nur mit einem Thema beschäftigen und sich ständig überlegen, was man besser machen könnte. Das Kinderhilfswerk UNICEF, eine der Unterorganisationen der UNO, beschäftigt sich ausschließlich damit, wie es Kindern auf der ganzen Welt geht. Es sammelt Spenden und leitet Hilfsprojekte in vielen Ländern, wo es die Kinder nicht so gut haben wie wir. Der Weltkindertag am 20. September soll uns jedes Jahr daran erinnern.

**Warum kommen Tierbabys immer im Frühling und nicht im Winter zur Welt?**
Antwort: (866)
Die meisten Tierbabys kommen im Frühling auf die Welt, weil in dieser Jahreszeit die
Lebensbedingungen viel besser sind, als im Winter. Das Nahrungsangebot ist dann viel
größer. Pflanzen wachsen und Insekten gibt es in Hülle und Fülle. Tierkinder müssen
nämlich sehr viel fressen, damit sie schnell wachsen und bis zum folgenden Winter
kräftig genug sind, um ohne die Hilfe ihrer Eltern leben zu können. Auch die wärmeren
Temperaturen tragen dazu bei, dass der Tiernachwuchs bessere Chancen hat, um zu
überleben. Im Winter würden die Jungtiere schnell erfrieren. Im Frühjahr und Sommer
sind Tiereltern unermüdlich damit beschäftigt, Nahrung für den immer hungrigen
Nachwuchs heranzuschaffen.

**Wie funktioniert eine Glühlampe?**
Antwort: (867)
In der Glühlampe befindet sich ein ganz feiner Draht. Man muss schon sehr genau
hinsehen, um ihn erkennen zu können. Wenn man auf den Lichtschalter drückt, gelangt
elektrischer Strom durch das Kabel in das haarfeine Drähtchen. Da dieser Draht aber
eigentlich viel zu dünn für den vielen Strom ist, drängeln und schubsen sich die
Elektronen, aus denen der Strom besteht, ganz fürchterlich auf ihrem Weg durch den
Draht. Das hat zur Folge, dass der Draht immer wärmer und wärmer wird. Schließlich
wird er so heiß, dass er anfängt, zu glühen. Dabei können Temperaturen von fast 2500
Grad Celsius erreicht werden. Dieses Glühen sorgt dafür, dass die Glühlampe leuchtet.
Im Jahre 1897 wurde die Glühlampe von dem Amerikaner Thomas Alva Edison
erfunden. Davor erhellte man die Dunkelheit mit Petroleumlampen oder Kerzen.

**Es soll Salamander geben, die riesengroß sind. Stimmt das?**
Antwort: (868)
Ja, die gibt es tatsächlich. Dabei handelt es sich um den japanischen oder chinesischen
Riesensalamander. Und wie der Name schon sagt, kommen diese Amphibien
hauptsächlich in China und Japan vor. Skelettfunde beweisen, dass Riesensalamander
schon vor 14 Millionen Jahren existiert haben. Sie können eine Länge von eineinhalb
Metern und ein Gewicht von 25 bis 30 Kilo erreichen. Schön anzuschauen sind die
Schwanzlurche zwar nicht gerade – sie haben eine faltige bräunliche Haut, sind über und
über mit Warzen und Flecken bedeckt, und der riesige Kopf ist fleischig und flach. Die
winzigen Augen sitzen ganz außen am Kopf und sind kaum zu erkennen.
Riesensalamander sind nachtaktiv und brauchen zum Leben extrem sauberes und klares
Wasser, und sie ernähren sich von Fischen und Krebstieren. Weil Riesensalamander in
Asien als besondere Delikatesse gelten und eine große Rolle in der chinesischen Medizin
spielen, sind sie sehr selten und mittlerweile streng geschützt.

**Was ist eine Zitadelle?**
Antwort: (869)
Der Name stammt von dem italienischen Begriff „cittadella" ab, was „kleine Stadt"
bedeutet. Eine Zitadelle ist ein ganz spezieller Teil einer Festung. Innerhalb dieses durch
Wehranlagen gesicherten Ortes war die Zitadelle der am stärksten ausgebaute Teil, weil
hier der letzte Widerstandskern angesiedelt war. Wenn also der Ort angegriffen wurde
und der Feind immer tiefer eindrang, war die extra stark gesicherte Zitadelle der letzte
Rückzugsposten für die Angegriffenen. Oft wurde eine Zitadelle von den Machthabern,
die dachten, ihre Untergebenen seien ihnen gegenüber nicht loyal, auch als Schutzraum
ins Zentrum einer Stadt gebaut. Die älteste Form der Zitadelle ist die auf einem Hügel
gelegene Festung innerhalb oder am Rande der Stadt. Die äußere Form leitete sich mehr
oder weniger direkt aus den Umrissen des Berges oder Hügels ab, auf dem sie stand. Im
Griechenland der Antike wurde sie Akropolis genannt, was so viel bedeutet wie „Hohe
Stadt" und erfüllte auch die Form eines Heiligtums.

**Wieso kauen Kühe ständig?**
Antwort: (870)
Wiederkäuer sind Tiere wie Rinder, Schafe, Ziegen und Rehe. Ihre Verdauung
funktioniert ganz anders als beim Menschen oder anderen Säugetieren. Die Kuh
beispielsweise hat insgesamt vier Mägen anstelle von einem. Zuerst wird das Futter
(Gras, Heu oder Stroh) im Maul grob mit Speichel vermischt und ungekaut in den
Magen, den Pansen, befördert. Dort sorgen Milliarden von Bakterien dafür, dass die
Pflanzennahrung aufgeschlossen wird und anfängt zu gären. Das angedaute Futter
gelangt zurück ins Maul der Kuh und wird dann ausgiebig gekaut. Der Nahrungsbrei
gelangt anschließend in den Netzmagen, der ähnlich wie ein Sieb funktioniert und nur das
in den dritten Magen, den Blättermagen, lässt, was fein genug ist. Der Blättermagen
entzieht der Nahrung Wasser und Nährstoffe, bevor alles in den Labmagen, den vierten
und letzten Magen, gelangt, wo die eigentliche Verdauung stattfindet.

**Warum sollen vierblättrige Kleeblätter Glück bringen?**
Antwort: (871)
Zum einen braucht man sehr viel Glück, um in der Natur ein vierblättriges Kleeblatt zu
finden. Das liegt daran, dass es sich bei diesen Exemplaren um sogenannte Mutationen
handelt, das heißt, eigentlich ist das vierte Blatt eine Fehlbildung. Dazu gibt es auch eine
biblische Legende: Eva, die erste Frau auf Erden, nahm ein vierblättriges Kleeblatt als
Andenken aus dem Paradies mit. Darum soll man mit einem vierblättrigen Kleeblatt ein
Stück vom Paradies besitzen. Meist wird sich aber mangels Finderglückes mit dem
Glückssymbol als solches – auf Pappe, Papier oder virtuell – oder entsprechend geform-
tem Schmuckanhänger zufriedengegeben. Ein echtes, natürlich gewachsenes Kleeblatt
mit vier Blättern besitzen heute die wenigsten, außer als Züchtung vom Gärtner.

**Was versteht man unter einer grünen Lunge?**
Antwort: (872)
Die Blätter und Nadeln der Bäume sind wie riesige Filter. Sie reinigen die Luft, indem sie Unmengen von Staub aus der Luft filtern. Ein Hektar (10 000 Quadratmeter) Buchenwald kann jährlich rund 70 Tonnen, ein Hektar Fichtenwald etwa 30 Tonnen Staub aus der Luft aufnehmen. Die Bäume säubern aber nicht nur unsere Luft, sie produzieren auch den für Menschen lebensnotwendigen Sauerstoff durch die Photosynthese. Der grüne Farbstoff (Chlorophyll) ermöglicht es den Blättern, aus dem Kohlendioxid der Luft und dem Wasser aus der Erde, Nährstoffe zu gewinnen. Die dafür notwendige Energie liefert das Sonnenlicht. Bei diesem biochemischen Prozess wird Sauerstoff freigesetzt, den Mensch und Tier zum Atmen benötigen. Ohne Bäume und Pflanzen könnten wir also gar nicht leben.

**Wie funktioniert eigentlich ein Kompass?**
Antwort: (873)
Es wird vermutet, dass der Magnetkompass im 12./13. Jahrhundert von den Arabern nach Europa gebracht wurde. Er war besonders für die Seefahrer eine wichtige Erfindung. Mit einem Kompass kann man sich auf der Erde zurechtfinden, auch wenn der Himmel mit Wolken verhangen ist und wir nicht sehen können, wo genau die Sonne steht. Die Erde besitzt ein Magnetfeld, das von Süden nach Norden ausgerichtet ist. Wie das funktioniert, wissen Forscher bis heute nicht ganz genau. Beim Bau des Magnetkompasses hat man sich aber das Erdmagnetfeld zunutze gemacht: Die Kompassnadel orientiert sich an diesem Magnetfeld und zeigt uns die Himmelsrichtung an. Es gibt aber auch einen Kreiselkompass. Bei ihm dreht sich eine Scheibe schnell um die waagrechte Achse, bis sie sich zur Erdachse einpendelt.

**Es soll blaue Störche geben. Stimmt das?**
Antwort: (874)
Von Natur aus gibt es keine Störche mit blauem Gefieder. Du meinst wahrscheinlich die Meldung, dass in Norddeutschland zwei Störche mit blauem Gefieder gesehen worden sind. Die Menschen haben sich natürlich sehr darüber gewundert und die Wissenschaftler haben nach einer logischen Erklärung für dieses Phänomen gesucht. Ausgeschlossen wurde jedenfalls die Theorie, dass die Störche vielleicht etwas Blaues wie Heidelbeeren oder so was in der Art gefressen haben könnten. Flamingos beispielsweise erhalten ihre rosa Farbe nämlich durch das Fressen von roten Krebsen. Inzwischen glauben die Vogelexperten, dass die Störche sehr wahrscheinlich in blauer Farbe gebadet haben. Störche suchen ihre Nahrung manchmal auch auf Müllkippen. Möglicherweise sind die Tiere dort mit blauer Farbe in Berührung gekommen. Die Wissenschaftler warten nur darauf, eine blaue Feder zu erwischen, die sie untersuchen können. Erst dann kann man eindeutig sagen, woher die blaue Färbung kommt.

**Stimmt es, dass der Skywalk im Grand Canyon den Indianern gehört?**
Antwort: (875)
Ja, das stimmt. Den Indianern vom Stamm der Hualapai gehört zum einen das Gebiet am Grand Canyon und zum anderen auch der Skywalk selbst. Bezahlt wurde der Bau, der 30 Millionen US-Dollar gekostet hat, von David Jin, einem amerikanischen Unternehmer. Dafür kassiert er in den nächsten 25 Jahren die Hälfte der Eintrittsgelder. Der Skywalk (Himmelsweg) ist eine Aussichtsplattform in Form eines Hufeisens, die über dem Abgrund der Grand-Canyon-Schlucht schwebt. Der Boden besteht aus 7,5 Zentimeter dickem Spezialglas, das durch einen Stahlrahmen am Abgrund befestigt ist. Und wenn man darauf steht, kann man 1200! Meter in die Tiefe schauen. Schon seit ihrer Eröffnung im Jahre 2007 haben schon viele Tausend Menschen diese Touristenattraktion besucht. Übrigens: Das extra starke Spezialglas wurde von einer Kölner Firma entwickelt.

**Wie schafft es die Speikobra, mit ihrem Gift immer ins Gesicht zu treffen?**
Antwort: (876)
Wenn die Speikobra angegriffen wird, verteidigt sie sich, indem sie ihrem Angreifer über eine Entfernung von zwei bis drei Metern Gift mitten ins Gesicht schleudert. Das Gift wird mit Hochdruck durch die Zähne geschleudert. Dabei zielt die Schlange immer auf die Augen. Der Grund: Auf der Haut oder auf dem Fell richtet das Gift kaum Schaden an. Trifft es jedoch auf das empfindliche Auge, so reagiert die Hornhaut mit starkem Brennen. Der Angreifer wird erfolgreich außer Gefecht gesetzt und die Kobra kann währenddessen flüchten. Wissenschaftler wollten immer wissen, wie die Speikobra es schafft, immer zielsicher die Augen oder zumindest das Gesicht zu treffen. Zeitlupenaufnahmen zeigten, dass die Schlange ihren Kopf blitzschnell hin- und herbewegt und so die Streuung des Giftcocktails erhöht. Übrigens: Die Speikobra benutzt ihre Zielsicherheit beim Spucken nicht, um ihre Beute zu jagen, sondern ausschließlich, um sich gegen Feinde zu verteidigen.

**Wie entstehen Ebbe und Flut?**
Antwort: (877)
Ebbe und Flut nennt man auch Gezeiten. Das Wasser in den Ozeanen steigt und sinkt zwei Mal am Tag, das heißt, alle 12 Stunden ist Ebbe bzw. Flut. Das Phänomen der Gezeiten hat etwas mit dem Mond zu tun, denn nicht nur unsere Erde, sondern auch der Mond verfügt über eine starke Anziehungskraft. Während sich die Erde ein Mal am Tag um sich selbst dreht, zieht der Mond, der wiederum einen Monat braucht, um die Erde zu umrunden, die Wassermassen der Ozeane sozusagen hinter sich her. Dort, wo der Mond der Erde am nächsten ist, bilden sich Flutberge. Das Wasser, das bei Ebbe an der Küste verschwindet, ist nämlich nicht einfach weg, sondern eben nur in der Nähe des Mondes, wo es sich auftürmt. Bei Flut ist es dann genau umgekehrt. An der Nordsee zieht sich das Wasser bei Ebbe bis zu vier Meter zurück, an der Ostsee jedoch nur etwa 30 Zentimeter. Ebbe und Flut gibt es allerdings nicht nur bei den großen Ozeanen. Der Mond zieht auch das Wasser von Seen an. Man merkt nur nichts davon, da sich die Wasserhöhe bei kleinen Gewässern gerade mal um ein paar Millimeter ändert.

**Wie funktioniert das Quaken bei den Fröschen?**
Antwort: (878)
Normalerweise hört man nur die männlichen Tiere. Sie erzeugen den typischen Quaklaut, indem sie die Luft in ihren Lungen zusammenpressen und über den Kehlkopf in ihre sogenannten Schallblasen leiten. Diese ballonartigen Ausstülpungen befinden sich an den Mundwinkeln der Frösche. Wenn man quakende Frösche beobachtet, kann man sehen, wie sie die Blasen rhythmisch aufpumpen. Das sieht dann ungefähr so aus, als ob sie seitliche Kaugummiblasen machen. Froschmännchen quaken hauptsächlich, um ihr Revier zu verteidigen und um in der Paarungszeit Weibchen anzulocken. Das Quaken dient den Fröschen aber auch zur Verteidigung vor Fressfeinden. Wenn sie von einem Vogel gepackt werden, stoßen sie eine Art Schreckruf aus, der sich wie das Miauen kleiner Katzen anhört. Meistens erschrecken sich die Jäger dann so, dass sie die Beute loslassen. Während dieser Schrecksekunde können sich die Frösche dann blitzschnell in Sicherheit bringen.

**Warum darf man Kartoffeln nicht roh essen?**
Antwort: (879)
Dafür gibt es zwei Gründe. Zum einen enthalten die Kartoffeln viel Stärke. Diese ist ungekocht unverdaulich und liegt im Magen wie Blei. Erst wenn die Kartoffeln erhitzt werden und eine bestimmte Temperatur erreichen, kann Wasser in die dicht aneinander-gepackten Stärketeilchen eingelagert werden, und die Stärke quillt. Dann sitzen die Teil-chen nicht mehr so eng. Die menschlichen Verdauungsenzyme, welche die Nahrung in Einzelteile zerlegen, können dann besser arbeiten. Außerdem enthalten Kartoffeln die giftige Substanz Solanin, die zu Übelkeit, Durchfall und Krämpfen führen kann. Durch das Kochen der Kartoffel geht etwas Solanin aus der Knolle ins Wasser über, der Sola-ningehalt sinkt also, die Kartoffel wird verträglicher. Das meiste Solanin sitzt jedoch ohnehin in den Pflanzenteilen über der Erde, wie etwa in den Blüten und Blättern. In der Kartoffelknolle befindet sich zum Glück nur wenig von dem Giftstoff. Hat die Kartoffel-knolle jedoch grüne Stellen oder dunkle Flecken, sollten diese entfernt werden, da sich dort mehr Solanin bildet. Auch Kartoffeln, die schon keimen, enthalten viel Solanin und sind ungenießbar.

**Warum ist am Tag der Himmel blau, abends aber von der Sonne rot?**
Antwort: (880)
Verantwortlich dafür ist das Sonnenlicht. Es setzt sich aus allen Farben zusammen – auch, wenn wir auf Anhieb das nicht so sehen. Im Sonnenlicht ist auch blaues und rotes Licht enthalten. Die blauen Lichtwellen sind am kürzesten, die roten Lichtwellen am längsten. Wenn die Lichtstrahlen durch die Atmosphäre der Erde dringen, stoßen sie auf Gasmoleküle und ändern ihre Richtung. Fachleute sagen dazu: Das Licht wird gestreut. Wenn wir auf den Himmel schauen, sehen wir dieses gestreute Licht. Am Tag steht die Sonne hoch. Dann ist der Weg der Lichtstrahlen nicht lang, sodass auch die kurzen blauen Lichtwellen gestreut werden. Wir sehen blauen Himmel. Abends steht die Sonne tief, und der Weg durch die Atmosphäre wird für das Licht länger. Die blauen Licht-

wellen haben keine Chance mehr gegen die langen roten. Wir sehen das Abendrot und in der Früh das Morgenrot.

**Sind Fledermäuse mit Mäusen verwandt oder heißen sie nur so ähnlich?**
Antwort: (881)
Sowohl die Mäuseartigen als auch die Fledermäuse gehören zu den Säugetieren. Das haben sie also schon einmal gemeinsam. So eng verwandt, wie ihr Name vermuten lässt, sind die beiden Gruppen aber nicht. Die Fledermäuse sind vielmehr mit den Flughunden verwandt und bilden mit diesen zusammen die Ordnung der Fledertiere. Diese sind die einzigen Säugetiere, die aktiv fliegen können. Die Mäuse können natürlich nicht fliegen. Sie sind eher mit den Ratten verwandt. Sowohl Ratten als auch Mäuse sind Nagetiere, unter anderem erkennbar an den zwei Paar immer nachwachsenden, vergrößerten Schneidezähnen. Hinsichtlich ihrer Ernährung unterscheiden sich die Nager deutlich von den Fledertieren: Die Nager bevorzugen Pflanzen, nur einige wenige von ihnen sind Allesfresser. Fledertiere ernähren sich ganz unterschiedlich. Einige fressen Früchte, andere Insekten, wieder andere bevorzugen Wirbeltiere, manche Nektar und ganz wenige sogar Tierblut.

**Was genau ist der Unterschied zwischen einer Burg und einem Schloss?**
Antwort: (882)
Burgen sind meist viel, viel älter als Schlösser. Ganz frühe Burgen stammen aus vorchristlicher Zeit. Die meisten, die heute noch stehen, wurden allerdings erst im Mittelalter errichtet. Sie dienten Adeligen als Wohnsitz, zugleich aber auch als Verteidigungs- und Befestigungsanlage. Burgen stehen meist erhöht, auf Hügeln oder sogar Bergen, und sind von außen nicht gut zugänglich. Sie haben Schießscharten und hohe, schwer einnehmbare Türme. All das sollte Angreifer fernhalten bzw. die auf der Burg Wohnenden besser vor den Feinden schützen. Schlösser dagegen liegen meist in Ebenen, oftmals mitten in der Stadt, gerne von Parks umgeben. Sie werden weder durch Gräben noch durch starke Mauern geschützt. Meist dienten sie Fürsten als Wohn- oder Regierungssitz, manchmal auch als Urlaubsort. Im Gegensatz zur Burg sind sie sehr prachtvoll ausgestattet und sehen auch von außen einladend aus. Schließlich sollten sie schon durch ihre Schönheit die Macht der Herrscher verkörpern.

**Warum kann man den Kugelfisch essen, wenn er doch so giftig ist?**
Antwort: (883)
In Japan ist der Kugelfisch eine beliebte und sehr teure Spezialität, die Fugu heißt. Die Zubereitung erfordert extrem viel Sorgfalt und setzt ein besonderes Wissen über die Anatomie dieses Meerestieres voraus. Japanische Köche, die sich auf die Zubereitung von Fugu spezialisiert haben, benötigen dafür eine spezielle Ausbildung und sie müssen eine Lizenz vorweisen. Kugelfische enthalten in bestimmten Organen ein Nervengift, das den Menschen innerhalb 24 Stunden töten kann. Das Gift befindet sich hauptsächlich in der Haut, der Leber und den Eierstöcken. Das reine Muskelfleisch selbst ist nicht giftig. Der Koch muss diese Organe kennen und sie auf eine ganz bestimmte Art und Weise säubern bzw. entfernen, damit keinerlei Giftrückstände zurückbleiben. In Deutschland ist

die Zubereitung von Fugu übrigens verboten. Seinen Namen hat der Kugelfisch von seiner Form. Bei Gefahr kann er sich mit Luft oder Wasser aufblähen, sodass er kugelrund wird. Seine Haut ist mit Stacheln versehen, die normalerweise am Körper anliegen. Durch das Aufpumpen stellen sie sich auf und verleihen dem Fisch ein furchterregendes Äußeres, das mögliche Feinde abschreckt.

**Was ist der Unterschied zwischen Astrologie und Astronomie?**
Antwort: (884)
Schon immer haben die Menschen aus alten Kulturen den Himmel, die Sonne, den Mond und die Bewegung der Sterne beobachtet und entsprechend der technischen Möglichkeiten dieser Zeit erforscht und berechnet. Gleichzeitig hat man aber auch das Schicksal der Menschen und deren Charaktereigenschaften aus der Stellung der Sternzeichen vorhergesagt. Bis ins Mittelalter hinein gab es also kaum einen Unterschied zwischen Astrologie und Astronomie. Erst als im Jahre 1543 der Astronom Nikolaus Kopernikus die Planeten und Gestirne streng mathematisch und physikalisch untersuchte, trennte sich die Astronomie, die sich rein wissenschaftlich mit Himmelsphänomenen befasste, langsam von der Astrologie, die sich ausschließlich mit den Einfluss von Sternbildern auf die Menschen befasst. Astrologen erstellen Horoskope und sagen bestimmte Entwicklungen aufgrund der jeweiligen Sternzeichen voraus.

**Was ist eigentlich ein Tsunami und wie entsteht er?**
Antwort: (885)
Ein Tsunami ist eine übergroße hohe Welle, die auf dem Meer entsteht. Sie kann eine Höhe von bis zu 30 Metern erreichen. Ganz weit auf dem Meer draußen werden diese riesigen Wellenfronten kaum bemerkt. Wenn man sich jedoch nahe am Ufer befindet, kann eine so große Menge von Wasser eine starke Gefahr für Mensch und Natur darstellen. Die meterhohe Wasserfront trifft wie eine Mauer mit einer großen Geschwindigkeit auf das Land. Auch wenn sich auf diesem Land sichere und feste Bauwerke, Autos und starke Bäume befinden, ist es der Riesenwelle möglich, alles, was ihr in den Weg kommt, mitzureißen. Sie entstehen in den meisten Fällen nach Erdbeben, wenn sich die Bodenplatten unter der Erde gegeneinander bewegen, verhaken und aufeinander geschoben werden. Es kommt zu einer Spannung zwischen den Platten, die sich irgendwann auflöst, dabei wird auch der Erdgrund angehoben und das darüberliegende Wasser hebt sich mit und breitet sich aus.

**Warum schnurren nur Katzen, aber Hunde nicht?**
Antwort: (886)
Das Schnurren der Katzen ist ein angeborener Reflex, der durch ständige Schwingungen beim Ein- und Ausatmen entsteht. Angeboren bedeutet, dass die kleinen Katzenbabys diesen Reflex bereits seit ihrer Geburt besitzen und nicht erst von der Mutter lernen müssen. Reflex bedeutet, dass die Katze dieses Verhalten nicht bewusst oder willentlich steuern kann. Da Tiere nicht sprechen können, drücken sie ihre Empfindungen, Gefühle und Absichten mithilfe ihrer Körpersprache, aber auch mit den unterschiedlichsten Geräuschen und Lauten aus. Bei Katzen reicht das Repertoire vom wilden Fauchen über

wehleidiges Miauen bis hin zu lautem Schreien. Wenn eine Katze wohlig schnurrt, dann ist sie in der Regel vollkommen zufrieden, und sie fühlt sich wohl und geborgen. Man hat aber auch schon beobachtet, dass Katzen in Stresssituationen, oder wenn sie Schmerzen haben, ebenfalls schnurren. Es wird vermutet, dass in diesem Fall das Schnurren zur Beruhigung dient. Und den Hunden fehlt dieser angeborene Reflex des Schnurrens.

**Wachsen Haare und Nägel wirklich schneller, wenn man sie regelmäßig schneidet?**
Antwort: (887)
Die Haare wachsen nicht schneller, wenn man sie schneidet. Mit dem Gang zum Friseur sorgt man lediglich dafür, dass man schöner wird, und dafür, dass die Haare gesund bleiben. Denn wenn die Haare zu lang werden, können sie aufspleißen und brechen. Verhindert man nun mit Haarshampoo oder anderen Pflegeprodukten und der Schere solche Bruchstellen, kann man die Haare bloß irgendwann länger tragen. Aber die reine Wachstumsgeschwindigkeit von geschnittenen oder ungeschnittenen Haaren ist – wie auch bei Fingernägeln – dieselbe. Übrigens noch ein Irrtum: Fingernägel wachsen nach dem Tod nicht weiter. Es kann höchstens den Anschein haben, weil sich bei einem Toten die Haut etwas zurückzieht. Dadurch sieht es so aus, als ob der Fingernagel länger geworden sei.

**Warum beginnt man zu schwitzen, wenn man Angst hat?**
Antwort: (888)
Die Angst ist ein Reflex, der uns angeboren ist und der dafür sorgt, dass wir mit bedrohlichen Situationen so gut wie möglich umgehen können. Bei den Menschen in der Urzeit war der Angstreflex lebensnotwendig, denn sie waren bei der Jagd nach großen Tieren großen Gefahren ausgesetzt. Die Angst und die Symptome, die daraus entstehen, werden vom Gehirn gesteuert. Bei Gefahr sorgt unser Nervensystem dafür, dass wir möglichst viel Energie im Körper mobilisieren und dass sich alle unsere Sinne auf die bedrohliche Situation in kürzester Zeit einstellen. Dabei steigen Blutzucker- und Adrenalinspiegel – dadurch wird die Haut schlechter durchblutet. Sie fühlt sich kalt an und der Schweiß verdunstet dadurch nicht mehr so gut. Die Folge ist, dass die Schweißperlen den Körper herunterlaufen – dann spricht man vom „Angstschweiß".

**In letzter Zeit höre ich immer wieder den Begriff Nerd. Ist das ein Schimpfwort?**
Antwort: (889)
Der Name Nerd kommt aus dem Englischen und bedeutet Streber, Fachidiot, Langweiler, Sonderling. Hört sich erst einmal nicht so an, als wäre es ein Kompliment. In unserem modernen Sprachgebrauch werden hauptsächlich Computerfreaks oder total vergeistigte Wissenschaftler als Nerds bezeichnet. Eigenschaften: meist überdurchschnittlicher Intelligenzquotient, extremes Technikverständnis, wenig Interesse an Sport oder anderen Freizeitaktivitäten. Dabei handelt es sich natürlich um Klischees oder Vorurteile und nicht um eine Definition. Andererseits bezeichnen sich Computerfreaks und –spieler im Internet mittlerweile auch gerne selbst als Nerds. Sogar in der Modewelt verwendet man inzwischen gerne den Begriff Nerd-Brillen für große Hornbrillen, die zurzeit sehr angesagt sind.

**Stimmt es, dass Regenwürmer mehrere Herzen haben?**
Antwort: (890)
Ja, das stimmt tatsächlich. Regenwürmer haben sogar bis zu zehn Herzen! Dafür besitzen sie keine Lunge, denn sie atmen über ihre Haut. Regenwürmer nehmen den Sauerstoff über die ganze Hautfläche auf. Da sie in der Sonne sehr schnell vertrocknen würden, schützen sich die Würmer mit einer Schleimschicht, die von mehreren Drüsen produziert wird. Um zu überleben, müssen die Tiere immer feucht bleiben und versuchen, sich bei Sonnenschein so schnell wie möglich in die Erde zu verkriechen. Auch wenn bei Regen besonders viele Regenwürmer an der Bodenoberfläche zu sehen sind, so ist der Name doch irreführend. Bis zum 17. Jahrhundert hieß er nämlich „reger Wurm". Das hat etwas mit seinen Bewegungen zu tun. Erst später verpasste man ihm wegen seines vermehrten Auftretens bei Regen den Namen Regenwurm. Übrigens: Regenwürmer ertrinken nicht so schnell, da sie keine Lunge haben. Solange das Wasser genügend Sauerstoff enthält und nicht zu warm ist, halten die Würmer schon mal mehrere Wochen im Wasser aus.

**Was sind die Olympischen Spiele und seit wann gibt es sie schon?**
Antwort: (891)
Die Olympischen Spiele sind ein Sammelbegriff für verschiedene Sportwettbewerbe unterschiedlicher Länder, die in regelmäßigen Abständen ausgetragen werden. Es gibt Wettkämpfe im Sommer und im Winter, bei denen einzelne Sportler und auch ganze Teams gegeneinander antreten. Die olympischen Wettbewerbe werden vom sogenannten Olympischen Komitee (IOC) organisiert. Das ist ein Verein, der die Spiele betreut. Die Olympischen Spiele gibt es schon seit sehr langer Zeit. Schon in der Antike, noch vor der Geburt des Jesus Christus, fanden sie von etwa 776 v. Chr. bis 393 n. Chr. statt. Alle vier Jahre kam es zum sportlichen Kräftemessen auf dem Heiligen Hain von Olympia, einem Gebiet in Griechenland. Durch den Landstrich „Olympia" haben die Sportwettkämpfe ihren Namen bekommen, den sie bis heute tragen. Die Stadt München möchte gerne die Olympischen Winterspiele 2018 austragen.

**Können Schimpansen lachen, und wenn ja, wann tun sie das?**
Antwort: (892)
In der Vergangenheit dachte man, dass das Lachen ein einzigartiges Merkmal des Menschen sei. Doch auch Schimpansen „äffen" genauso gerne wie wir Menschen herum. Allerdings lachen die Tiere nicht wie wir, wenn sie etwas lustig oder komisch finden, sondern bei ihnen hat diese Geste eine eigene Bedeutung. So teilen sie den anderen Affen eigene soziale oder emotionale Botschaften mit. Genauso wie die Menschen grinsen Schimpansen oft, wenn sie sich schämen oder verlegen sind. Sie lachen besonders in Situationen, in denen sie entspannt sind. Dies kommt vor allem beim Spielen mit anderen Artgenossen vor. Es ist Schimpansen unmöglich, ein Lachen vorzutäuschen. Auf Befehl können die Tiere nicht lachen. Manche Tiertrainer setzen die Schimpansen deswegen oft unter Druck, dann ziehen sie eine ängstliche Grimasse, die der Mensch fälschlicherweise als fröhliches Lachen deutet.

**Wie schaffen es die Tiere, ihr tägliches Futter zu finden?**
Antwort: (893)
Auch Tiere haben die Fähigkeit, sich zu orientieren. Diese Eigenschaft brauchen sie nicht nur, um Futter aufzutreiben, sondern z. B. auch, um den Partner wieder aufzuspüren. Unter den Tieren gibt es verschiedene Orientierungsarten. Einige von diesen Praktiken benutzen auch wir Menschen, andere sind uns völlig fremd. Bienen beispielsweise vermitteln ihren Artgenossen den Weg zu entdeckten Blüten dadurch, dass sie einen Lufttanz aufführen und mit dem Hinterteil hin und her wedeln. Durch geradlinige Schwingungen wird dabei die Richtung angegeben. Andere Tiere dagegen, wie das Eichhörnchen oder manche Vögel, horten im Herbst ihr Futter, um gut über den Winter zu kommen. Sie verstecken ihr Futter, damit andere es nicht finden. Doch wie finden sie selber wieder das Versteck? Sie schauen sich die Umgebung sehr gut an und prägen sie sich so gut ein, dass sie sogar unter einer Schneedecke das vergrabene Futter wieder finden.

**Warum ist das Meer blau und nicht schwarz, weiß oder gelb?**
Antwort: (894)
Jeder kennt es und so gut wie jeder hat es schon mal gesehen: das Meer. Doch woher hat das Meer seine blaue Farbe? Dies hängt mit dem Licht zusammen, welches sich auf der Wasseroberfläche spiegelt. Das Sonnenlicht wiederum ist aus verschiedenen Farben zusammengesetzt. Dies weiß jeder, der schon einmal einen bunten Regenbogen gesehen hat. Das reine Wasser hat die spezielle Eigenschaft, alle Farben in sich aufzunehmen und zu verschlucken (Absorption). Das Blau jedoch wird ausnahmsweise vom Meer nicht aufgenommen, sondern zurückgeworfen (reflektiert). Dass das Meer nicht immer und überall wirklich blau ist, hängt mit den anderen Stoffen zusammen, die im Meerwasser enthalten sein können. Algen, also Wasserpflanzen, die in den Ozeanen vorhanden sind, können beispielsweise bei großen Mengen dafür sorgen, dass das Wasser grünbräunlich schimmert. Dies kommt z. B. an der Nord- und an der Ostseeküste vor.

**Wer hat das Impfen erfunden und warum muss man geimpft werden?**
Antwort: (895)
Der Erfinder der Impfung war der Brite Edward Jenner. Er bemerkte Ende des 18. Jahrhunderts, dass Personen, die sich mit einem Kuhpocken infizierten, nicht mehr an der gefährlichen Pockenkrankheit litten und rieb deswegen den Leuten das Kuhpockensekret in die Haut. Bei der heutigen Impfung wird mithilfe einer sehr dünnen Nadel das Immunsystem durch den Impfstoff zunächst gegen einen bestimmten Krankheitserreger aktiviert. Dabei gelangt jedoch nicht der eigentliche Krankheitserreger in den Körper, sondern lediglich eine abgeschwächte Form. Der Impfstoff selbst besteht aus abgetöteten Viren und Bakterien. Ziel einer Impfung ist, dass der Körper spezielle sogenannte Antikörper bildet und so gegen eine bestimmte Krankheit geschützt ist. Impfungen helfen nur bei Infektionen wie z. B. gegen Mumps, Windpocken, Röteln und Masern.

**Seit wann verwendet man Tapeten?**
Antwort: (896)
Die Geschichte der Tapete ist erstaunlicherweise schon recht alt. In Deutschland gab es erste Versuche damit vor etwa 500 Jahren. Sie wurden einst als preiswerter Ersatz für Wandteppiche angesehen, die bei Adeligen und in Klöstern zu finden waren. Auf die Rolle gekommen ist die Tapete schließlich vor rund 200 Jahren: Im Jahr 1799 ließ sich der französische Papiermacher Nicolas-Louis Robert (1761-1828) eine Maschine patentieren, „um Papier von einer sehr großen Ausdehnung machen zu können", wie es in seiner Patentschrift heißt. Nun stand dem Gebrauch von Tapeten nichts mehr im Weg, und immer mehr Wohnungen wurden tapeziert. Ab 1827 gab es dann die Tapeten als fortlaufende Papierrollen auch in Deutschland zu kaufen.

**Wieso bringt der Osterhase die Eier und beispielsweise nicht das Osterreh?**
Antwort: (897)
Für uns – hauptsächlich aber für die Kinder – gehört der Osterhase zum Osterfest wie bunt bemalte Eier und Süßigkeiten. Schon vor vielen Jahrhunderten ließ man gekochte Eier und allerlei andere Festtagsspeisen wie Schinken oder frischgebackenes Brot zum Osterfest in der Kirche weihen. Eier symbolisieren von jeher Fruchtbarkeit und Erneuerung. Im Laufe der Zeit begann man, die Eier für die Kinder zu verstecken. Da die Kinder natürlich immer wissen wollten, wer denn nun die Eier bemalt und versteckt habe, sagte man ihnen meistens, der Esel, der Fuchs oder gar der Kuckuck seien die Überbringer der kleinen Geschenke. Doch irgendwann – genau weiß man das nicht mehr – hat sich dann doch der Hase – ebenso wie das Ei ein Zeichen der Fruchtbarkeit – durchgesetzt. Hasenmütter können im Jahr bis zu 20 Junge bekommen.

**Wieso können Drachen fliegen?**
Antwort: (898)
Wenn sich die Luft schnell bewegt, hat sie ganz schön viel Kraft. Starke Stürme können sogar Hausdächer abdecken, Bäume entwurzeln und Straßenschilder umknicken. An einem windigen Tag kann man also den Drachen steigen lassen, weil sich durch die Windgeschwindigkeit ein Luftpolster unter ihm bildet. Dieses Luftpolster trägt den Drachen in der Luft, und er kann fliegen. Das funktioniert aber nur so lange, wie der Drachen an einer Schnur festgehalten wird, denn dadurch kann die Luft an seiner Unterseite nicht so schnell entweichen. Lässt man die Schnur allerdings los, wird der Drache zwar noch eine Weile durch die Luft gewirbelt, sinkt dann aber immer tiefer, trudelt irgendwann Richtung Boden und fällt schließlich runter. Durch das fehlende Luftpolster kann die Luft nach allen Seiten schnell am Drachen vorbeiströmen.

**Seit wann gibt es eigentlich die Tierparks?**
Antwort: (899)
Forscher haben herausgefunden, dass bereits seit 2000 v. Chr. in China Tiere, so ähnlich wie in heutigen Zoos, gehalten wurden. Ein Kaiser der Xia-Dynastie ließ an seinem Hof Gehege bauen, in denen die unterschiedlichsten und exotischsten Tiere zum Vergnügen des Kaisers und seines Hofstaates untergebracht waren. In Europa waren es häufig

Klöster, die sich einen kleinen Tierbestand hielten, wie z. B. im 10. Jahrhundert das Kloster St. Gallen. Als ältester wissenschaftlich geführter Zoo wird aber die Ménagerie du Jardin des Plantes in Paris angegeben, die 1794 entstand. Sie stand jedem Bürger offen und diente den Naturwissenschaftlern dieser Zeit dazu, exotische Tiere zu erforschen. Als „Zoologischer Garten" wurde 1828 erstmals der Londoner Tierpark bezeichnet. Der heute älteste Zoo der Welt ist der 1752 in Wien gegründete Tierpark Schönbrunn. Und der berühmte Eisbär Knut wurde im ältesten deutschen Zoo geboren – dem Zoologischen Garten in Berlin, der am 1. August 1844 eröffnet wurde. Im Berliner Zoo leben etwa 13 900 Tiere aus 1440 Tierarten. Somit ist er der artenreichste Zoo der Welt.

**Was genau ist eine Harpyie? Gibt es die wirklich, oder ist das nur ein Fabeltier?**
Antwort: (900)
Harpyien sind Greifvögel, die ausschließlich in Süd- und Mittelamerika vorkommen. Mit einer Körperlänge von einem Meter und einer unglaublichen Flügelspannweite von bis zu zwei Metern zählen die Harpyien zu den größten Greifvögeln der Welt. Zu ihren Beutetieren gehören u. a. Affen und Faultiere. Harpyien sehen etwa so aus wie Habichte – nur viel größer. Wenn die Vögel angespannt oder aufgeregt sind, plustern sie ihr Federkleid auf und stellen ihren Federschopf auf. So sehen sie wirklich imposant und furchterregend aus. Das ist vermutlich auch der Grund, warum die Harpyie in der griechischen Mythologie eine große Rolle spielt. Sie wird auf Bildern und in der Literatur als Greifvogel mit dem Kopf und dem Oberkörper einer Frau dargestellt. Dieses schreckliche Fabelwesen soll kleine Kinder entführt und an seine Brut verfüttert haben.

**Ist der berühmte Erfinder Thomas Alpha Edison wirklich nie zur Schule gegangen?**
Antwort: (901)
Das stimmt nicht ganz. Edison, der von 1847 bis 1931 lebte, ging schon zur Schule, aber nur drei Monate lang. Man erzählt sich, dass sein Lehrer ihn für einen großen Dummkopf hielt. Trotzdem wurde der Amerikaner einer der größten Erfinder aller Zeiten. Edison war aber kein einsamer Denker im stillen Kämmerlein, sondern betrieb mit bis zu 80 Mitarbeitern professionelle Forschung und galt als einer der reichsten Männer der Vereinigten Staaten. Er war berühmt dafür, dass er nur wenige Stunden schlief und sonst ununterbrochen arbeitete. Am Ende seines Lebens besaß Edison über 1000 Patente. Die bekanntesten davon sind das Kohlekörnermikrofon, die Glühlampe, ein Stromgenerator, der Phonograf als Vorläufer des Grammophons und ein Kinematograf.

**Warum nannten die Engländer die Deutschen früher Krauts?**
Antwort: (902)
Dieser Spitzname für die Deutschen ist entstanden, weil Sauerkraut fast überall auf der Welt als eine typisch deutsche Spezialität gilt und die Deutschen angeblich so viel davon essen. Während des Zweiten Weltkriegs war dieser Begriff als Bezeichnung für die Deutschen hauptsächlich in England und in den USA gebräuchlich. Ein weiterer Grund, warum die Deutschen immer wieder mit dem Begriff Sauerkraut in Verbindung gebracht wurden, liegt in der Seefahrt. Im 18. Jahrhundert bekamen deutsche Matrosen auf langen Seereisen Sauerkraut zu essen, um Mangelerkrankungen wie Skorbut vorzubeugen.

Sauerkraut ist nämlich sehr gesund, enthält viel Vitamin C, und es ist sehr lange haltbar. Dabei ist das eingelegte Kraut eine chinesische Erfindung. Dort ließ man fein geschnittene Weißkrautblätter schon vor 2000 Jahren in Fässern vergären. Das asiatische Volk der Tataren übernahm von den Chinesen das Geheimnis der Sauerkrautherstellung und brachte es im Mittelalter bis nach Europa.

**Was wird eigentlich in einem Schlaflabor gemacht?**
Antwort: (903)
Ein Schlaflabor ist eine Abteilung im Krankenhaus, in der Menschen untersucht werden, die Probleme beim Schlafen haben. Manche können schlecht einschlafen, wieder andere können nicht durchschlafen, das heißt, sie wachen in der Nacht immer wieder auf. Ein gesunder Schlaf ist aber sehr wichtig, weil sich in dieser Zeit unser Körper und unser Gehirn erholen können. Die Patienten werden im Schlaflabor an viele Apparate angeschlossen, die zum Beispiel Blutdruck, Atmung, Hirnströme und Schlafgeräusche messen. Jede Nacht werden pro Patient sehr viele Messdaten festgehalten, und so bis zu 300 Meter Papier bedruckt, die im Anschluss ausgewertet werden müssen. Außerdem beobachtet ein Arzt die ganze Nacht, wie sich der Schlafpatient verhält. Manche Patienten müssen sogar mehrere Nächte in so einem Labor verbringen, bis die Ärzte wissen, was ihnen fehlt.

**Was versteht man eigentlich unter einem Kaventsmann?**
Antwort: (904)
Als Kaventsmann bezeichnet man sogenannte Monster- oder Killerwellen. Diese Riesenwellen, die durchaus 30 Meter hoch sein können, tauchen ganz plötzlich auf hoher See auf und können sogar Ozeanriesen zum Kentern bringen. Bei Sturm und sehr starkem Seegang können Wellen schon mal eine Höhe von 15 Metern erreichen. Hochseeschiffe sind aber so konstruiert, dass die Wellen ihnen normalerweise nicht viel anhaben können. Ganz anders die Monsterwellen. Lange Zeit galten die Riesenwellen, von denen die Seeleute immer wieder erzählten, als erfundenes Seemannsgarn. Erst Satellitenbilder aus den 1990er Jahren erbrachten den Beweis für die Existenz dieses Phänomens. Der Begriff Kaventsmann soll übrigens von dem lateinischen Wort „Cavere" stammen. Das bedeutet so viel wie „bürgen". Bürgen kann aber nur jemand, der viel Geld hat, und früher waren dicke Bäuche ein Zeichen für Wohlstand, weil sich nur reiche Leute gutes und reichliches Essen leisten konnten. Ein Kaventsmann ist also bezeichnend für etwas Riesiges und Großes.

**Ist die Bleilaus wirklich ein Tier oder nur eine Erfindung?**
Antwort: (905)
Die Bleilaus ist weder ein Tier, noch existiert sie wirklich. Die Bleilaus ist eine Erfindung der Drucker, um die jungen Burschen, die gerade eine Lehre zum Schriftsetzer machten, zu veräppeln. Heutzutage gibt es den Beruf des Schriftsetzers nicht mehr, weil der Druck von Büchern und Zeitungen hauptsächlich digital über Computer gesteuert wird. Früher dagegen mussten Buchstaben aus Metall vor dem Druck einzeln per Hand in ein sogenanntes Setzschiff eingereiht werden. Diese Arbeit machten die Schriftsetzer. Und genau

diese Schriftsetzer machten sich oft einen Spaß daraus, den unerfahrenen Lehrlingen einen Streich zu spielen. Dazu wurde auf einem Setzschiff Wasser ausgegossen. Gemeinsam wartete man dann darauf, dass die Bleiläuse erschienen. Kurz darauf waren sie angeblich für alle außer den Lehrlingen zu sehen. Die Neulinge wurden daraufhin angehalten, ganz nah auf das Setzschiff zu schauen. In diesem Moment schoben die Kollegen die Stege mit den Buchstaben zusammen und das Wasser spritzte den leichtgläubigen Lehrlingen ins Gesicht.

**Stimmt es, dass man auch in der Wüste frieren kann?**
Antwort: (906)
Kaum zu glauben, aber in der Wüste sind Nachttemperaturen von sieben bis zehn Grad keine Seltenheit. Die Beduinen empfinden das als bitterkalt. Tagsüber, wenn die Sonne scheint, herrschen dann wieder Temperaturen von 50 bis 60 Grad. Der trockene Wüstenboden kann die Wärme des Tages nur schlecht speichern und kühlt deshalb sehr schnell ab. Außerdem gibt es in der Wüste kaum Wolken, welche die Wärme wie eine schützende Decke halten würden. Auch gibt es in der Wüste so gut wie keine Pflanzen, die durch die Photosynthese Energie erzeugen und so ebenfalls Wärme speichern und abgeben könnten. Mit einem einfachen Experiment kannst du selber erforschen, dass Sand ein schlechter Wärmespeicher ist. Nimm zwei Gläser, fülle in das eine trockenen Sand und in das andere Wasser. Stelle beide Gläser eine Stunde in die Sonne und miss die Temperaturen in beiden Behältern. Anschließend lasse Sand und Wasser eine Stunde im Schatten abkühlen. Wenn du nun noch einmal die Temperatur misst, wirst du feststellen, dass der Sand viel schneller abgekühlt ist als das Wasser.

**Warum hört man unter Hochspannungsleitungen oft so ein komisches Brummen?**
Antwort: (907)
Das Brummen ertönt nur dann, wenn die Leitung nass ist (sei es bei Nebel, nach einem Regenguss oder bei Schnee). Der Grund für dieses Phänomen ist physikalischer Natur: Die Leitungen haben eine Frequenz von 50 Hertz, das heißt, sie schwingen einmal in einer Fünfzigstelsekunde. Die Wassertropfen, die bei Nässe an den Leitungen hängen bleiben, schwingen dagegen mit einer Frequenz von 100 Hertz – also zweimal innerhalb einer Fünfzigstelsekunde. Ein Tropfen zieht sich dabei zweimal in die Länge und kehrt anschließend in seinen Urzustand zurück. Schweizer Forscher haben dieses Phänomen mit einer Hochgeschwindigkeitskamera sichtbar gemacht. Da man jetzt weiß, dass das Brummen von den an der Leitung hängenden Tropfen kommt, arbeitet man daran, eine Beschichtung zu entwickeln, damit die Tropfen abprallen.

**Seit wann gibt es Sparschweine?**
Antwort: (908)
Das Sparschwein hat seinen Ursprung im mittelalterlichen England. Dort fertigte man Tongefäße in Form von Schalen, Töpfen oder Krügen aus einer billigen Tonmischung. Diese Tonmischung hatte den Namen „pygg". Wenn die englischen Hausfrauen einen Penny vom Haushaltsgeld übrig hatten, legten sie ihn in ein solches Gefäß, das man „pygg bank" nannte, also eine Art Sparbüchse. Mit der Zeit vergaß man allerdings die

ursprüngliche Bedeutung des Wortes „pygg". Im 19. Jahrhundert erhielt eine Töpferei den Auftrag, „pygg banks" herzustellen. Da man dieses Wort aber genauso aussprach wie „pig", das englische Wort für Schwein, töpferten die Handwerker kurzerhand Tongefäße in Form von Schweinen und machten auch gleich einen Schlitz in den Rücken für den Geldeinwurf. Diese Form kam bei den Käufern so gut an, dass seitdem Sparbüchsen hauptsächlich in Form von Sparschweinen hergestellt werden.

**Am Nachthimmel sieht man oft blinkende Lichtpunkte. Sind das Satelliten?**
Antwort: (909)
Bei vielen dieser nächtlichen Leuchtkörper handelt es sich um Flugzeuge. Wenn man genau hinschaut, kann man erkennen, dass sie ihre Position verändern und blinken. Tatsächlich kann man manchmal auch Erdsatelliten beobachten, die von der Sonne beschienen werden und sich dadurch gut vom schwarzen Himmelshintergrund abheben. Sie unterscheiden sich von Flugzeugen dadurch, dass sie nicht blinken und stetig den Abendhimmel überqueren. Dabei wechselt deren Helligkeitsgrad. Mit bloßem Auge sichtbar sind nur die größeren Satelliten, da deren Oberflächen genug Sonnenlicht reflektieren, so dass sie auch noch aus Entfernungen von Hunderten oder Tausenden Kilometern sichtbar sind. Die Satelliten bewegen sich mit teilweise sehr unterschiedlichen Geschwindigkeiten. Manche rasen mit enormer Geschwindigkeit über den Himmel, während andere sich kaum zu bewegen scheinen. Die beste Zeit für Beobachtungen ist die Zeit kurz nach der Abend- und unmittelbar vor Einsetzen der Morgendämmerung.

**Was genau ist eigentlich ein Derby und woher kommt der Name?**
Antwort: (910)
Der Ausdruck Derby stammt aus England, wo die Sportbegeisterung der Menschen schon immer außerordentlich groß war. Besonders beliebt bei den Engländern war und ist der Pferdesport. Da gab es spektakuläre Veranstaltungen. Eine davon war das Rennen von Epsom, vom Earl von Derby mit ins Leben gerufen, der auch in Epsom lebte. Der Earl war ein richtiger Fanatiker des Pferdesports, und bald verwendete man seinen Namen nicht nur für Pferdesportveranstaltungen, sondern auch für viele andere Sportwettkämpfe. Derby nennt man beispielsweise auch das Aufeinandertreffen von zwei rivalisierenden Sportvereinen einer Region. Eines der bekanntesten deutschen Derbys ist das sogenannte Revierderby zwischen den beiden Fußballvereinen Borussia Dortmund und Schalke 04.

**Schlägt der Blitz in Eichen öfter ein? Es gibt ja den Spruch: Eichen musst du ...**
Antwort: (911)
Also generell: Bei Gewitter weg von allen Bäumen! Am sichersten ist man im Haus oder in einem Auto! Früher gab es allerdings die Vorstellung, dass Eichen besonders gerne auf sich kreuzenden Wasseradern wachsen und daher besonders oft vom Blitz getroffen würden, weil dieser ja das Wasser suche. Eine zweite Theorie für die angebliche Häufung des Blitzeinschlags in Eichen war, dass diese Bäume tiefer wurzeln als (zum Beispiel) Buchen. Dieses tiefe Wurzeln und Hinabreichen bis ins Grundwasser wurde auch als Beleg für die angebliche Häufung der Einschläge gesehen. Aber das sind alles Spekulationen, und nichts davon ist jemals bewiesen worden. Weil Eichen allerdings häufig alleine

stehende Bäume sind, können sie von einem Blitz auf freiem Feld eventuell besser gefunden werden. Für eine größere Sicherheit von Buchen spricht das allerdings nicht!

**Wie groß können Hagelkörner eigentlich werden?**
Antwort: (912)
Es gibt wahrscheinlich keine seriöse Schätzung, wie groß so ein Hagelkorn schlimmstenfalls werden kann. Aber es gibt zumindest einige extreme Fälle. Im August 1648 sollen über der Schwäbischen Alb 1,5 bis 2,4 Kilo schwere Hagelriesen gefallen sein. Auch aus China und Indien werden ähnlich große Funde berichtet. Im August 1958 fielen 972 Gramm schwere Hagelbrocken über Straßburg in Frankreich vom Himmel. Das größte Hagelkorn in den USA wurde im Juni 2003 in Nebraska gefunden. Es hatte einen Durchmesser von 17,8 und einen Umfang von 47,6 Zentimetern. Es wog 758 Gramm. In Bangladesh wurden am 14. April 1986 1 Kilo schwere Körner beobachtet und angeblich gab es in Kasachstan einen Hagelfund mit einem Gewicht von 1,9 Kilo. Bei dem bekannten Münchner Hagelunwetter im Jahr 1984 haute es immerhin noch Brocken mit über 300 Gramm Gewicht herunter.

**Woher kommt eigentlich der Wind? Und wie entsteht er?**
Antwort: (913)
Der Wind entsteht durch einen Druckausgleich zwischen Luftmassen. Es gibt ja auf der Welt überall Luft, aber die hat unterschiedlichen Druck. Hochdruck und Tiefdruck nämlich. Am einfachsten ist das über (Meer-) Wasser zu erklären. Wasser erwärmt sich bei Sonneneinstrahlung langsamer als der Boden am Ufer, da sich die Wärme in dem Wasser in alle Richtungen, also auch nach unten ausbreitet. Das funktioniert auf dem Land nicht (auf jeden Fall nicht so stark). Somit entsteht über dem Land ein Hoch- und über dem Wasser ein Tiefdruckgebiet. Hier fängt der Druckausgleich an, die warme Luft über dem Land steigt nach oben, und die kältere Luft über dem Wasser wird von der warmen Luft „angesaugt". Das empfinden wir als Wind. Allerdings passiert das nicht nur über Wasser, ein Wald zum Beispiel wird auch langsamer wärmer als ein freies Gebiet, also entsteht der gleiche Effekt.

**Sind die Schnabeltiere eigentlich auch Säugetiere?**
Antwort: (914)
Schnabeltiere (in der Fachsprache: Ornithorhynchus anatinus) sind ganz besondere Lebewesen: Sie legen Eier und säugen ihre Jungen. Diese Tiere, die nur in Australien vorkommen, bilden zusammen mit dem Ameisenigel, der ebenfalls Eier legt und seinen Nachwuchs mit Muttermilch aufzieht, die Gattung der sogenannten Kloakentiere. Sie haben drei typische Säugetiermerkmale: drei Gehörknöchelchen (Hammer, Amboss, Steigbügel), Haare und die Ernährung der Jungtiere mit Milch. Deswegen werden sie in die sogenannte Unterklasse der Ursäuger eingeordnet. Und diese wiederum bildet mit den Beutelsäugern und den höheren Säugetieren die Ordnung der Säugetiere – im Unterschied zu Vögeln, Kriechtieren und Lurchen bei den Wirbeltieren.

**Wie viele Sprachen kann ein Mensch überhaupt lernen? Gibt es da ein Limit?**
Antwort: (915)
Nein. Es gibt Ausnahmebegabungen, sogenannte Multilinguisten, die manchmal Dutzende Sprachen beherrschen. Der italienische Kardinal Giuseppe Mezzofanti (von 1774 bis 1849) war so ein Mensch: Er sprach fließend über 70 Sprachen und hält sozusagen den Weltrekord in diesem Fach. Über die Ursachen dieser Begabung sind sich die Wissenschaftler noch nicht klar. Manche sind der Meinung, sie sei genetisch bedingt, andere glauben, die Hirnstruktur spiele eine wesentliche Rolle. Ein heutiges Sprachgenie ist Ziad Fazah, er ist 52 Jahre alt und lebt im Libanon. Er spricht 58 Sprachen fließend, darunter Chinesisch, Thailändisch, Griechisch, Indonesisch, Hindi und Persisch. Die meisten dieser Sprachen hat er sich übrigens selbst beigebracht und steht dafür sogar im Guinessbuch der Rekorde.

**Stimmt es, dass man Feuer mit Feuer löschen kann?**
Antwort: (916)
Das stimmt tatsächlich. Dabei legen die Brandbekämpfer vor allem bei Waldbränden ein zweites Feuer. So soll dem Feuer, das man bekämpfen will, die Nahrung entzogen werden. Ein Waldbrand beginnt als Bodenfeuer, das man zunächst leicht löschen kann. Wenn es genug Brennmaterial findet, greift das Feuer jedoch schnell auf die Baumkronen über. Ein solches Kronenfeuer ist schwer zu bekämpfen, es kann über 1000 Grad heiß werden. Mit der Technik des kontrollierten Brennens soll leicht entzündliches Bodenmaterial herausgebrannt werden, bevor es zu einem Wildbrand kommen kann. Wenn irgendwo Öl oder Gas in Brand geraten sind, wird sogar Sprengstoff zum Löschen benutzt. Die Explosion entzieht dem Feuer schlagartig so viel Sauerstoff, dass es erlischt.

**Was ist eigentlich der Unterschied zwischen Bakterien und Bazillen?**
Antwort: (917)
In der Umgangssprache wird mit Bazillen gerne alles bezeichnet, was mikroskopisch klein ist und uns krank machen kann. Das stimmt so natürlich nicht. In der Wissenschaft wird bei diesen Winzlingen unterteilt in Bakterien, Viren und Amöben. Die eigentlichen Bazillen sind noch eine Unterform der Bakterien. Und zwar handelt es sich dabei um stäbchenförmige (vom lateinischen Bacillus für „Stäbchen"), bewegliche Bakterien mit mehr als 200 bekannten Arten. Einige davon können schwere Krankheiten wie Lepra oder Tuberkulose verursachen. Von den anderen Bakteriengattungen unterscheiden sich die Bazillen vor allem durch ihre Gestalt und dadurch, dass sie Sporen bilden, mit deren Hilfe sie auch bei schlechten Umweltbedingungen überleben können.

**Warum kommen Tränen, wenn ich traurig bin und weine?**
Antwort: (918)
Kummertränen sind zu allererst ein natürlicher Ausdruck unserer Gefühle. Wissenschaftler vermuten, dass emotionale Tränen auch einen körperlichen Hintergrund haben. Ein Stoff in den Tränen soll eine Art körpereigenes „Beruhigungsmittel" sein, das über die Haut und die Augen von der Tränenflüssigkeit aufgenommen wird. Und der Mensch scheidet mit den Tränen Schadstoffe aus, die sich durch Stress und seelische Belastungen

im Körper ansammeln. Eine Träne enthält auch Hormone und Salze wie Calzium, Kalium und Mangan. Menschen, die nicht weinen, sollen schneller krank werden. Das Gefühl der Erleichterung und Beruhigung, das viele Menschen nach dem Weinen verspüren, hat also vermutlich auch einen biologischen Hintergrund. (Quelle: helles-koepfchen.de)

**Woher kommen unsere Buchstaben?**
Antwort: (919)
Das Prinzip eines Alphabetes (ein bestimmtes Zeichen für einen bestimmten Laut) haben die Sumerer mit der Keilschrift vor über 4000 Jahren erfunden. Unser heutiges ABC kommt aber nicht von den Sumerern, sondern von der Halbinsel Sinai, zwischen Ägypten und Israel. Dort wurde, vermutlich von Nomaden, aus der ägyptischen Bildschrift der Hieroglyphen ein Alphabet mit zwanzig verschiedenen Buchstaben geformt. Dieses Alphabet wurde dann von den Phöniziern, einem Volk von Seefahrern und Händlern, übernommen und sehr schnell in andere Länder verbreitet. Auch die alten Griechen fanden es praktisch und änderten es ein wenig um. Vor ungefähr 2500 Jahren haben die Römer aus dem griechischen Alphabet das lateinische Alphabet aus zwanzig Buchstaben geformt: A B C D E F H I K L M N O P Q R S T V X. Die fehlenden sechs G J U W Y Z kamen erst nach und nach dazu. Das J und das W wurden erst vor etwa 500 Jahren ergänzt.

**Warum kommt der Regen in Tropfen und nicht als Wasserstrahl?**
Antwort: (920)
Warme Luft ist leichter als Kalte und steigt nach oben. In den höheren und kälteren Schichten unserer Atmosphäre entstehen dann sogenannte Kondensationskerne, wenn die relative Feuchtigkeit der Luft 100 Prozent geringfügig übersteigt. Wie an einer kalten Fensterscheibe beschlägt es um diese Kerne herum mit Feuchtigkeit, bis ein Tropfen entsteht, der so schwer ist, dass der Auftrieb der Erdanziehungskraft nichts mehr entgegenstellen kann. Der Tropfen fällt runter und seine Nachbarn auch. Und das passiert schon lange, bevor sich viele Wassertropfen zu einem Strahl bündeln könnten. Außerdem ist die Luftverdrängung bei der Tropfenform ideal. Sie erzeugt am wenigsten Luftwirbel von allen Formen. Das heißt, dass der Widerstand gering gehalten wird.

**Können fliegende Fische wirklich fliegen?**
Antwort: (921)
Fliegende Fische gehören zur Familie der Knochenfische. Die Tiere haben einen länglichspindelförmigen Körper, ihre „Flügel" sind vergrößerte Brustflossen. In der Paarungszeit legen fliegende Fische ihre Eier an Wasserpflanzen ab. Die Jungfische haben zuerst noch kurze Brustflossen. Die Fische leben in tropischen und subtropischen Meeren. Die Fische schwimmen sehr dicht an der Wasseroberfläche und können mehrmals hintereinander bis zu 50 Meter lange Gleitflüge durch die Luft machen. Für eine Strecke von 200 Metern brauchen fliegende Fische nur 13 Sekunden. Wirklich fliegen, das heißt, wie Vögel mit ihren Flügeln schlagen, können sie nicht, allerdings schlagen sie 50-mal in der Sekunde mit ihrer Schwanzflosse – so katapultieren sie sich aus dem

Wasser. Das Fliegen dient in erster Linie der Flucht vor Feinden im Wasser, insbesondere vor großen Raubfischen. Gejagt werden sie aber auch von Seevögeln.

**Woher hat der Siebenschläfertag seinen Namen?**
Antwort: (922)
„Das Wetter am Siebenschläfertag sieben Wochen bleiben mag." Der Siebenschläfertag ist am 27. Juni, und viele Menschen glauben, dass das Wetter, so wie es an diesem Tag ist, die nächsten sieben Wochen andauern wird. Es handelt sich dabei um eine von ganz vielen Bauernregeln, denn früher gab es noch keine Meteorologen oder Wettermess-stationen, von Satelliten und Computern ganz zu schweigen. Die Bauern waren aber von jeher bei ihrer Arbeit vom Wetter abhängig, also haben sie es einfach Jahr für Jahr genau beobachtet. Dabei haben sie entdeckt, dass man an ganz bestimmten Tagen im Jahr das Wetter für längere Zeit vorhersagen kann und sich das auch jedes Jahr immer bestätigt. Diese Tage nannte man Lostage, und der Siebenschläfertag ist einer davon. Zu fast 70 Prozent soll die Siebenschläferregel sogar zutreffen. Probier es doch mal aus: Merk dir das Wetter am 27. Juni und vergleiche es mit den darauffolgenden sieben Wochen.

**Müssen Eltern eigentlich Taschengeld bezahlen?**
Antwort: (923)
Kein Gesetz verpflichtet Eltern dazu, ihren Kindern Taschengeld zu zahlen. Der Deutsche Kinderschutzbund weist jedoch auf eine moralische Verpflichtung hin. Das Taschengeld ist ein wichtiges Element in der Kindererziehung, da es den Kindern die Möglichkeit gibt, den verantwortungsvollen Umgang mit Geld zu lernen. Aber auch die Eltern sollten verantwortungsvoll damit umgehen, indem sie das Taschengeld pünktlich und regelmäßig zahlen und es den Kindern zur freien Verfügung überlassen. Mit der Zahlung des Taschengeldes kann bereits im Vorschulalter begonnen werden. Das Stadtjugendamt München empfiehlt bei Kindern unter sechs Jahren ein Taschengeld von 50 Cent pro Woche. Bei Erst- und Zweitklässlern können es schon 1,50 Euro pro Woche sein. Zehnjährige sollten etwa 13 Euro pro Monat bekommen; bei 15-Jährigen kann die Summe verdoppelt werden.

**Verursachen eigentlich alle Quallen ein Brennen auf der Haut?**
Antwort: (924)
Keine Sorge, nicht alle Quallen besitzen giftige Nesselzellen und die wenigsten sind wirklich gefährlich. In unserer Nord- und Ostsee kommen hauptsächlich Kompass- und Ohrenquallen vor, die absolut harmlos sind. In anderen Ozeanen dagegen gibt es schon ein paar Quallenarten, die nicht nur schmerzhaftes Brennen auf der Haut verursachen, sondern auch lebensgefährlich sein können. Feuerquallen gehören zu der Sorte, die bei Berührung zwar brennende Schmerzen auf unserer Haut verursachen, aber nicht weiter gefährlich sind. Ganz anders die Portugiesische Galeere, die Seewespe oder die berüchtigte Würfelqualle aus Australien. Eine Berührung mit diesen Meeresbewohnern endet meist tödlich. Quallen besitzen giftige Nesselzellen auf ihren Tentakeln. Die Zellen entladen bei Berührung ihr Nesselgift unter so großem Druck, dass winzige Schnitte in der Haut entstehen, in die das Gift eindringen kann. Neben schweren Hautverbrennungen

kann das Gift sogar zu Muskel- und Atemlähmungen führen. Die Quallen nutzen ihre Nesselzellen, um sich vor Feinden zu schützen, aber auch, um Fischlarven zu lähmen und sie dann zu fressen. Übrigens: Quallen gehören zu den ältesten Lebewesen auf unserer Erde. Es gibt sie schon seit etwa einer halben Milliarde Jahre.

**Warum kann man nichts riechen, wenn man Schnupfen hat?**
Antwort: (925)
Die Nase ist dicht beim Schnupfen, das ist ja eine ganz bekannte Erfahrung. Aber warum? Weil dann nämlich eine mehr oder weniger dicke Schleimschicht über den Geruchszellen im oberen Teil der Nasenhöhle liegt. Diese Zellen sind dann von der Außenluft sozusagen „abgeschnitten". Bei freier Nase hingegen streicht die Luft mit den Duftstoffen direkt an der Schleimhaut in der Nasenhöhle vorbei. Die Riechschleimhaut ist mit vielen, sehr, sehr feinen Härchen besetzt. Die Moleküle der gasförmigen Duftstoffe reizen die dortigen Nervenenden, die wiederum diese Reizung als Impuls an das Gehirn weiterleiten. Dort wird – wie auch beim Hören und Sehen – dieser Nervenimpuls nicht direkt wahrgenommen, sondern von unserem Gehirn als Geruch – sei er nun angenehm oder unangenehm – interpretiert.

**Warum werden eigentlich die Haare grau, wenn man alt wird?**
Antwort: (926)
Die Verfärbung der Haare ist ein normaler Prozess, wenn man älter wird. Sie wird ausgelöst durch Wasserstoffperoxid, das als Bleichmittel bekannt ist. Mit zunehmendem Alter wird das Wasserstoffperoxid in den Haaren vermehrt gebildet und verhindert die Herstellung des Farbpigments Melanin, das normalerweise in jungen Jahren die Färbung unserer Haare – also rote, blonde, schwarze, braune Haarfarbe – verursacht. Wasserstoffperoxid entsteht beim Stoffwechsel überall im menschlichen Körper in kleinen Mengen, so auch im Haar. Mit dem Alter nimmt die Menge zu, weil der Körper mit dem Abbau von Wasserstoffperoxid in die Bestandteile Wasser und Sauerstoff nicht mehr nachkommt. Das liegt wiederum daran, dass ein Enzym namens Katalse, das normalerweise Wasserstoffperoxid neutralisiert, mit zunehmendem Alter in den Zellen nur noch in sehr geringer Konzentration vorkommt.

**Warum ist der Regenbogen bunt?**
Antwort: (927)
Nach einem kräftigen Regenschauer muss die Sonne sehr viele Regentropfen am Himmel durchbrechen. Durch diese Brechung und Spiegelung der Wassertropfen entsteht der für uns sichtbare Regenbogen. Die Farben (die sogenannten Spektralfarben) sind immer dieselben und erscheinen immer in dieser Reihenfolge: Rot, Orange, Gelb, Grün, Blau, Indigo, Violett. Das sind die Farben des Sonnenlichts, die eigentlich keine Farben, sondern elektromagnetische Strahlungen sind. Wenn die Sonne hoch am Himmel steht, erscheint für uns ihr Licht gelblich oder weißlich. Hat man aber die Sonne im Rücken und Regen vor sich, kann man im Regenbogen diese Aufspaltung in die verschiedenen Farben sehen. Regenbögen entstehen meistens, wenn nach einem Regenschauer der Himmel schnell wieder aufklart und die tief stehende Sonne das beleuchtet. Also werden

Regenbögen meist entweder vormittags im Westen oder gegen Abend im Osten beobachtet. Eine extrem seltene Variante des Regenbogens ist übrigens der Mondregenbogen, der beim Zusammenspiel von Wassertröpfchen mit Mondlicht zu sehen ist.

**Stimmt es, dass Bernstein gar kein Edelstein ist?**
Antwort: (928)
Bernstein ist kein Stein und schon gar kein Edelstein, auch wenn er so aussieht und vorzugsweise in Schmuckstücken verarbeitet wird. Vielmehr handelt es sich dabei um versteinertes, fossiles Baumharz, das im Laufe von Jahrmillionen zu Bernstein wurde. In grauer Vorzeit war unser Planet noch flächendeckend mit tropischen Wäldern bewachsen. Einige Nadelbaumarten sonderten ein leichtfließendes Harz ab, das an der Luft sehr schnell erhärtete. Wenn dieses Harz allerdings gleich ins Wasser tropfte, konnte sich durch den Luftabschluss und den Wasserdruck im Laufe der Zeit Bernstein bilden. Fossile Pflanzenreste und Insekten, die im Harz eingeschlossen waren, wurde so über viele Millionen Jahre konserviert und erhalten. Diese sogenannten Inklusen verleihen dem Bernstein sein charakteristisches Aussehen. Bernstein ist brennbar, weil er ursprünglich auch „Brennstein" (niederdeutsch: bernen = brennen) genannt wurde.

**Was ist eigentlich saurer Regen?**
Antwort: (929)
Es gibt zwei verschiedene Arten von saurem Regen. Der natürliche saure Regen entsteht aus dem Kohlenstoffdioxidgehalt der Luft und aus Regen. Dann gibt es noch den von den Menschen verursachten sauren Regen. Dieser entsteht durch Schwefeldioxid aus Fabrikabgasen und durch Stickstoffoxide aus Autoabgasen. Wenn diese Stoffe mit Regen in Berührung kommen, wird dieser sauer. Der saure Regen hat große und schädliche Auswirkungen auf die Natur. So können zum Beispiel durch die vom Boden aufgenommenen, giftigen Stoffe Pflanzen beschädigt und sogar ganze Wälder zerstört werden. Aber auch Seen können so verschmutzt werden, dass keine Fische mehr darin leben können. Saurer Niederschlag kann übrigens nicht nur in Form von Regen, sondern auch als Nebel auftreten. Dieser ist meist gefährlicher, weil Nebelwasser deutlich mehr Schadstoffe aufnehmen kann als Regen.

**Warum sind Blätter eigentlich grün?**
Antwort: (930)
Auf den ersten Blick kann man nicht feststellen, wie es zu der Grünfärbung kommt. Untersucht man sie jedoch unter einem Mikroskop etwas genauer, erkennt man in Inneren des Blattes rundes Blasen, die in der Biologie auch als Chloroplasten bezeichnet werden. Vergrößert man nun diese kleinen Blasen, kann man bohnenförmige Kapseln entdecken, die sich dort aufeinanderstapeln. Die Kapseln enthalten einen grünen Farbstoff, das sogenannte Chlorophyll. Abgesehen von dem schönen Farbton, den das Chlorophyll dem Blatt verleiht, hat es noch eine ganz besondere Bedeutung: Das Chlorophyll soll Licht aus den Sonnenstrahlen auffangen. Das Licht ist für die Pflanzen sehr lebenswichtig. In einem komplexen Vorgang wird das Sonnenlicht in Energie umgewandelt.

Dabei entsteht unter anderem auch Sauerstoff, den wiederum Menschen und Tiere zum Atmen brauchen.

## War Buddha auch so ein Gott wie Jesus?

Antwort: (931)

Nein, der Buddha war ein Mensch. Wenn natürlich auch kein normaler. Schließlich hat er ja die „Erleuchtung" erlangt. Und das ganz aus eigenen Kräften, ohne göttliche Hilfe. „Nur" durch meditative Versenkung. So erkannte er die „wahre Natur der Dinge", oder einfacher gesagt: Wie alles ist, die Realität. Wenn sich Buddhisten also zum Beispiel in einem (Meditations-) Tempel vor Buddha-Statuen mit gefalteten Händen verbeugen, dann mag das zwar für uns Beobachter genauso aussehen, als würden sie damit einen Gott anbeten, aber in Wirklichkeit ist dies nur eine Dankbarkeitsgeste für den historischen Buddha. Dass man sich vor einer Buddha-Statue verneigt, bringt einfach die Dankbarkeit der praktizierenden Anhänger des Buddhas dafür zum Ausdruck, dass er vor rund 2600 Jahren seine Lehren hinterlassen hat.

## Wer waren eigentlich die Zeloten?

Antwort: (932)

Der Ausdruck „Zelot" leitet sich von der biblischen Gestalt Pinchas dem Zeloten, dem Enkel Aarons, ab, der mit dem Speer in der Hand „für seinen Gott eiferte", indem er einen anderen Israeliten, der sich mit einer „fremden" Frau eingelassen hatte, in dessen Zelt folgte und ihn und die Frau mit dem Speer durchbohrte (wer es nachlesen will, die Geschichte steht im vierten Buch Mose, Kapitel 25). Später waren dann die Zeloten eine von Judas dem Galiläer und einem Priester mit Namen Zadok (auch Sadduk) im Jahre sechs nach Christus gegründete paramilitärische Widerstandsbewegung der Juden gegen die römische Besatzung. Bei der Eroberung Jerusalems durch römische Legionäre im Jahr 70 nach Christus fielen Zahlreiche von ihnen. Im Deutschen wird Zelot daher auch als Bezeichnung für einen Eiferer oder Fanatiker verwendet.

## Warum kann man eigentlich im Weltall nicht atmen?

Antwort: (933)

Ganz einfach – und auch wieder schwer vorzustellen: Weil es im Weltall keine „Luft" gibt – sondern nur Leere oder leeren Raum. Das nennt man auch Vakuum. Für das Vorhandensein von Luft (das ja letztendlich ein Gasgemisch aus hauptsächlich Sauerstoff und Stickstoff ist) braucht es nämlich eine Atmosphäre um einen Planeten und (ausreichend) Schwerkraft. Atmosphären finden sich übrigens auf allen Planeten, deren Schwerkraft ausreicht, Gase festzuhalten. Wo die Schwerkraft nicht stark genug ist (also wo ein Planet sehr klein ist), entweichen die Gase einfach in den Weltraum und „verpuffen" da sozusagen. Der Naturforscher Alfred Russel Wallace hat übrigens die Atmosphäre unserer Erde einmal als einen „großen Luftozean" bezeichnet, und es ist bis heute die anschaulichste Beschreibung der durchsichtigen Gashülle, welche die Erde schützend umgibt.

**Warum trocknet Wäsche auch bei Frost?**
Antwort: (934)
Nasse Kleidung trocknet im Winter am schnellsten vor dem warmen Kamin – das denken jedenfalls die meisten. Ein großer Irrtum: Denn gerade bei Minustemperaturen trocknet die Wäsche draußen am besten! Wie im Sommer baumelt die aufgehängte Kleidung zuerst locker im Wind. Die Kleidung gefriert und wird hart. Nach einer Zeit verschwindet der Frost schließlich. Die Kleidung ist zwar immer noch kalt, aber vollkommen trocken. Doch wie funktioniert der Trocknungsprozess genau? Eis wird bei steigender Temperatur normalerweise zu Wasser und danach zu Wasserdampf. Unter null Grad geht das gefrorene Eis allerdings direkt in Wasserdampf über. Der flüssige Zustand ist bei Minustemperaturen nicht möglich – das Wasser verdunstet noch, bevor es flüssig wird. Diesen chemischen Vorgang nennt man „Sublimation". Der Wasserdampf verschwindet in der Luft, die Kleidung ist trocken.

**Warum spritzt der Tintenfisch mit Tinte?**
Antwort: (935)
Tintenfische sind – trotz ihres Namens – keine Fische. Sie gehören zu der Gruppe der Weichtiere und dienen vielen Raubfischen als Nahrung. Tintenfische sind aber ausgesprochen intelligent und haben deshalb bestimmte Methoden entwickelt, um sich gegen ihre Feinde zu verteidigen: Sobald sie einen Raubfisch bemerken, sondern sie eine tintenähnliche schwarz-braune Flüssigkeit ab. Das Wasser verfärbt sich dunkel und versperrt dem Raubtier die Sicht auf seine Beute. Der Tintenfisch entkommt so problemlos seinem Verfolger. Er kann aber nicht nur das Wasser, sondern auch sich selbst farblich verändern – so wie ein Chamäleon. Die winzigen Farbzellen in seiner Haut erlauben es dem Tintenfisch, sich seiner Umgebung ständig neu anzupassen. Somit ist er perfekt getarnt und für Raubfische nicht sofort zu erkennen.

**Was macht ein Marienkäfer den ganzen Tag?**
Antwort: (936)
Kinder lieben das rot, schwarz oder auch gelb gepunktete Käferchen – schließlich soll es doch Glück bringen – und auch bei Erwachsenen ist es gern gesehen. Doch was treibt der kleine Käfer eigentlich den ganzen Tag? Der Marienkäfer ist vor allem eines: hungrig! Obwohl man es ihm nicht ansieht, ist er den ganzen Tag mit Fressen beschäftigt. Sein absolutes Lieblingsessen sind Blattläuse. Von den kleinen Leckerbissen verdrückt er schon mal gute 50 Stück am Tag. Deshalb ist der Marienkäfer auch sehr nützlich: Er beseitigt die ganzen Schädlinge in Mamas Blumenbeet. Seine Feinde sind vor allem Vögel, Spinnen oder Ameisen. Sieht der Marienkäfer einen von ihnen, dreht er sich schnell auf den Rücken und sondert einen gelblichen Saft aus. Der Saft stinkt fürchterlich und schreckt sogar die stärkste Ameise ab. Übrigens: Die Anzahl der Punkte hat nichts mit dem Alter zu tun. Die Punkte bleiben nämlich immer gleich, und man kann anhand der Anzahl erkennen, zu welcher Marienkäferart das Exemplar gehört.

**Wieso wird man abends eigentlich immer so müde?**
Antwort: (937)
Da legt man sich am Abend gemütlich auf die Couch, macht den Fernseher an und schläft ein. Aber woher kommt diese Müdigkeit, vor allem gegen Ende des Tages? Obwohl man es nicht immer merkt, unser Körper arbeitet den ganzen Tag auf Hochtouren! Die Lunge versorgt uns mit dem nötigen Sauerstoff, das Herz pumpt Blut durch den Körper, und der Magen zerlegt und verarbeitet unser Essen. Kurz: Im Körper herrscht durchgehend Hochbetrieb. Besonders unser Gehirn muss so einiges leisten. Denn es verarbeitet den ganzen Tag Sinneseindrücke und Informationen. Das ist für den Körper sehr anstrengend! Damit sich der Körper erholen kann, sendet das Gehirn am Abend Stoffe aus, die uns müde machen. Im Schlaf haben Organe und Gehirn weniger zu tun, sie können sich ausruhen und sind am nächsten Morgen wieder fit für einen neuen Arbeitstag.

**Wann wird aus Wasser Eis?**
Antwort: (938)
Es ist Winter – der sonst so schöne Badesee ist zugefroren. Auf der Wasseroberfläche hat sich eine Eisschicht gebildet. Statt Schwimmen heißt es jetzt Schlittschuhlaufen. Aber was ist passiert? Untersucht man Wasser unter dem Mikroskop, erkennt man lauter einzelne Moleküle, die sich munter hin- und herbewegen. Sinkt die Temperatur im Winter unter Null Grad Celsius, verlieren die Wassermoleküle an Energie. Sie werden immer langsamer, können sich am Ende kaum noch frei bewegen – genau wie das Wasser selbst. Es wird hart und gefriert schließlich zu Eis. Die Wassermoleküle sind nun in einem Gitternetz gefangen und blockieren sich gegenseitig. Im Sommer funktioniert der ganze Vorgang natürlich auch umgekehrt: Bei steigenden Temperaturen gewinnen die Wassermoleküle an Energie. Die Eisschicht taut auf. Die Wassermoleküle lösen sich aus dem Gitternetz und können sich wieder ungehindert austoben.

**Warum wird mir immer so heiß, wenn ich Fieber habe?**
Antwort: (939)
Jede Menge Kopfweh, Müdigkeit, und dann fängt man auch noch an zu schwitzen! Aber woher kommt diese unerträgliche Hitze? Der Mensch hat in der Regel eine Körpertemperatur von 37 Grad Celsius – beste Arbeitsbedingungen für den Körper. Soweit ist also alles in Ordnung, wenn da nicht noch die Viren und Bakterien wären. Die kleinen Krankheitserreger greifen den Körper an und verursachen so das Fieber. Durch das Fieber nimmt die Körpertemperatur zu. Der Temperaturanstieg hat aber nur indirekt etwas mit den Erregern zu tun. Es handelt sich dabei hauptsächlich um eine Abwehrreaktion des Körpers. Der Körper versucht, die Bakterien in seinem Blut zu bekämpfen – er schwitzt das Fieber sozusagen aus. Wenn die Körpertemperatur also steigt, ist das erst mal ein recht gutes Zeichen. Vorausgesetzt das Fieber wird nicht zu hoch, es kann nämlich auch über 40 Grad Celsius erreichen.

**Warum ist das ABC auf den Computertasten so durcheinandergewürfelt?**

Antwort: (940)

Gut, nach ein paar Texten Übung hat man sich auch an diese komische Buchstabenanordnung gewöhnt, aber am Anfang ist die ganze Sucherei schon ein wenig nervtötend. Da wäre es doch einfacher, die gleiche Reihenfolge wie beim ABC zu nehmen. Irrtum! Die Buchstabenfolge im ABC sagt nämlich noch nichts darüber aus, wie oft ein Buchstabe verwendet wird. Der Buchstabe „e" kommt zum Beispiel häufiger vor als der Buchstabe „a". Also müsste das „e" eigentlich an erster Stelle des Alphabets stehen. Im Gegensatz zum Alphabet berücksichtigt die Computertastatur auch die Buchstabenhäufigkeit. Die Anordnung soll es dem Benutzer einfacher machen, wichtige Buchstaben schnell zu finden. Das ist auch der Grund, warum sich beispielsweise die deutsche von der englischen Tastatur unterscheidet – ist ja nicht dieselbe Sprache.

**Wieso verursachen Zitteraale Stromstöße?**

Antwort: (941)

Der Zitteraal ist eigentlich gar kein wirklicher Aal, sondern zählt zu der Gruppe der Neuwelt-Messerfische. Er kann fast drei Meter lang werden und wiegt bis zu 20 Kilogramm. Das Besondere an dem Fisch: Er kann Stromschläge von sich geben! Doch warum macht er das? Der Zitteraal benutzt gezielt Stromschläge, um die Beute außer Gefecht zu setzen. Aber auch, um sich gegen seine Feinde zu verteidigen. Die Stromschläge sind teilweise so stark, dass sie genügend Strom liefern, um sogar Lampen zum Leuchten zu bringen. Außerdem verwendet der Zitteraal die Elektrizität zur räumlichen Orientierung. Er erkundet auf diese Weise seine Umgebung. Ausgewachsene Exemplare schwimmen oft Tausende Kilometer in den Atlantik, um dort ihre Eier zu legen, aus denen später kleine Larven schlüpfen. Die Larven lassen sich durch den Golfstrom wieder zur Küste treiben.

**Stimmt es, dass Flusspferde gefährlicher als Löwen sind?**

Antwort: (942)

Ja, das stimmt tatsächlich! Man kann es beim Anblick der gedrungenen und behäbigen Hippos gar nicht glauben, dass sie die gefährlichsten Tiere in Afrika sind. Sie sehen so harmlos und friedlich aus, wenn sie bei großer Hitze den ganzen Tag im Wasser vor sich hindösen und unterschätzt sie deshalb ganz gerne. In Wahrheit aber sterben jährlich mehr Menschen durch Nilpferd-Attacken, als durch Angriffe aller anderen Tiere dieses Kontinents zusammen! Flusspferde fressen kein Fleisch, sondern hauptsächlich Gras, das sie in der kühlen Abenddämmerung von den Uferwiesen abweiden. Dazu verlassen sie das Wasser, das ihre empfindliche Haut während der sengenden Tageshitze vor Verbrennungen schützt. Pro Tag verdrückt so ein Hippopotamus amphibius, so der lateinische Name, bis zu 40 Kilogramm Pflanzennahrung. Zusammen mit den Nashörnern sind die Nilpferde nach den Elefanten die zweitgrößten Landsäugetiere der Erde.

**Wieso muss man eigentlich mehrmals am Tag die Zähne putzen?**
Antwort: (943)
Im Mund leben etwa 300 verschiedene Arten von Bakterien – insgesamt etwa 500 Milliarden. Das ist ganz normal und auch sehr wichtig für unsere Gesundheit. Man spricht dabei von der gesunden Mundflora. Normalerweise halten sich die guten und die schädlichen Bakterien gegenseitig „in Schach". Es gibt aber auch ein sehr schädliches Bakterium, das Milchsäurebakterium oder auch „Streptococus mutans" genannt, das nicht zu den unzähligen wichtigen und nützlichen Bakterien in unserer Mundflora dazugehört. Streptococus mutans ernährt sich von Zucker, der durch Essen und Trinken in unseren Mund gelangt. Durch die Nahrungsaufnahme bildet sich ein festhaftender Belag auf unseren Zähnen, der sogenannte Plaque. Die Milchsäurebakterien fressen den Zucker und scheiden ätzende Milchsäure aus. Diese Milchsäure zerstört den schützenden Zahnschmelz und es entsteht Karies. Darum ist es so wichtig, die Zähne nach jeder Mahlzeit gründlich zu putzen, damit sich Plaque erst gar nicht bilden kann und die Bakterien keine Nahrung mehr erhalten.

**Woher kommt der Ausdruck „Ich steh bei dir in der Kreide?"**
Antwort: (944)
Kreide besteht im Wesentlichen aus Kalk oder Gips. Mit Kreide schreiben die Menschen schon seit dem Mittelalter, denn bereits seit dieser Zeit gibt es den Ausspruch: „Ich steh bei dir in der Kreide." Dieses Sprichwort bedeutet, dass man sich bei jemandem Geld geborgt hat. Damals war die Kreidetafel im Lokal eine Art Pranger für säumige Trinker. Wer gern über den Durst trank – aber nicht zahlen konnte – dessen Namen und Schulden verewigte der Wirt mit Kreide auf einer Tafel. Kreide wird heute hauptsächlich noch als sogenannte Tafelkreide in der Schule verwendet und Maler erschaffen Kunstwerke mit Pastell- und Ölkreiden.

**Wieso hat man beim Starten eines Flugzeugs so einen Druck auf den Ohren?**
Antwort: (945)
Zwischen dem Inneren des Ohrs und der Ohrmuschel ist ein dünnes Häutchen gespannt – das Trommelfell. Solange der Luftdruck außen und innen gleich ist, drückt die Luft von beiden Seiten gegen das Trommelfell. Der Luftdruck nimmt aber ab, je höher man kommt. Bei einem startenden Flugzeug nimmt der Außendruck also sehr schnell ab und der natürliche, von innen kommende Gegendruck auf dem Trommelfell ist größer als der Druck von außen. Deshalb dehnt sich das Trommelfell plötzlich etwas nach außen aus. Genau umgekehrt ist es, wenn das Flugzeug landet. Dieses komische Gefühl hat man manchmal auch, wenn man mit einem Auto über einen Berg fährt. Durch Kaugummikauen oder ein herzhaftes Gähnen kann man dieses Gefühl verschwinden lassen.

**Was ist der Unterschied zwischen Sudoku und dem magischen Quadrat?**
Antwort: (946)
Grundsätzlich ähneln sich die beiden Spiele sehr stark, sie verfolgen aber verschiedene Ziele. Unter Sudoku versteht man ein Gitter mit (normalerweise) neun mal neun Feldern. Diese sind mit Ziffern so zu füllen, dass jede Ziffer in einer Spalte, einer Zeile und einem

Block nur einmal vorkommt. Bei einem magischen Quadrat werden die Zahlen (oder auch Buchstaben) quadratisch angeordnet. Die Aufgabe besteht darin, die Zahlen so anzuordnen, dass ihre Summe in allen Zeilen, Spalten und den beiden Diagonalen gleich ist. Das magische Quadrat ist um einiges älter als das Sudoku. Schon Albrecht Dürer oder Johann Wolfgang von Goethe beschäftigten sich damit. Die Sudoku-Idee wurde von dem Amerikaner Howard Garns erfunden. Seinen Namen bekam das Ziffernrätsel in den 1980er Jahren in Japan, wo es sehr beliebt geworden war. Übrigens gibt es etwa 6,7 Trilliarden verschiedene Standard-Sudokus.

**Welche Bedeutung haben die Streifen und Sterne in der amerikanischen Flagge?**
Antwort: (947)
Die Flagge der Vereinigten Staaten von Amerika wird Sternenbanner genannt. Sie besteht aus insgesamt 13 abwechselnd roten und weißen Streifen, die für die 13 Gründungsstaaten stehen. Außerdem gibt es ein Flaggenfeld im linken oberen Eck. Jeder der heute im blauen Feld befindlichen 50 weißen Sterne symbolisiert je einen Bundesstaat der Vereinigten Staaten. Eine Regel besagt, dass eine neue Flagge, mit einem zusätzlichen Stern für einen neu beigetretenen Staat erst am 4. Juli, dem Unabhängigkeitstag, der dem Beitritt des Staates folgt, offiziell angefertigt wird. Die Farben Rot, Weiß und Blau haben ihren Ursprung im Union Jack als Flagge der englischen Kolonien. Ihre Symbolik im Sternenbanner ist: Weiß für Reinheit, Rot für Tapferkeit und Widerstandsfähigkeit und Blau für Wachsamkeit, Beharrlichkeit und Gerechtigkeit.

**Kann man bei einem Kopfstand wirklich essen und trinken?**
Antwort: (948)
Theoretisch ja. Wenn wir essen, kauen wir unsere Nahrung zuerst und vermischen sie mit Speichel, bevor wir den Brei herunterschlucken. Da die Öffnungen von Speise- und Luftröhre eng beieinanderliegen, sorgt ein Reflex unweigerlich dafür, dass sich die Luftröhre automatisch verschließt, damit wir keine Speisereste einatmen. Nach dem Schlucken gelangt der Nahrungsbrei in die Speiseröhre. Sie verbindet den Mund mit dem Magen. Der Speisebrei wird durch die Speiseröhre in den Magen transportiert. Wie ein Muskel zieht sich die Speiseröhre hinter dem Nahrungsbrei zusammen und drückt ihn auf diese Weise immer weiter Richtung Magen. Man spricht bei dieser Muskeltätigkeit von Perestaltik. Die Nahrung gelangt also nicht durch die Schwerkraft nach unten in den Magen, sondern durch reine Muskelkraft. Der gleiche Vorgang geschieht auch, wenn wir trinken. Man könnte also durchaus im Kopfstand essen und trinken.

**Wie macht man eigentlich Joghurt?**
Antwort: (949)
Joghurt wird aus Milch gemacht, die zuerst erhitzt wird. Danach werden Milchsäurebakterien dazugegeben. Diese nützlichen Mikroorganismen ernähren sich vom Zucker, der in der Milch enthalten ist. Bei diesem Vorgang, den man Fermentation nennt, entsteht Milchsäure. Diese sorgt für einen leicht säuerlichen Geschmack und eine Verdickung der Milch. Joghurt ist haltbarer als Milch und sehr gesund. Joghurt kann man übrigens leicht selber herstellen: Milch erhitzen und bei einer Temperatur um 35 Grad in ein verschließ-

bares Gefäß gießen. Einen Teelöffel naturreinen Joghurt dazugeben und das verschlossene Glas an einem warmen und dunklen Ort etwa zehn Stunden stehen lassen. Fertig ist der selbst gemachte Joghurt. Jetzt kann man ihn nach Belieben süßen und mit frischem Obst oder Marmelade vermischen. Guten Appetit.

**Warum schreiben manche Leute mit der rechten und andere mit der linken Hand?**
Antwort: (950)
Die meisten Menschen sind mit der rechten Hand geschickter als mit der linken: Sie können mit rechts zum Beispiel besser schreiben oder einen Ball fangen. Einige Menschen benutzen aber ganz automatisch die linke Hand. Das sind sogenannte Linkshänder. Seltsam ist, dass die Hand eines Rechtshänders von der linken Gehirnhälfte gesteuert wird, die Hand eines Linkshänders von der rechten Gehirnhälfte. Die Hände werden also sozusagen über Kreuz gesteuert. Ob man Links- oder Rechtshänder ist, erkennt man in der Regel daran, mit welcher Hand man schreibt. Früher hat man versucht, Linkshänder dazu zu erziehen, gegen ihre Natur die rechte Hand zu benutzen – aber das ist natürlich völlig überflüssig und unsinnig.

**Wer hat den Kalender erfunden?**
Antwort: (951)
Viele alte Kulturen besaßen bereits einen Kalender. Jahrhundertelang galt der Julianische Kalender, den Julius Cäsar eingeführt hatte. Doch dieser war ungenau. Papst Gregor XIII. befasste sich erneut mit der Zeitrechnung und führte 1582 einen neuen Kalender ein. Er berücksichtigte die Tatsache, dass die Erde nicht genau 365 Tage benötigt, um die Sonne zu umkreisen, sondern 365 Tage, 5 Stunden, 48 Minuten und 46 Sekunden. Ganz schön penibel, aber im Lauf der Zeit kommt da einiges zusammen und der Kalender stimmt nicht mehr. Um dieser Abweichung gerecht werden zu können, führte Gregor das Schaltjahr ein. Seither hat der Februar alle vier Jahre 29 und nicht 28 Tage. Die meisten europäischen und viele andere Nationen leben heute nach dem Gregorianischen Kalender.

**Was sind Breiten- und Längengrade?**
Antwort: (952)
Unsere Erde ist ja keine Scheibe, sondern eine Kugel. Deshalb braucht man immer zwei Orientierungspunkte, wenn man seine genaue Position angeben will. Aus diesem Grund wurde das sogenannte Koordinatensystem von Längen- und Breitengraden entwickelt, das auf Globen und Karten zu sehen ist. Man muss sich das vorstellen wie ein Gitternetz, das über der Erde liegt. Eine praktische Sache, denn so lässt sich jeder Ort finden. Die Entfernung wird in Grad, das heißt als Winkel angegeben. Der Breitengrad gibt an, wie weit man sich im Norden oder Süden befindet. Am Äquator beträgt die Breite 0 Grad, am Nordpol spricht man von 90 Grad Breite (oder 90 Grad nördlicher Breite). Der Längengrad (Meridian) gibt an, wo man sich in westlicher oder östlicher Richtung befindet. Hier hat man ein bisschen geschummelt und einfach festgelegt, dass der sogenannte Nullmeridian willkürlich durch die Stadt Greenwich in England verläuft. Mithilfe von Längen- und Breitengraden kann man also genau angeben, wo man sich gerade auf der Welt befindet.

**Warum fahren die Züge in der Stadt immer im Keller?**
Antwort: (953)
Hmm, ich gehe jetzt mal davon aus, du meinst die U-Bahn (Untergrundbahn, Metro), oder? Also, das ist ganz einfach: weil es praktisch und schnell ist, und außerdem Platz spart in der (großen) Stadt. Die Stadtviertel, „wo im Keller die Züge durchfahren", kann man zum Beispiel oben begrünen, kann Parks anlegen oder Mietshäuser drüber bauen, damit Menschen drin wohnen können. Es gibt übrigens nicht nur U-Bahnen, die im Keller fahren, sondern auch S-Bahnen. Wie zum Beispiel auf der Münchner S-Bahn-Stammstrecke, die auch zum großen Teil untertunnelt ist. Die erste U-Bahn der Welt wurde in der englischen Hauptstadt London in Betrieb genommen – und zwar schon 1863. Sie hieß „Metropolitan Railway" und war eigentlich noch eine mit Dampflokomotiven betriebene Eisenbahn. Sie verband einige der wichtigsten Bahnhöfe Londons miteinander. Auch die erste elektrische U-Bahn gab's in London, eröffnet am 4. November 1890. Sie führte von der Station Stockwell zur King William Street.

**Was ist eigentlich ein Watt?**
Antwort: (954)
Zweimal am Tag herrscht an der Nordsee Ebbe und das Wasser zieht sich zurück. In der Zeit kann man dann auf dem Meeresboden spazieren gehen. Die Fläche, die während der Ebbe wasserfrei ist, nennt man Watt. Und die komischen Sandspaghettihaufen sind Hinterlassenschaften von Wattwürmern, die im Sand leben. In der Nordsee gibt es ungefähr 500 verschiedene Arten von Wattwürmern, die schon mal 30 Zentimeter lang und daumendick sein können. Die Würmer ernähren sich von winzigen Algen, die im Sand enthalten sind. Sie saugen den Sand am Boden auf, filtern die Algen heraus und scheiden die unverdauten Sandkörner wieder aus – das sind dann die Sandgebilde, die wie Spaghetti aussehen. Übrigens: Bei Ebbe sind die Würmer leichte Beute für Vögel, aber sie haben einen Trick, mit dem sie oft ihr Leben retten. Wenn sie von einem Vogel gepackt werden, bricht ihr Hinterteil ab. Bis der Vogel merkt, dass er nur ein kleines Stückchen ergattert hat, ist der Wattwurm längst wieder im Sand verschwunden.

**Halten Murmeltiere eigentlich auch Winterschlaf?**
Antwort: (955)
Die Murmeltiere gehören zu den Tieren, die Winterschlaf halten. Bis zu sechs Monate verbringen die Nagetiere in ihren Kammern im Boden. Wegen der großen Kälte müssen die Tiere ums Überleben kämpfen. Besonders für die jungen Murmeltiere ist der Winterschlaf eine schwere Zeit, da sie über den meist kurzen Sommer oft nicht genügend Fettreserven anlegen konnten. Dafür verlangsamen sie ihren Stoffwechsel, um so möglichst wenig Energie zu verbrauchen. Ihr Herz schlägt nur noch wenige Male in der Minute. Ganz eng kuscheln die maximal 20 Tiere einer Familie aneinander. Die Jungen werden dabei von den erwachsenen Tieren in die Mitte genommen. Diese können ihre Körpertemperatur auf ungefähr neun Grad einstellen. So verbrauchen sie nur ganz allmählich die Vorräte, die sie sich im Sommer angefressen und als sogenanntes Murmelfett gespeichert haben.

**Was ist denn ein Klabautermann?**
Antwort: (956)
Der Klabautermann (vom Niederdeutschen klabastern, „poltern, lärmen, umhergehen"
oder kalfatern, „mit Pech und Werg abdichten"), ist eine der vielen Gestalten seemänni-
schen Aberglaubens, ist ein Schiffsgeist oder Kobold, der – meist unsichtbar – den
Kapitän bei Gefahren warnt. Die Figur des Klabautermannes ist verbunden mit der Segel-
schifffahrt. Er hilft beim Schiffbau, beim Dichten des Schiffsdecks und treibt gerne Scha-
bernack. An Bord macht er sich durch Polter- und Bumsgeräusche bemerkbar. Sein Aussehen gleicht dem eines Matrosen – mit Hammer und Pfeife, manchmal auch mit See-
mannskiste, mit roten Haaren und grünen Zähnen. Zeigt er sich, so ist dies ein schlechtes
Zeichen. Er verlässt das Schiff erst, wenn es untergeht. Laut einem alten Seemannsbrauch
gehört auf jedes Schiff ein Huhn, zur Abschreckung des Klabautermanns.

**Bekommt man echt Bauchschmerzen, wenn man Kirschen isst und Wasser trinkt?**
Antwort: (957)
In früheren Zeiten war die zweifelhafte hygienische Qualität des Brunnenwassers die
Ursache für Bauchschmerzen und Durchfall. Unser heutiges Trinkwasser ist aber
praktisch bakterienfrei. Kirschen enthalten viel Zucker, auf ihrer Schale sitzen Mikroor-
ganismen – darunter zahlreiche Hefepilze. Wenn man Wasser trinkt, nachdem man viele
Kirschen gegessen hat, vergärt der Zucker, und als Stoffwechselprodukt entstehen kleine
Mengen Alkohol und Kohlendioxid. Dieses Gas verursacht Blähungen, die zu Bauchschmerzen führen können. Allerdings bleibt der Speisebrei meist nicht länger als zwei
Stunden im Magen. In dieser Zeit können sich die Hefen nicht sehr stark vermehren.
Außerdem macht die Magensäure die Hefepilze weitgehend unschädlich. Auf Nummer
sicher geht, wer nicht zu viel rohes Obst auf einmal isst und es vor dem Verzehr sorgfäl-
tig abwäscht.

**Wie wird eigentlich das Gewürz Safran gemacht, und warum ist es so teuer?**
Antwort: (958)
Das Gewürz Safran wird aus den Stempelfäden einer bestimmten Krokus-Art, die crocus
sativus heißt, gewonnen. Im Herbst entwickeln die zu den Schwertliliengewächsen gehör-
enden Pflanzen violette Blüten. Die sogenannte Narbe gehört zu den weiblichen Sexual-
organen einer Pflanze. Hier wird ein männlicher Pollen aufgenommen und in den Frucht-
knoten weitergeleitet. Eine Safran-Pflanze besitzt jeweils drei Narbenfäden. Angebaut
wird Safran im Iran und in Europa, dort vor allem im Mittelmeerraum. Zur Gewinnung
des Gewürzes werden die Pflanzen von Hand geerntet und getrocknet. Für ein Kilo
braucht man durchschnittlich etwa 100 000 Blüten. Deshalb ist Safran auch eines der
teuersten Gewürze. Safran enthält übrigens Carotinoide, die dafür sorgen, dass gewürzte
Speisen sich intensiv goldgelb färben.

**Wie funktioniert ein Fallschirm?**

Antwort: (959) *

Fallschirme sind vergleichbar mit riesigen Schirmen, an deren Ecken starke Bänder mit einem Stoffsitz hängen. Man benutzt Fallschirme, um aus einem Flugzeug zu springen. Wenn man an einer Lasche zieht, öffnet sich der Fallschirm. Durch den Stoff des Schirms wird der Fall gebremst – schuld daran ist der Luftwiderstand durch die große Fläche des Fallschirms. Jeder, der schon einmal versucht hat, mit einem aufgeklappten Regenschirm Fahrrad zu fahren, weiß, wie stark so ein Schirm plötzlich abbremst. Beim Fallschirmspringen fällt man pro Sekunde nur noch vier bis sechs Meter und kommt so relativ sanft auf dem Boden an. Leonardo da Vinci hat übrigens im 15. Jahrhundert, also lange bevor es zum ersten Fallschirmsprung kam, einen Fallschirm gezeichnet. Der allererste Fallschirmspringer sprang aus einem Heißluftballon, 1912 gab es den ersten Absprung aus einem Flugzeug.

**Gibt es die Lichtverschmutzung wirklich, und wenn ja, was ist das?**

Antwort: (960)

Genauso wie die Verschmutzung von Gewässern, Boden und Luft, zählt auch die Lichtverschmutzung zu einer von Menschen verursachten Schädigung der Umwelt, die in den letzten Jahren immer mehr an Bedeutung gewonnen hat. Man versteht darunter eine immer mehr zunehmende Streuung von künstlichem Licht in den untersten Schichten der Atmosphäre. Dieses Phänomen tritt verstärkt in Industrienationen auf, wo der Nachthimmel in Großstädten und Industrieanlagen vermehrt durch Flutlichtanlagen, Skybeamer, Straßenbeleuchtung oder Leuchtreklame erhellt wird. Umweltschützer vermuten, dass die nächtliche Beleuchtung die Lebensräume von Menschen, Pflanzen und nachtaktiven Tieren nachhaltig stört. Die Auswirkungen auf den menschlichen Organismus sind zwar noch nicht erforscht; man vermutet jedoch als Folge Störungen im Hormonhaushalt. In einigen Ländern werden derzeit Gesetze und Initiativen zur Vermeidung von übermäßiger Lichtemission geplant.

**Was passiert eigentlich, wenn es im Bauch rumpelt und der Magen knurrt?**

Antwort: (961)

„Hast du Hunger?“ Diese Frage wird uns meistens dann gestellt, wenn unser Magen anfängt, zu knurren und zu grummeln. An diesem für manche peinlichen Geräusch sind regelmäßige Bewegungen der Magenwand schuld. Diese Wellen, die man Peristaltik nennt, sorgen etwa alle 20 Sekunden dafür, dass der Speisebrei aus dem Magen in den Darm transportiert wird. Diese wellenförmigen Bewegungen finden immer statt, egal, ob man satt oder hungrig ist. Dieser Vorgang geschieht also automatisch, und wir können ihn nicht beeinflussen. Wenn der Magen leer ist, schiebt die Magenwand statt Speisebrei nur Luft vor sich her. Die Folge davon ist das bekannte Magenknurren. Sobald man jedoch etwas isst, hört das Magenknurren sofort auf.

**Warum haben Bäume manchmal eine Nummer?**

Antwort: (962)

Das gibt´s tatsächlich meist im norddeutschen Raum. So kleine Metallschilder am Baum oder am Fuß des Baumes. Diese Bäume stehen dann nicht auf einem Privatgrundstück, sondern gehören meistens einer Stadt oder Gemeinde. In einem öffentlichen Park zum Beispiel. Die Gemeinden sind dazu verpflichtet, sicherzustellen, dass von den Bäumen keine Gefahr (z. B. durch herabstürzende Äste) ausgehen kann. Dazu wird regelmäßig eine Sichtkontrolle durchgeführt, die Baumkontrolle heißt. Wurzel, Stamm und Baumkrone werden untersucht. Dazu führt die Gemeinde ein sogenanntes Baumkataster (also ein genaues Verzeichnis, in welchem die Bäume aufgeführt werden). Mit den Nummern und den Schildern wird eine klare Zuordnung eines Baumes zu diesem Kataster erreicht. Die Nummerierung wird oft nach der Reihenfolge der Bäume in einer Straße durchgeführt.

**Was macht eigentlich ein Quantenphysiker?**

Antwort: (963)

Die Quantenphysiker beschäftigen sich mit der Mini-Welt, sozusagen. Es fängt an bei Atomen und deren Kernen (die sind schon mal 100 000-mal kleiner als Atome) und endet bei den Quanten der „Plancklänge" (das ist einige Millionen Mal winziger als ein Atomkern) – wo man eigentlich nichts mehr aussagen oder erklären kann. Die Vorgänge in der Mini-Welt sind regelrecht „absurd", haben die Forscher herausgefunden. Die winzigen Teilchen haben keinen fest bestimmbaren, eindeutigen Aufenthaltsort mehr, sie befinden sich scheinbar an mehreren Orten gleichzeitig. Und sie können durch Barrieren gehen wie Geister durch die Wand. Die Physiker nennen das „tunneln" oder „hüpfen". Überhaupt ist die Welt der Quanten recht sprunghaft. Quanten ändern sich nicht kontinuierlich, sondern in sprunghaften Schritten, eben in „Quanten".

**Stimmt es, dass Pfeffer mal richtig teuer war? So wie Gold?**

Antwort: (964)

Da hast du recht! Früher musste der Pfeffer aus seinem damals einzigen Anbaugebiet in Südwest-Indien nach Europa auf dem Landsweg transportiert werden. Seine Haltbarkeit und Schärfe machten ihn zum idealen Handelsgut. Pfeffer dominierte bereits in der Antike den Gewürzhandel zwischen Asien und Europa. Mit Karawanen wurde er in den Mittelmeerraum transportiert. Pfeffer war ein kostbares Gut und wurde zeitweilig mit Gold aufgewogen. Das Wort „Pfeffersäcke" bezeichnet übrigens die Händler, die ihren Reichtum dem Pfeffer verdanken. Im Mittelalter hatten Türken und Araber, später Venedig, das Monopol auf den Gewürzhandel mit Indien und wachten eifersüchtig darüber. Die kostbaren Gewürze waren ein Grund, warum Marco Polo sich um einen eigenen europäischen Karawanenbetrieb nach Asien bemühte und Christoph Kolumbus und andere Seefahrer deshalb einen Seeweg nach Indien suchten.

**Wieso heißt die Milchstraße so?**
Antwort: (965)
Die Milchstraße (engl. „milky way") ist eine Galaxis. Unsere Sonne ist nur einer von etwa einer Milliarden Sternen darin. Neben den vielen Sternen enthält unsere Galaxis Planeten, Staub und andere Objekte. Sie gilt als eine „Scheibengalaxis". Im Zentrum ist die Sterndichte höher als außen, daher hat die Milchstraße dort eine Ausbeulung, sie ist dicker als in den Außenbereichen. Man nennt sie daher auch „linsenförmig". Unser Sonnensystem mit den bekannten Planeten befindet sich in einem Spiralarm der Milchstraße und benötigt viele Millionen Jahre, um das Zentrum unserer Galaxis einmal zu umlaufen. Wir sehen also unsere Galaxis, unsere Milchstraße, „von innen". Daher nehmen wir sie als ein leuchtendes Band wahr, und deshalb sieht sie auch so milchig aus. Es gibt übrigens noch andere Arten von Galaxien, sogenannte irreguläre und elliptische Galaxien zum Beispiel. Es wird vermutet, dass sich im Zentrum unserer Milchstraße ein „Schwarzes Loch" befindet.

**Warum sind die Blätter im Herbst rot gefärbt?**
Antwort: (966)
Das liegt am Chlorophyll, einem der Farbstoffe in den Blättern. Es nimmt die Sonnenenergie in den Blättern auf. Die Sonne strahlt mit einem ganzen Spektrum von Farben auf uns, und die meisten werden vom Chlorophyll sozusagen verschluckt. Nur grüne Farben kann Chlorophyll nicht absorbieren, diese Farbanteile des Sonnenlichts werden daher von den Blättern in alle Richtungen wegreflektiert und wir sehen sie. Im Herbst ändert sich das Wetter. Es wird kälter, die Sonnenscheindauer wird geringer. Die Bäume (außer die immergrünen Nadelbäume) bereiten sich dann darauf vor, ihre Blätter abzuwerfen. In dieser Zeit geht der Einfluss des Chlorophylls zurück und andere Stoffe, eben die, die so toll leuchten, treten jetzt hervor. Es wird vermutet, dass die rote Signalfarbe Fressfeinde abhalten soll. Aber die Meinungen gehen hier durchaus auseinander.

**Warum ekelt man sich eigentlich vor Spinnen?**
Antwort: (967)
Gute Frage, da müssen wir uns ein bisschen in der Biologie, besser in der Evolution umschauen. Menschliche Gefühle wie zum Beispiel Ekel sind nicht unbedingt „natürlich" – sondern angelernt. Ekel ist ein Affekt. Die Forschung geht davon aus, dass die menschliche Ekelfähigkeit in den Genen angelegt ist, die Objekte des Ekels jedoch von der jeweiligen Kultur festgelegt werden und variabel sind. So könnte sich zum Beispiel eine andere Kultur vor Fliegen ekeln und Spinnen vielleicht als leckere Delikatesse schätzen. Den Ekel vor Spinnen kann man verlieren, wenn man sich näher mit ihnen beschäftigt. Anders ist das bei Verhaltensweisen, die uns als Instinkt vorgegeben sind. Da können wir nicht anders, als uns zum Beispiel zu fürchten. Die Angst wäre so ein (unter Umständen sogar lebenswichtiger) Instinkt. Instinkte sagen uns eben: Gib acht, bring dich nicht in Gefahr, lauf doch lieber davon, klettere nicht den Baum hoch, fass dieses komische Tier da nicht an, es könnte ja giftig sein ...

**Im Joghurt sind doch Bakterien. Machen die nicht krank?**

Antwort: (968)

Zunächst mal vorweg: Nicht alle Bakterien machen uns krank. Es gibt auch welche, die wir sogar unbedingt zum Leben brauchen (z. B. bestimmte Bakterien im Darm, die bei der Verdauung helfen). Beim Joghurt ist es so, dass es ohne Bakterien keinen Joghurt gäbe. Die kleinen Organismen bilden die typischen Aromastoffe, die dem Joghurt seinen Geschmack geben und wandeln den Milchzucker (Lactose) in Milchsäure um. Die Milchsäure führt zu einer ph-Absenkung. Ab einem bestimmten ph-Wert bilden die Proteine (Eiweiße) in der Milch, die vorher lose waren, dann ein festes Netz. Dieser Vorgang wird oft als Dicklegung bezeichnet. In den Zwischenräumen dieses Netzwerks werden das in der Milch enthaltene Wasser und verbleibende Proteinfraktionen (Molke) eingeschlossen.

**Was ist denn das Besondere an einem Japanischen Garten?**

Antwort: (969)

Japanische Gärten sind ein Ausdruck der japanischen Philosophie und Geschichte. Solche Gärten findet man (in Japan) auf Privatgrundstücken oder bei Shinto-Schreinen sowie an historischen Sehenswürdigkeiten wie alten Schlössern. Bei uns sieht man sie eher in den Stadtparks, oder bei buddhistischen Tempeln. Im Münchner Westpark ist zum Beispiel auch ein Japanischer Garten. Diese Gärten sind bis ins Detail geplant. Um sie zu verstehen, muss man sie „lesen" lernen. Der Betrachter kann in verschiedenen Elementen eines Gartens viele Interpretationen sehen. Eine Sonderform, der viele der berühmten japanischen Gärten angehören, ist der Zengarten, bei dem auf Wasser und größere Pflanzen ganz verzichtet wird. Beim Tsukiyama-Stil (künstliche Hügel) werden dagegen Berge von Steinen und kleinen Hügeln dargestellt, und ein Teich präsentiert das Meer. Es handelt sich also praktisch um eine Miniaturlandschaft.

**Aus was sind unsere Zähne? Wirklich aus Kalk?**

Antwort: (970)

Ein Zahn kann vom Aufbau in die Zahnkrone (der Teil des Zahnes, den wir sehen können), den Zahnhals (der bei gesunden Zähnen vom Zahnfleisch bedeckt wird) und die Zahnwurzel (verankert den Zahn im Kiefer) zerlegt werden. Diese Teile des Zahns bestehen aus unterschiedlichen Gewebearten: Die Krone besteht aus Zahnschmelz (nennt man in der Fachsprache auch Enamelum). Darunter liegt das Zahnbein (Dentin genannt). Im Inneren befindet sich Zahnmark, der innere Teil eines Zahnes (Pulpa genannt), welches von Blutgefäßen und Nervenfasern durchzogen ist. Über das Zahnmark ist der Zahn mit dem Nervensystem und dem Blutkreislauf des Körpers verbunden. Zahnschmelz besteht aus Mineralien wie Hydroxylapatit, Fluorapatit und Carbonapatit. Hydroxylapatit kommt in unserem Körper auch in den Knochen vor. Es ist also dasselbe Material wie in den Knochen und wird gemeinhin im Volksmund als „Kalk" bezeichnet.

**Wie funktioniert die Telefonauskunft? Haben die alle Nummern auf der Welt?**

Antwort: (971)

Nicht alle, aber viele. Die Telefonauskunft bietet Telefonnummern, Faxnummern oder IP-Telefonie-Nummern von allen „verzeichneten" Teilnehmern. Man muss also erklären, dass man in die Auskunft aufgenommen werden will. Daneben gibt es noch Telefonnummern, die an Prominente oder Politiker vergeben werden (können) und die nur in einem speziellen Verzeichnis bei den Behörden hinterlegt sind, das sind die sogenannten Geheimnummern. Telefonnummern aus fremden Ländern kriegt man bei einer speziellen Auskunft, der Auslandsauskunft. Inzwischen kann man übrigens sogar rückwärts suchen. Bei der Inverssuche (sie war bis 2004 verboten), gibt man die Telefonnummer an und erhält dann den Teilnehmer, dem die Nummer gehört. Aber natürlich auch nur wieder, wenn der sich in das offizielle Nummernverzeichnis hat aufnehmen lassen. Die erste Telefonauskunft gab es in den USA, wo auch das größte Telefonnetz entstand.

**Was macht eigentlich ein Philosoph?**
Antwort: (972)
Gute Frage. Nicht viel. Oder sehr viel. Ja nach Standpunkt. Er beschäftigt sich mit den „wichtigen Fragen" des Lebens. Oder mit unnützem Zeug (auch das wieder ganz nach Standpunkt). Ein Philosoph produziert nichts (außer Büchern vielleicht). Er stellt nichts her. Aber er denkt nach. Die „Philosophie" ist nämlich die Liebe zur Weisheit, zum Wissen, zur Erkenntnis. Das Wort kommt aus dem (Alt-) Griechischen. Und die alten Griechen gelten (zumindest in unserem westlichen Kulturkreis) auch als die Erfinder der Philosophie. Aber natürlich ist das Nachdenken über Fragen wie: Wo kommen wir her? Was können wir eigentlich wissen? Wo gehen wir hin? Gibt es einen Sinn des Lebens? Gibt es einen (oder mehrere) Götter?, usw. so alt wie die menschliche Fähigkeit zu denken überhaupt.

**Warum knistert eigentlich ein Lagerfeuer?**
Antwort: (973)
Dafür gibt es gleich zwei Erklärungen, die möglicherweise auch beide gleichzeitig richtig sind. Die erste Erklärung besagt, dass der Kohlenstoff im Holz (Holz ist je eine Pflanze und die besteht chemisch teilweise aus Kohlenstoff) bei höheren Temperaturen vergast wird, an die Luft gelangt und mit dem Sauerstoff der Luft explosionsartig reagiert. Dabei wird ein Schall erzeugt, den wir als Knistern oder Knacken wahrnehmen. Nach der zweiten Erklärung dehnt sich das in den Zellen des Holzes eingespeicherte Wasser aus, und baut durch diese Erwärmung beim Vorgang des Brennens einen extrem hohen Druck auf. Und das genau so lange, bis die Zellen im Holz platzen, und dabei den für uns hörbaren Lärm erzeugen. Letztere Erklärung ist ein bisschen einleuchtender, besonders wenn man öfters mal ein Lagerfeuer gemacht hat. Dann merkt man nämlich, wie das Knacken direkt aus dem Holz zu kommen scheint. Oft sprengt es auch richtige „Glühteilchen" weg.

**Wer hat die Weckmänner erfunden, die es im Kindergarten zu St. Martin gibt?**
Antwort: (974)
Die Weckmänner sind eigentlich eine Tradition, die aus dem westlichen Ruhrgebiet und dem Rheinland kommt. Da werden sie zu St. Martin gegessen und in die Tüten der Kinder beim Martinssingen gepackt. Man nennt die Weckmänner übrigens auch „Stutenkerle" (Stute ist ein altes Wort für Hefe). Die kleinen Männchen aus Hefeteig haben die

Form eines stilisierten Mannes, da sie sich auf den Bischof Nikolaus von Myra und dessen Festtag, den „Nikolaustag" am 6. Dezember, beziehen. Der Stutenkerl ist ein typisches Adventsgebäck. Es gibt im deutschsprachigen Raum noch weitere Namen dafür: zum Beispiel „Klaaskerl", „Backsmann", „Puhmann", „Kaiten Jais", „Dambedei" oder „Klausenmann". Einer der Oberbegriffe ist Nikolaus, vor allem, wenn das Gebildbrot zum Nikolaustag auch gegessen wird. Die Gebildbrote wurden im Mittelalter Büßern und Kranken, die nicht in die Kirche kommen konnten, als Kommunionsersatz verabreicht.

**Ich wünsche mir einen Hund. Aber wie muss ich ihn erziehen?**
Antwort: (975)
Zunächst musst du wissen, dass ein Haustier kein Spielzeug ist – aber das werden deine Eltern dir schon gesagt haben, oder? Ein Tier ist ein neues Familienmitglied, mit Rechten, Ansprüchen und Bedürfnissen. So. Zur Erziehung: Hundeerziehung muss konsequent sein. Ein Hund ist ein Herdentier und sucht eine Rangordnung. Wenn du nicht willst, dass dein neuer Freund dir „auf der Nase rumtanzt" (denn Hunde sind in der Regel auch sehr schlau und „tricky"), musst du ihm von Anfang an klarmachen, wo seine Position in der neuen Herde ist, sprich: Erst kommen Mama und Papa, dann du (und deine Geschwister) und dann erst „Wauzi". Beim Fressen zum Beispiel: Der Hund kriegt seinen Napf als Letzter gefüllt, wenn die Familie zusammensitzt. Das nimmt er dir übrigens nicht übel, sondern das braucht er. Sonst wird er neurotisch, verzogen oder ein fieser Knopf, der überall nur seinen eigenen Vorteil sucht.

**Wieso heißt die Elefantenfrau auch Elefantenkuh?**
Antwort: (976)
Tatsächlich gehören Kühe und Elefanten zur gleichen systematischen Säugetiergruppe der Huftiere (Ungulata). Bei größeren Tieren dieser Gruppe hat sich der Gebrauch von Kuh, Bulle und Kalb als Bezeichnung für Weibchen, Männchen und Kind im Laufe der Zeit so eingebürgert. Das gilt z. B. für alle echten Hirsche und Rinder, aber auch für Elefanten, Giraffen und manche Antilopenarten. Auch Wale und Seekühe (die tatsächlich mit den Huftieren verhältnismäßig nah verwandt sind) werden so bezeichnet. Allerdings wird Kuh, Bulle, Kalb auch bei Robben verwendet, die als hundeartige Raubtiere mit den Huftieren nur die Klasse Säugetiere gemeinsam haben. Für kleinere Huftiere (z. B. Ziegen, Rehe, Gämsen) wiederum gilt das Benennungsschema Geiß, Bock, Kitz. Und bei Pferden (auch Wildpferden, Zebras und Eseln) heißt es Stute, Hengst, Fohlen.

**Was versteht man unter der Apgar-Zahl?**
Antwort: (977)
Die Apgar-Zahl ist eine Art Punkteschema, mit dem man den gesundheitlichen Zustand von neugeborenen Babys beurteilen kann. Die amerikanische Medizinerin Virginia Apgar (1909-1974) entwickelte einen Test, bei dem die Babys erst eine Minute, dann fünf Minuten und schließlich zehn Minuten nach der Geburt nach folgenden Kriterien untersucht werden: appearance (Aussehen, Hautfarbe), pulse (Herzschlag), grimace (Reflex), activity (Muskeltonus) und respiration (Atmung). Die ersten Buchstaben dieser Worte ergeben die Abkürzung APGAR. Für jedes Merkmal werden Punkte von null bis

zehn vergeben. Neun bis zehn Punkte sind optimal, und das Neugeborene ist kerngesund, bei acht bis fünf Punkten muss das Kind genauer untersucht werden, weil möglicherweise eine ernste Erkrankung vorliegt. Bei unter fünf Punkten besteht für den Säugling akute Lebensgefahr.

**Welche Raumstation oder welcher Satellit ist am weitesten von der Erde entfernt?**
Antwort: (978)
Das ist die Raumsonde Voyager 1, die bereits 1977 von der NASA in den Weltraum geschickt wurde, um Daten von Jupiter und Saturn auf die Erde zu senden. Heutzutage ist die Voyager 1 unglaubliche 16 Milliarden Kilometer von unserer Erde entfernt. Ebenso unglaublich ist die Tatsache, dass die Voyager-Weltraummission ursprünglich nur fünf Jahre dauern sollte. Die Konstrukteure dachten damals, dass sowohl Technik als auch alle verwendeten Materialien der Sonde etwa fünf Jahre halten würden. Von wegen! Die Voyager 1 sendet immer noch einwandfreie Daten aus dem Weltraum, und das seit 36 Jahren! Übrigens: An Bord befindet sich eine Art Festplatte, auf der alle möglichen Entwicklungen der Menschheitsgeschichte in Bild und Ton gespeichert sind. Die sogenannte *Golden Record* besteht aus vergoldetem Kupfer und soll Außerirdischen im Fall eines (eher unwahrscheinlichen) Kontakts einen Einblick in die menschliche Spezies ermöglichen.

**Warum sterben immer so viele Delfinbabys in Gefangenschaft?**
Antwort: (979)
Delfine und Orcas in Gefangenschaft zu halten, ist äußerst umstritten. Tierschützer fordern deshalb, die Delfinarien zu schließen. Leider kommt es immer wieder vor, dass einige Delfinbabys meist gleich nach der Geburt sterben, und man vermutet folgende Gründe dafür: Delfinmütter wissen nicht instinktiv, wie sie ihre Kinder aufziehen sollen. In der freien Natur lernen Delfine voneinander, wie sie mit ihrem Nachwuchs umgehen müssen. In der Gefangenschaft dagegen werden Delfinmütter meist von ihrer Gruppe getrennt, damit sie sich ungestört um ihre Kleinen kümmern können. Aber wie sollen sie dann von anderen Delfinen lernen? Manchmal verhungern ihre Babys. In der Natur haben sie außerdem viel mehr Platz, als in den kleinen Becken. Im Übrigen leiden die sensiblen Meeressäuger unter der Lärmbelästigung durch das ständige Brummen der Wasserpumpen und der lauten Musik während der Vorstellungen. All das stresst die Delfine so sehr, dass sie dadurch krank werden und manchmal sogar sterben.

**Warum ist der Himmel blau und nicht beispielsweise grün oder gelb?**
Antwort: (980)
Diese oft gestellte Frage ist nicht so einfach in einem Satz zu beantworten, denn die Luft an sich ist ja farblos. Um das zu verstehen, muss man wissen, dass das scheinbar weiße Licht der Sonne in Wirklichkeit gar nicht weiß ist. Es setzt sich auch mehren Einzelfarben zusammen, den sogenannten Spektralfarben Rot, Orange, Gelb, Grün, Blau und Violett. Je nach ihrer Zusammensetzung filtert die Luft einzelne Teile aus diesem Farbspektrum heraus. Ist die Luft rein und trocken, sieht man hauptsächlich das blaue Licht. Die anderen Farben werden sozusagen verschluckt. Mit Staubteilchen versetzte Luft wirft

vorwiegend rotes Licht zurück. Bei hoher Luftfeuchtigkeit und leichter Bewölkung erscheint der Himmel sogar weiß.

**Wie kommen Briefe eigentlich so schnell vom Briefkasten zum Empfänger?**
Antwort: (981)
Milliarden von Postsendungen werden nach der Einlieferung von automatischen Briefverteilern sortiert. Mit großer Geschwindigkeit werden die Briefe an einem Lesekopf vorbeigezogen, der die Adresse innerhalb von nur einer Zehntelsekunde erfasst. In dieser Zeit entziffert die Maschine nicht nur die unterschiedlichen Schriften, sondern prüft auch, ob Postleitzahl und Wohnort übereinstimmen. Danach bringt sie mit Leuchttinte einen Strichcode auf den unteren Teil des Umschlags auf, in dem die Postleitzahl verschlüsselt ist. Nach diesem Strichcode geht der Brief dann auf die Reise. Manchmal sind die Empfängeradressen allerdings so unleserlich oder unvollständig, dass die Postsendungen nicht weitergeleitet werden können. Für solche Fälle gibt es eine Art Briefdetektive. Sie arbeiten im Service-Center Briefermittlung in Marburg und haben die Lizenz zum Briefeöffnen. Etwa 100 Mitarbeiter durchforsten den Inhalt der Briefe nach Hinweisen auf den Empfänger. Werden sie fündig, werden die Briefe wieder verschlossen, und mit der richtigen Adresse versehen dem Empfänger zugestellt.

**Wozu benötigt der Körper Adrenalin?**
Antwort: (982)
Bei einer aufregenden und gefährlichen Situation bekommen wir Herzklopfen. Unsere Pupillen erweitern sich, und meistens fangen wir an zu schwitzen. Verantwortlich für diese körperlichen Symptome ist das Hormon Adrenalin. Man nennt es auch Stresshormon. Es wird in der Nebenniere produziert und bei Gefahr vermehrt an den Körper abgegeben. Hormone sind Botenstoffe im Blut. Geraten wir in eine bedrohliche Lage, muss der Körper schnell und konzentriert reagieren können. Daher weisen die Adrenalinbotenstoffe die Blutgefäße an, sich zusammenzuziehen. Die Folge: Das Herz schlägt schneller und mehr frisches, sauerstoffreiches Blut erreicht die Muskeln. Die Bronchien werden erweitert, sodass uns das Atmen leichter fällt. Wir können uns dadurch besser wehren und auch schneller davonlaufen. Wenn die Gefahr vorüber ist, sinkt der Adrenalinspiegel schnell und der Körper funktioniert wieder ganz „normal".

**Was kann ich gegen eine Katzenallergie tun?**
Antwort: (983)
Tja, das wird schwierig werden. Eine Katzenallergie wird nicht – wie viele denken – durch Katzenhaare ausgelöst, sondern vielmehr durch ihren Speichel. Wenn sich die Katze leckt und putzt, gelangt der Speichel dann natürlich auf die Haare. Im Speichel befindet sich ein Eiweiß, das „Fel d1" genannt wird. Und genau auf diese Eiweißstoffe reagieren Allergiker mit Atemnot, Jucken, Schnupfen etc. Allerdings reagieren viele Menschen mit einer Katzenallergie nicht auf alle Katzen gleich. Je nach Rasse, Geschlecht oder Lebensgewohnheiten der Katze kann die Reaktion unterschiedlich ausfallen. Angeblich soll es wohl auch eine Katzenzüchtung aus Amerika geben, die keine Allergien mehr auslöst. Diese Katzen sind allerdings sehr teuer (ca. 4000 US-Dollar).

Aber muss es denn unbedingt eine Katze sein? Es gibt bestimmt noch andere Haustiere, auf die du nicht allergisch bist und die genauso viel Freude machen.

**Was ist eigentlich ein Hammelsprung?**
Antwort: (984)
Der sogenannte Hammelsprung ist ein Abstimmungsverfahren, das im Deutschen Bundestag angewandt wird. Die Methode kommt dann zum Tragen, wenn durch ein normales Handheben im Parlament kein eindeutiges Ergebnis zu erkennen ist. Alle Abgeordneten müssen dabei den Abstimmungsraum zunächst verlassen. Wenn sie wieder in den Raum zurückkehren, müssen sie durch eine von drei Türen wieder in den Raum eintreten. Jede Tür steht jeweils für Ja, Nein oder Enthaltung. Im Deutschen Bundestag sind neben der Abstimmung per Hand und dem Hammelsprung nach Geschäftsordnung das Aufstehen und Sitzenbleiben als Abstimmungsverfahren zugelassen. Der Name Hammelsprung kommt von einem geschnitzten Giebel einer der drei Haupttüren im Reichstag. Das Bild zeigt einen Riesen aus der griechischen Sage, der seine Hammel, also Hausschafe, zählt.

**Wieso taut das Eis, wenn man Salz darauf streut?**
Antwort: (985)
Wenn man es genau nimmt, taut man das Eis eigentlich nicht mit Salz auf; aber dennoch richtig ist: Das Eis verschwindet, wenn man Salz darauf streut. Wasser gefriert bekanntlich bei null Grad Celsius zu Eis. Aber das gilt nur für reines Wasser. Sobald im Wasser Salz gelöst ist, sinkt die Temperatur, bei der es gefriert, ganz erheblich. Eine starke Lösung von Kochsalz zum Beispiel wird erst bei minus 10 Grad Celsius zu einer Art von Eisschlamm, also nicht einmal zu richtig festem Eis. Ist es allerdings noch kälter, kann auch das Salz nicht vor dem Gefrieren schützen. Heute verzichtet man aber vielfach auf das Streuen von Salz, da es den Straßenbäumen und der Umwelt schadet. Alternativ wird entweder nur geräumt, oder es werden Kiesel gestreut. Auf wichtigen Straßen, an Kreuzungen oder Autobahnen wird aus Sicherheitsgründen natürlich noch Salz gestreut.

**Wird Pech heutzutage noch verwendet?**
Antwort: (986)
Laut Wikipedia ist Pech eine schwarze, teerartige, superzähe Flüssigkeit, die bei der Destillation von Erdöl, Kohle oder harzhaltigen Hölzern anfällt. Früher wurde Pech hauptsächlich als Dichtungsmittel beim Schiffsbau und als Brennstoff verwendet. Heutzutage findet es meist nur noch Verwendung als Poliermittel bei der Herstellung von optischen Gläsern. Pech ist schon ein komischer Stoff: Sein Zustand erscheint zunächst fest, und doch handelt es sich um eine Flüssigkeit. Das bewies Professor Thomas Parnell von der Universität von Queensland in Brisbane mit dem wohl längsten Experiment der Menschheitsgeschichte: Er goss erhitztes Pech in einen Trichter, der unten verschlossen war. Drei Jahre lang brauchte das Pech um sich zu setzen. Dann wurde der Trichter geöffnet. Erst nach weiteren acht Jahren kam der erste Tropfen heraus, sieben weitere folgten bis zum Jahr 2000. Seitdem warten die Wissenschaftler auf Tropfen Nr. 9. Dieses

sogenannte Pitchdrop-Experiment beweist also, dass Pech kein Feststoff, sondern tatsächlich eine Flüssigkeit ist.

**Stimmt es, dass Eidechsen ihren Schwanz bei Gefahr abwerfen können?**
Antwort: (987)
Ja, das stimmt. Dieser Trick der Natur hat schon so mancher Eidechse das Leben gerettet. Der Eidechsenschwanz besteht aus Wirbeln, Nerven und Muskeln. Er ist sehr kräftig und dient dem Reptil zur Fortbewegung. An einigen Stellen jedoch ist das Muskelgewebe nicht so stark, damit das Tier seinen Schwanz problemlos abwerfen kann, wenn Gefahr durch einen Fressfeind droht. Mit einer ruckartigen Bewegung wirft die Eidechse einen Teil des Schwanzes ab. Das geschieht natürlich nicht zum Spaß, sondern nur bei akuter Gefahr. Da sich das Schwanzende durch aktive Nerventätigkeit noch einige Minuten weiterbewegt, wird der Angreifer abgelenkt und die Eidechse kann sich schnell in Sicherheit bringen. Einen Nachteil hat das Ganze allerdings: Der Schwanz wächst zwar nach, aber er wird kürzer, und er sieht auch nicht mehr so schön und farbenfroh aus wie vorher.

**Wieso klebt der Duschvorhang beim Duschen immer an der Haut?**
Antwort: (988)
Ja, wer kennt es nicht, dieses schreckliche Gefühl, wenn sich beim Duschen der klamme Plastikvorhang klebrig an die Beine schmiegt. Woran liegt das? Dadurch, dass beim Duschen das Wasser meist viel wärmer ist als die Raumtemperatur, verdunstet viel davon und steigt als Wasserdampf mit der Luft nach oben. Von unten kann, da der Duschvorhang die Dusche vom Außenraum abschirmt, wenig bis kaum Luft nachströmen – folglich entsteht hier ein Unterdruck und die Luft außerhalb der Dusche drückt den Vorhang nach innen. Wie das verhindert werden kann? Eine Möglichkeit wäre, nur noch kalt zu duschen, aber das ist ja nicht jedermanns Sache. Eine andere Möglichkeit wäre es, seitlich zwischen Duschvorhang und Wand einen Spalt für nachströmende Luft zu lassen. Eine dritte Alternative bieten teuere Duschvorhänge aus speziellem Nylongewebe, die ein bisschen luftdurchlässig sind.

**Worin besteht der Unterschied zwischen Kunstschnee und echtem Schnee?**
Antwort: (989)
Grundsätzlich unterscheidet sich künstlicher Schnee von natürlichem Schnee in der Struktur. Kunstschneekristalle haben, wenn man sie von ganz Nahem betrachtet, eine runde Form, während Neuschneekristalle die typische Kristallform besitzen. Die Form hängt aber auch von weiteren meteorologischen Bedingungen wie Temperatur, Luftdruck und Luftfeuchtigkeit ab. Um künstlichen Schnee zu erzeugen, braucht man viel Energie und sehr viel Wasser. Etwa 3100 Schneekanonen stehen in Europa und beschneien die Pisten. Dabei verbrauchen sie pro Jahr und Hektar etwa eine Million Liter Wasser und 260 000 kw/h Strom. Das entspricht etwa der Energie, die eine Stadt mit 150 000 Einwohnern im Jahr benötigt! Die Wintersportler und die Hütten- und Liftbetreiber freuen sich natürlich über die weiße Pracht aus der Maschine, aber umweltfreundlich ist die Produktion von Kunstschnee natürlich nicht.

**Stimmt es, dass sich Pflanzen untereinander verständigen können?**
Antwort: (990)
Ja, das stimmt. Pflanzen können sich wehren und dazu sogar untereinander Nachrichten austauschen. Wenn Ahornbäume von Schädlingen befallen werden, produzieren sie zum Beispiel einen chemischen Stoff. Der daneben stehende Baum „riecht" das und trifft Abwehrmaßnahmen, bevor die Schädlinge auch zu ihm kommen. Er produziert einen ganz scheußlich schmeckenden Saft, den er in seiner Rinde und den Blättern einlagert. Davon probieren die Schädlinge nur einige Bissen. Afrikanische Akazien sind noch viel brutaler. Es gibt dort riesige eingezäunte Farmen, auf denen viele Antilopen herumlaufen. Die nagen gerne die Akazien an. Wenn nun eine Akazie auf diese Weise beschädigt wird, entwickelt sie innerhalb kurzer Zeit einen bitteren Gerbstoff und regt dadurch ihre Nachbarn an, das Gleiche zu tun. Wenn die Kudus nun die Bäume annagen und ihre Rinde fressen, wird ihr ganzes Verdauungssystem gestört. Die Antilopen kriegen Bauchweh und Durchfall. Das ist aber nur in den eingezäunten Gebieten so, wo Kudus herdenweise umherziehen. In der freien Wildbahn, wo es weniger Kudus gibt, sind die Bäume netter.

**Warum legen Meeresschildkröten ihre Eier immer auf dem Land ab?**
Antwort: (991)
Meeresschildkröten verbringen zwar ihr gesamtes Leben im Wasser, aber sie sind halt keine Fische und brauchen deshalb Luft zum Atmen. Würde sie ihre Eier einfach im Meer ablegen, dann würden die Schildkrötenbabys nach dem Schlüpfen ertrinken. Aus diesem Grund nehmen die Meeresschildkröten viele Mühen und große Anstrengungen auf sich. Kurz vor der Eiablage verlassen die schweren Tiere das Wasser und kriechen an Land, um sich eine geeignete Stelle zu suchen. So elegant sich Schildkröten im Wasser fortbewegen, so unbeholfen sind sie auf dem trockenen Land. Aber der größte Kraftakt kommt erst noch: Bevor sie ihre 100 bis 120 Eier ablegen können, müssen sie erst ein etwa 50 Zentimeter tiefes Loch in den Sand graben. Dann legen sie ihre Eier hinein und bedecken das Gelege mit dem ausgehobenen Sand. Danach sind die Schildkröten total erschöpft und schleppen sich mit letzter Kraft zurück ins Meer. Nach zwei Monaten schlüpfen dann die Meeresschildkrötenbabys.

**Woher hat der Meerrettich seinen Namen?**
Antwort: (992) *
Meerrettich ist ein scharf-würziges Wurzelgemüse, das bei uns angebaut wird. Sein Name hat nichts mit dem Meer zu tun. Woher sich das Wort ableitet, ist nicht ganz klar: Einige sagen, es bedeutet einfach „mehr Rettich", weil der Meerrettich eben eine besonders große Art von Rettich ist. Wahrscheinlicher ist aber, dass das Wort von „Mähre" abstammt, einer alten Bezeichnung für Pferd. Dafür spricht auch, dass der Meerrettich im Englischen „Horse-raddish" heißt, also „Pferde-Rettich". Vielleicht schmeckt Pferden das scharfe Gewächs besonders gut. Schon die alten Römer schätzten den Meerrettich. Allerdings weniger als Gewürz, sondern als Heilkraut.

**Gibt es Malaria auch bei uns in Deutschland?**
Antwort: (993)
Die Malaria kommt – teilweise schon sehr lange – in Nordamerika, Europa und großen Teilen Russlands praktisch nicht mehr vor. Aber trotzdem gibt es in Deutschland pro Jahr etwa 1000 Fälle von Malaria, weil sie aus Regionen mit Malaria wie Afrika, Asien oder Südamerika eingeschleppt werden. Besonders häufig ist die gefährlichste Form, die Malaria tropica. Die meisten Erkrankungen werden im tropischen Afrika erworben, weil die Reisenden keine oder ungeeignete Präparate gegen die Krankheit eingenommen und sich nicht ausreichend geschützt haben: Nicht mit insektenabwehrenden Mitteln eingerieben und nicht unter einem Moskitonetz geschlafen. In Höhen über 1500 Meter ist das Malaria-Risiko gering, in heißen Klimazonen kann die Krankheit jedoch bis in Höhen von 3000 Metern auftreten.

**Stimmt es, dass irgendwo auf der Welt die Samen von allen Pflanzen, die es gibt, aufbewahrt werden?**
Antwort: (994)
Ja, das stimmt tatsächlich. Du meinst sicher das Svalbard Global Seed Vault (SGSV). Übersetzt heißt das: Weltweiter Saatgut-Tresor auf Spitzbergen. Auf der norwegischen Insel Spitzbergen gibt es seit dem Jahr 2008 einen riesigen Bunker, der 120 Meter tief in eine alte Kohlegrube gebaut wurde. In diesem Bunker befinden sich drei Lagerhallen mit einer Größe von jeweils 270 Quadratmetern. Darin stehen sehr viele Regale mit noch mehr Behältern. In diesen Boxen werden die Samen von sämtlichen Nutz- und Kulturpflanzen (Kartoffeln, Getreide, Reis usw.) dieser Erde bei einer Temperatur von minus 18 Grad aufbewahrt. Im Falle einer weltweiten Klimakatastrophe könnte diese Samenbank eine Hungersnot verhindern. Starke Betonwände und dicke Stahltüren sollen das Saatgut sogar vor atomarer Verseuchung oder einem Flugzeugabsturz schützen.

**Stimmt es eigentlich, dass man Hamster am besten alleine hält?**
Antwort: (995)
Der possierliche Goldhamster gehört zu den beliebtesten Haustieren für Kinder. Sie sind leidenschaftliche Einzelgänger und ganz besonders erwachsene Weibchen reagieren extrem aggressiv auf andere Artgenossen, egal ob männlich oder weiblich und oftmals sogar auf ihre eigenen Jungen. Deshalb sollten sie stets alleine gehalten werden. Die wildlebende Form der Goldhamster stammt ursprünglich aus der Hochebene Nordsyriens. Da ihr Verbreitungsgebiet klein ist, galten die Goldhamster für lange Zeit als ausgestorben. Am 12. April 1930 entdeckte Professor Israel Aharoni zum Glück eine Goldhamstermutter mit ihren 11 Jungen. Die drei überlebenden Jungtiere aus diesem Wurf wurden an der Hebrew Universität in Jerusalem erfolgreich vermehrt. Von diesen drei Tieren stammen alle nachfolgenden Goldhamstergenerationen ab. Übrigens: Eigentlich sind Goldhamster als Haustiere für kleine Kinder gar nicht geeignet, denn sie sind nachtaktiv. Tagsüber wollen sie in Ruhe schlafen und erst in der Nacht, wenn die Kinder im Bett sind, werden die possierlichen Nager äußerst aktiv.

**Woher kommt der Aberglaube, dass Kleeblätter Glück bringen?**
Antwort: (996)
Wie jeder weiß, sind vierblättrige Kleeblätter in der Natur sehr selten. Deshalb braucht man auch viel Glück, um solch ein Blatt zu finden. Allein das ist schon Grund genug, ihm eine Glück bringende Kraft zuzuschreiben. Nach einer Legende aber nahm Eva ein vierblättriges Kleeblatt als Andenken mit, als sie aus dem Paradies vertrieben wurde. Sie wollte etwas bei sich tragen, das sie immer an die glückliche Zeit im verloren gegangenen Paradies erinnern sollte. So kam es, dass das vierblättrige Kleeblatt als gutes Omen angesehen wurde. Deshalb glauben manche auch, wer eines findet, hält ein kleines Stück vom Paradies in den Händen. Das ist nur eine Legende. Es gibt noch viele andere verschiedene Deutungen für das vierblättrige Kleeblatt. Ob diese wirklich zutreffend sind, weiß man natürlich nicht. Neben Kleeblättern gibt es noch viele andere Glückssymbole wie der Schornsteinfeger, das Hufeisen oder der Marienkäfer. Es gibt natürlich auch Pechsymbole wie beispielsweise schwarze Katzen. Abergläubige Menschen sind davon überzeugt, dass es Unglück bringt, wenn sie einem von links nach rechts über den Weg laufen.

**Was passiert in einem Reaktor?**
Antwort: (997) *
In einem Atomreaktor werden ganz vorsichtig radioaktive Materialien gespalten. Bei diesem Prozess entsteht eine Unmenge von Energie, die sich nutzen lässt. Ein Teil des Stroms, der aus der Steckdose kommt, stammt aus Atomreaktoren. Ein Reaktor hat meterdicke Betonwände, damit auf keinen Fall radioaktive Strahlung austreten kann. Wenn die Laufzeit eines Atomkraftwerks beendet ist, müssen Reaktoren entsorgt werden. Die in ihnen enthaltenen Brennstoffe werden dann in sogenannte Endlager gebracht. Reaktoren müssen sehr vorsichtig behandelt werden, weil aus diesen Brennstoffen noch über Jahrtausende hinweg radioaktive Strahlen austreten können. Radioaktive Strahlen verursachen schwere gesundheitliche Schäden. Sie können Missbildungen bei Neugeborenen oder Krebs herbeiführen.

**Warum heißt Amerika nicht Kolumbia?**
Antwort: (998)
Dass Amerika nicht den Namen seines Entdeckers trägt, nämlich den von Christoph Kolumbus, hast du gut erkannt. Historischen Erkenntnissen zufolge wusste Kolumbus jedoch gar nicht, im Jahr 1492 einen neuen Kontinent entdeckt zu haben. Er war der Ansicht gewesen, über eine neue Seeroute in „Hinterindien", also in Asien, gelandet zu sein. Seinem Landsmann dagegen, dem italienischen Kaufmann und Seefahrer Amerigo Vespucci, war der neue Kontinent aufgefallen. In einer im Jahr 1501 stattgefundenen Reise, und somit ganze neun Jahre später, erkannte Amerigo Vespucci, dass es sich nicht um Asien handelte, sondern um einen Teil einer „Neuen Welt". Weil dem deutschen Geografen und Mathematiker Martin Waldseemüller der Reisebericht Amerigo Vespuccis vorlag, verwendete dieser auf seiner 1507 gezeichneten Weltkarte die Bezeichnung „Amerika" für den südlichen Teil des Kontinents. Damit wollte er den Entdecker der Neuen Welt die Ehre erweisen. Diese Karte gilt noch heute als Geburtsurkunde Ameri-

kas. Nach einigen Jahren sollte Waldseemüller zwar seinen Fehler anerkennen, doch für eine Umbenennung war es zu diesem Zeitpunkt bereits zu spät. Die Bezeichnung Amerika hatte sich durchgesetzt. Schwacher Trost: Immerhin wurde das Land Kolumbien nach dem wahren Entdecker des Kontinents benannt.

## Wieso brechen Vulkane aus?

Antwort: (999)

Im Inneren des Vulkans befindet sich ein Schlot. Das ist eine Art Schornstein, der vom Erdinneren bis zum Gipfel hinauf reicht. Unter dem Erdmantel ist es so unvorstellbar heiß, dass sogar Gestein schmilzt. Dieses flüssige Gestein nennt man Magma. Im Magma befinden sich eine Menge Gase und Wasserdampf, die den Drang haben, sich auszudehnen. Wenn der Druck zu stark wird, kommt es zu einem Vulkanausbruch. Das flüssige Gestein tritt dann mit ungeheurer Kraft über den Schlot nach oben oder seitlich aus. Die heiße Lava, so nennt man das Magma, sobald es an die Erdoberfläche kommt, läuft den Vulkan hinunter und verbrennt alles, was sich ihr in den Weg stellt. Gleichzeitig werden durch den enormen Druck Gestein und Asche in die Luft geschleudert, so dass sich riesige schwarze Staubwolken bilden. Herunterfallende Gesteinsbrocken können großen Schaden an Bauwerken und Autos anrichten, und auch Menschen werden dadurch gefährdet. Der Lavafluss kühlt an der Luft zwar ab und erhärtet langsam, aber oftmals befinden sich Siedlungen am Fuß von Vulkanen, die dann komplett zerstört werden, wenn die Lava nicht vorher zum Stillstand kommt.

## Was sind eigentlich Potemkin´sche Dörfer?

Antwort: (1000)

Man könnte ebenso sagen „Außen hui, innen pfui" oder auch „Der schöne Schein trügt". Wenn etwas nach außen hin in allerbestem Zustand erscheint, in der Substanz oder im Inneren jedoch marode und desolat (=zerstört) ist, spricht man von einem „Potemkin´schen Dorf". Etwas soll unter Vorspiegelung falscher Tatsachen besser erscheinen, als es in Wirklichkeit ist. Es ist ein Sinnbild für Lug und Trug. Namensgeber für diesen Ausdruck war der russische Feldmarschall Fürst Grigori Potjomkin (1739-1791), ein Günstling von Zarin Katharina II. Im Jahre 1787 wollte die Zarin eine ausgedehnte Inspektionsreise im gerade neu eroberten Krimgebiet antreten. Einer Legende zufolge ließ der Fürst entlang der geplanten Wegstrecke prächtige Fassadendörfer errichten, um der Zarin nicht vorhandenen Wohlstand der Bevölkerung vorzugaukeln und zu vertuschen, dass die Bewohner in Wahrheit sehr arm waren und große Not litten.

Im Urlaub an der Nordsee habe ich im Sand viele Häufchen gesehen, die wie Sandspaghetti ausschauen. Woher kommen die?  S.70

Immer, wenn ich dringend bieseln muss und das Klo besetzt ist, muss ich hin und her hüpfen. Warum ist das so?  S.103

In dem James-Bond Film *Goldfinger* stirbt eine Frau, weil ihr Körper komplett mit goldener Farbe bemalt wurde. Kann das wirklich passieren?  S.122

In letzter Zeit höre ich immer wieder den Begriff Nerd. Ist das ein Schimpfwort?  S.143

Ist der berühmte Erfinder Thomas Alpha Edison wirklich nie zur Schule gegangen? S.147

Ist der Borkenkäfer eigentlich schädlich oder nützlich?  S.125

Ist der Dodo eine Fabelfigur oder gibt es ihn wirklich?  S.91

Ist der Weiße Hai wirklich so blutrünstig und böse?  S.102

Ist die Bleilaus wirklich ein Tier oder nur eine Erfindung?  S.148

Ist die Zeichensprache für Gehörlose auf der ganzen Welt gleich?  S.55

Ist es wahr, dass Delfine schon Seeleuten geholfen und Ertrinkende gerettet haben? S.129

Ist es wahr, dass man etwas Warmes trinken soll, wenn man im Sommer schwitzt?  S.98

Kann der Panzer von Krebsen genauso wachsen, wie der von Schildkröten?  S.51

Kann man bei einem Kopfstand wirklich essen und trinken?  S.162

Kann man wirklich seinen Wunschzettel an das Christkind schicken?  S.126

Können sich Opossums bei Gefahr totstellen?  S.22

Können fliegende Fische wirklich fliegen?  S.153

Können Schimpansen lachen, und wenn ja, wann tun sie das?  S.144

Können Vögel eigentlich rückwärts fliegen?  S.46

Können Vögel von Geburt an schon singen oder müssen sie das erst lernen?  S.115

Kümmern sich Haie eigentlich um ihre Babys?  S.105

Leben Beuteltiere eigentlich nur in Australien?  S.31

Machen Bären auch einen Winterschlaf?  S.106

Mamas Baby im Bauch hat Schluckauf. Wie geht denn das?  S.64

Muss man von Lachgas wirklich lachen?  S.109

Müssen Eltern eigentlich Taschengeld bezahlen?  S.154

Sagen die Punkte des Marienkäfers sein Alter? Oder wofür sind die Punkte da?  S.103

Schlägt der Blitz in Eichen öfter ein? Es gibt den Spruch: Eichen musst du weichen S.150

Seit wann benutzen die Menschen schon Nähnadeln?  S.18

Seit wann benutzen Menschen eigentlich Spiegel?  S.39

Seit wann gibt es eigentlich Blitzableiter?  S.82

Seit wann gibt es eigentlich Cornflakes und wer hat sie erfunden?  S.24

Seit wann gibt es eigentlich den Adventskalender und wer hat ihn erfunden?  S.20

Seit wann gibt es eigentlich den Schneemann?  S.78

Seit wann gibt es eigentlich die Tierparks?  S.146

Seit wann gibt es eigentlich Fanta und woher kommt der Name?  S.62

Seit wann gibt es eigentlich Frisbee-Scheiben und wer hat sie erfunden?  S.43

Seit wann gibt es eigentlich Graffiti?  S.76

Seit wann gibt es eigentlich Hula-Hoop-Reifen, und warum heißen die so?  S.77

Seit wann gibt es eigentlich Margarine und wer hat sie erfunden?  S.8

Seit wann gibt es eigentlich schon Gartenzwerge?  S.112

Wieso brechen Vulkane aus?   S.179
Wieso bringt der Osterhase die Eier und beispielsweise nicht das Osterreh?   S.146
Wieso bringt es Glück, wenn sich Liebespaare unter einem Mistelzweig küssen?   S.88
Wieso haben Giraffen einen so langen Hals?   S.45
Wieso hat man beim Starten eines Flugzeugs so einen Druck auf den Ohren?   S.161
Wieso heißt das Tote Meer eigentlich so?   S.15
Wieso heißt die Elefantenfrau auch Elefantenkuh?   S.171
Wieso heißt die Milchstraße so?   S.168
Wieso ist der Haifisch eigentlich kein Fisch?   S.121
Wieso kauen Kühe ständig?   S.137
Wieso klebt der Duschvorhang beim Duschen immer an der Haut?   S.175
Wieso können Drachen fliegen?   S.146
Wieso können Knochen immer wieder zusammenwachsen?   S.134
Wieso muss man eigentlich mehrmals am Tag die Zähne putzen?   S.161
Wieso schrumpeln nur Hände und Füße, wenn man lange in der Badewanne sitzt?   S.21
Wieso sind eigentlich immer so viele Würmer in den Äpfeln aus dem Garten?   S.14
Wieso sind manche Eisberge weiß, manche blau und manche grün?   S.71
Wieso stinkt man so, wenn man Knoblauch gegessen hat?   S.109
Wieso taut das Eis, wenn man Salz darauf streut?   S.174
Wieso verursachen Zitteraale Stromstöße?   S.160
Wieso wird man abends eigentlich immer so müde?   S.159
Wie und womit werden eigentlich Hubschrauber gelenkt?   S.29
Wird Pech heutzutage noch verwendet?   S.174
Wo hat man das Tennisspielen erfunden?   S.100
Wo ist der Unterschied zwischen einem Hochhaus und einem Wolkenkratzer?   S.130
Wo kommt Steno eigentlich her und wie lernt man das?   S.108
Woher bekommen giftige Tiere eigentlich ihr Gift her?   S.5
Woher bekommen Küken, die noch nicht geschlüpft sind, ihre Luft zum Atmen?   S.42
Woher haben Stinktiere eigentlich ihren komischen Namen?   S.15
Woher hat das Murmeltier eigentlich seinen Namen?   S.18
Woher hat der Bienenstich eigentlich seinen Namen?   S.57
Woher hat der Camenbert-Käse seinen Namen?   S.107
Woher hat der Meerrettich seinen Namen?   S.176
Woher hat der Siebenschläfertag seinen Namen?   S.154
Woher hat die Kiwi eigentlich ihren Namen?   S.119
Woher kommen eigentlich die Wolken?   S.127
Woher kommen unsere Buchstaben?   S.153
Woher kommt der Aberglaube, dass Kleeblätter Glück bringen?   S.178
Woher kommt der Ausdruck „Da beißt die Maus keinen Faden ab“?   S.109
Woher kommt der Ausdruck „Ich bin doch kein Krösus“?   S.119
Woher kommt der Ausdruck „Ich steh bei dir in der Kreide?“   S.161
Woher kommt der Kaugummi?   S.98
Woher kommt eigentlich der Wind? Und wie entsteht er?   S.151
Woher kommt die Redensart „auf den Hund kommen“ und „Kurve kratzen“?   S.67

Index der Schlagwörter

**A**

Abendrot+Morgenrot 85   Achttausender 132   Adrenalin 173   Adventskalender 20
Adventskranz 128  Affen drei 133  Afrika oder Asien 35  Angstschweiß S 143  Aktien 8
Alexander der Große 35   Alligator und Krokodil 22   Ameisen 44   Ameisenbaum 19
Amerika 178   Amerikanische Flagge 162   Ampel-Frau 87   Angora 110   Antilopen
(kleine) 52  Apartheid 52  Apfelkerne 46  Apgar-Zahl 171  Aprilscherz 29  Asien oder
Afrika 35   Asteroiden und Meteoriten 90   Astrologie und Astronomie 142
Astronautenanzug 117  Atlantis 119  Atomkraft 25  Auf den Hund kommen 67  Augen 80
Augen zwei 83  Axolotl 97

**B**

Baggy Pants 134  Bakterien und Bazillen 152  Bambus 135  Banane hart 115  Bären 106
Barometer 108  Batterien 82  Baum-Nummer 167  Bavaria-Buche 5  Behaart wie Affen
105   Beine einschlafen 117   Bermuda-Dreieck 37   Bernhardiner 28   Bernstein 156
Beutelteufel 50   Beuteltiere 31   Biber-Dämme 54   Bienenstich 57   Biene sticht 114
Bigfoot und Yeti 38   Bindi 124   Bionik 86   Blasloch 123   Blätter im Herbst 168
Blattgrün 156  Blattschneiderameisen 117  Bleigießen 89  Bleilaus 148  Blindenhund 3+
95  Blindenschrift 25+111   Blitz 25   Blitzableiter 82   Blitze 72   Blitzeinschlag 150
Blumen essen 69   Blut 64+71   Borkenkäfer 125   Brausepulver 36   Breiten- und
Längengrade 163  Briefmarken 108  Brieftransport 173  Buchstaben 69+153  Buchstaben
C+M+B 86  Buddha und Jesus 157  Bulimie 49  Burg und Schloss 141 Buschbabies 6

**C**

Camenbert-Käse 107   Chamäleon 3+80   Chilis und Peperoni 26   Chinesische Mauer 94
Christkindlmärkte 18   Comic-Figur schlaue Müllhalde 19   Computertastatur 160
Cornflakes 24

**D**

Delfinbabys 172   Delfine 129   Delfinschule 90   Derby 150   Destilliertes Wasser 113
Deutsche Vulkane 34  Deutschland keinen König 98  Diadochen 93  Dialyse 17  Diamant
53  DNS 87  Dodo 91  Drachen fliegen 146  Dracula 88  Druck auf den Ohren 161
Druiden 88  Duden 4  Duschvorhang 175

**E**

Ebbe und Flut 139  Eidechsen 175  Eidechsenart mit drei Augen 129  Ei des Kolumbus
120  Eier kochen 16  Eisberge 24+71  Eis salzen 174  Elefanten 84  Elefantenkuh 171
Elmsfeuer 90  Erdinneres 112  Erlkönig 33  Esel 48  Esperanto 56

**F**

Faden der Ariadne 11   Fallschirm 166   Fanta 62   Farne 99   Fasching 34
Fernsehzuschauer 118  Ferienzeit 107  Fernsehübertragung erste 120  Feuerknistern 170
Feuer löschen 152  Fieber 159  Fischatmung 115  Fische auf dem Land 32  Flechten 7

Quellenangabe:
Ohne Stern hinter der Fragennummer: tz-München
Ein Stern hinter der Fragennummer: Das große Buch der 555 interessantesten Kinderfragen von **Ilse Hell** und **Oliver Arnim**

Bisher erschienene Bücher von Clint Leon Powers
im Verlag BoD

Nur ein Leben lang                                          ISBN: 978 3 8334 3922 3
(Ein apokalyptischer Endzeit-Roman)

Der Legionär – Einsatz und Showdown in München, Band 1   ISBN: 978 3 8391 9242 9
(Ein Selbstjustiz-Mafia-Roman in Trivial-Literatur)

Der Legionär – Einsatz und Showdown in China, Band 2     ISBN: 987 3 8391 5657 5
(Ein Selbstjustiz-Mafia-Roman in Trivial-Literatur)

Moul – Der Mann ohne Gesicht                                ISBN: 978 3 8391 7544 6
(Ein Kriminalroman, der in Frankreich spielt)

Kinder fragen – Experten antworten Vol. 1                  ISBN: 978 3 8448 9587 2
(Ein Sachbuch rund um Kinderfragen)

Besuchen Sie die Homepage des Autors unter clintleonpowers.de und erfahren Sie mehr über die Ankündigungen seiner nächsten Bücher.